渡辺京二論

隠れた小径を行く

三浦小太郎

弦書房

渡辺京二氏（1930-2022）　2019 年 8 月、自宅書庫にて、植山茂撮影

目次

はじめに　9

I

第一章　幸福な少年期とその終焉……15
活動弁士の父と情愛深き母　15／知的世界へのめざめ　18／『英雄伝』に読みとったもの　21

第二章　大連、そして世界の終わり……25
美しき近代都市と残酷な階級差別　25／戦争、そして大連の「消滅」　29／日本への「帰還」　32

第三章　共産党体験と思想の目覚め……35
引揚げ体験と父との別れ　35／『敗戦後日記』に読むマルキシズムの影響　38／文学と映画に対する優れた批評眼　41

第四章　闘病体験と若き日の恋……47
共産党入党と闘病体験　47／恋歌に込められた透明な喪失感　50／党活

動への違和感と詩歌との別れ　56

第五章　小さきものの挫折……61
療養所における民衆との出会い　61／共産党からの離党と「戦後」のはじまり　64／小さきものの死　66／「挫折について」――一兵卒の視点からの状況批判　68

第六章　吉本隆明と谷川雁……72
谷川雁――絶望を秘めた工作者　72／吉本隆明――ただ一人の師　77

第七章　水俣病闘争と「もうひとつのこの世」……83
義理と人情に始まった水俣病闘争　83／基層民の自立としての水俣病闘争　86／厚生省占拠からチッソ会社占拠へ　89

第八章　時局論……94
三島由紀夫事件への衝撃　94／一九七二年の時局論　96／スターリン主義の本質　98／日中国交回復への冷静な視点　100

第九章　処女作『熊本県人』……102
反功利主義と主観主義への衝動の試み　102／ルネッサンス人加藤清正とキリシタン大名小西行長　105／戦国期と江戸時代の主従関係の変貌　108／啓蒙君主による藩政改革　110

第十章　『ドストエフスキイの政治思想』……113
水俣病闘争の思想的総括として　113

Ⅱ

第十一章　神風連――反近代の極北……125
林櫻園――見神者にして預言者　125／国民覚醒のための攘夷戦争　127／神風連の乱――宇気比の戦い　130

第十二章　西郷隆盛――明治帝国への反抗者としての西郷……136
橋川文三の語る「西郷と南島」　136／政治的挫折と南島体験　138／死者たちとの共闘と藩政改革　142

第十三章　宮崎滔天——アジア主義を脱した民衆コミューンへの夢……147
従来のイメージを全否定する滔天伝　147／彌蔵のアジア同時革命論　149／千年王国幻想としての「闇夜の月」　159

第十四章　北一輝——日本についに着地できなかった純正ファシスト……162
塁的存在としての人間の解放　162／国体論批判と天皇制止揚の論理　165／コミューン主義の理論家とその誤謬　169／「政治ハ人生ノ活動ニ於ケル一小部分ナリ」　174

第十五章　昭和の逆説——民衆が夢見た戦争共同体……178
戦争と基層民　178／ジョゼフ・グルーと文明の衝突　182

第十六章　地方の消失と辺境の解体……189
地方同人誌の読解を通じた状況論　189／先駆的な大衆社会論と「地方」の解体　192／回帰する人類史的時間　194

第十七章　なぜいま人類史か（1）――師、佐藤秀人との出会い……200
時代への拒絶と沈黙への道　200／マルクス共同体論と新たな思想的旅立ち　202／江戸時代と近代の激突　205／修羅の僧侶、佐藤秀人との出会い　208
第十八章　なぜいま人類史か（2）――歴史主義の擁護とポストモダンとの闘い……211
歴史主義の擁護　211／マルクスとアジア　213／ポストモダンとテクノトピア　216／ソシュール批判を通じた文化相対主義批判　219
第十九章　パステルナークとソルジェニーツィン――ロシアにおける小さきものの生……222
『私の世界文学案内』――作家の内面と時代にこだわる文芸評論　222／パステルナークの『ドクトル・ジバゴ』――かくれて、生きよ　225／ソルジェニーツィンとラーゲリの囚人　229
第二十章　ローレンツとイリイチ……234
ローレンツ――本能と伝統的蓄積　234／イリイチの「自立共生」　239

第二十一章　石牟礼道子と神話の復権……245
イリイチと石牟礼道子　245／『天湖』における時間と空間　250／石牟礼道子へのレクイエム　253

Ⅲ

第二十二章　逝きし世の面影——滅び去った文明……261
滅び去った文明　261／オリエンタリズム批判の矛盾と　263／アジアと西欧、進歩と安息　267／江戸時代の「豊かさ」　269／江戸時代の「自由」　272／自然との一体感と信仰　274／儀式の上に成立する信仰様式　277

第二十三章　パックス・トクガワーナの多彩な人々……280
「むぞらしい人々」の群れ　280／能吏たる自覚、ノーブレス・オブリージュ　285／いつでも死ねる心、江戸文明の限界とは何か　286

第二十四章　戦国乱世と徳川の平和——「中世の自由」の虚妄を撃つ……291
弱肉強食の過酷な社会　291／「無縁」社会の実態　294／親鸞思想と吉本隆明との別れ　296／新たな時代の乱世へ　298

第二十五章　黒船前夜――ありえたかもしれないもうひとつの「開国」……301
ロシアのシベリア征服から始まる日露交流　301／商人領邦としての松前藩と近代ナショナリズムの対立　303／レザーノフの挫折と日露の緊張　305／ありえたかもしれぬ主体的開国　306
第二十六章　バテレンの世紀……312
理念と一元的価値観の暴力　312／「イエズス会」の正体　314／最初の国際人・信長と秀吉のバテレン追放　317／世界普遍性とはなにか　319
第二十七章　小さきものの近代――もうひとつの「近代」……323
江戸時代における「個人の自立」　323／幕末を生きた様々な人間像　326／反動的抵抗の中にある真実　328
渡辺京二著作一覧　336／あとがき　340／主要参考文献　342

はじめに

「バラ色の歴史の発展法則などというものはなく、もしあるとしても、その一人一人の生命を埋没してゆく容赦もない自然と歴史の暴力の前には、引かれものの小唄や老婆の念仏よりもはかない気休めのように見える。完全に宇宙の歴史から忘却されてしまうということ――それ以外に人間存在について述べることはないかのようである」

この文章は「新日本文学」一九六〇年五月号に、「『前近代』と近代主義――『残酷物語』雑感」と題されて掲載された橋川文三によるものである（現在、橋川文三著作集第四巻に「歴史における残酷」として所収）。この文章に、当時二八歳だった渡辺京二は深く共感し、日本読書新聞に「歴史の残酷さと球拯《じょう》と――橋川文三寸感」と題した文章を投稿、同文は五月一六日付の同紙「読者の声」欄に掲載された。おそらく渡辺京二の文章の中で最も早い段階で公的媒体に掲載されたものの一つだろう。渡辺はそれまでも日本読書新聞に投稿したことはあったが、いずれもペンネームを使っていた。しかしこの文章だけは実名で送ったのは、後に「小さきものの死」という作品に結晶していく渡辺京二の療養所における原体験が、橋川の文章によって呼び覚まされたからに他ならない。

渡辺京二はこの投稿にて、二つの重要な問題を提起している。

「私は先に『十三階段への道』を見て、あの画面に現れる夥しい民衆が、日常的生の円周から引きずり出されて、あのように欧州の天地を地獄図と化しながら東へ西へと狂奔して回らねばならなかったのは一体なにものの意志に拠るのだろうという、ある意味では無態な疑惑に苦しめられたが、その時私がトルストイの『戦争と平和』などを連想しながら思い詰めていたのは、やはりここで橋川が提起したのとほぼ正確に等しい問題であった」（「歴史の残酷さと救拯と」『隣人第三四号　宮嶋繁明「渡辺京二と橋川文三」』）

後に渡辺は、未完に終わった橋川論「歴史と日常」（『新編小さきものの死』所収）において、映画『十三階段への道』そのものはくだらない映画だが、そこでのムッソリーニの屍体が広場の一角に吊り下げられているショットには強い衝撃を与えられたと述べている。そしていかにムッソリーニが多くの民衆の死に責任があろうと「仮に私がムッソリーニの息子であったなら、その屍体を見た日から世界が変わるであろう」とも。

第二次世界大戦を「悪のファシズム対正義の民主主義」という構図で語ることの欺瞞性（映画『十三階段への道』の構図はこの図式そのものである）と、民衆が己の日常的生から、権力やイデオロギーによって「引きずり出される」ことから起きる悲劇を、渡辺京二はこの時点ですでに認識していた。そして、ムッソリーニの扇動演説に熱狂した民衆が、最期にはこの独裁者の屍体を愛人と共に裸にして吊り下げたとき、そこで殺されたのは独裁者だけではない。「ムッソリーニの息子」という言葉が象徴するのは、あらゆる歴史図式とは無縁に、当時渡辺が日本における政治運動の現場における挫折者たちや、共産主義支配に抗して立ち上がって踏みにじられたハンガリー民衆など「歴史の深淵に声も立てずに埋め殺されて行く人びと」のことである。

渡辺京二に「小さきものの死」を書かせた原体験については本書でも触れる。そしてこの原体験に橋川文三の文章を通じて立ち返ったとき、渡辺は橋川の書いたある言葉には、どうしても問いたださねばならなかった。

「『歴史の残酷さとその中の救拯とをともに記述することは不可能である』とあなたはいう。そういってしまってそれでいいのですか、橋川さん」(「歴史の残酷さと救拯と」)

「救拯」という言葉は、中国語の「拯救」を意識したものだろう。これは絶望から人を救う、また孤児を救うなど、強い意味を持つ言葉である。この渡辺の引用は実はやや不正確なもので、ここで引用された文章の前には「民俗的方法と社会科学的方法の習合によって」という副詞句がついており、ここで橋川は歴史記述の方法論を語ったのだが、それはわかった上で、渡辺は問わざるを得なかったのだ。「歴史が超越者の様に無名の死に君臨するとき」「人間社会の機構的進行が無数の死をおきざりにするとき」に、知識人が考え、書くべきことは、その残酷さと同時に、すべての「小さきものの死」に対する救拯ではないかと。

渡辺京二の全作品は、この一点を常に見据えて書き続けられたものである。九二歳の生涯を閉じるその日まで執筆を続けたのは、歴史の中の小さきものたち、あるいは優れた思想家が常に己のうちに宿していた小さきものの存在を見つめ、その人たちを書くという行為の中で救拯し続けようとしたからに他ならない。

私は二〇一六年、言視舎評伝選の一冊として『評伝　渡辺京二』を、編集者小川哲生氏に導かれて書き下ろしている。もう一度、渡辺京二について書かせていただく機会をいただけたのは弦書房の小野静男氏の好意によるものだが、私は今回は「小さきもの」という視点にこだわることで、前著とは少し異なる渡辺京二像を描いてみようとした。その試みが成功しているか否かは読者のご判断を仰ぐしかないが、この偉大な思想家について二度も論じることができたこと、これほど私にとって幸福なことはない。

I

第一章　幸福な少年期とその終焉

活動弁士の父と情愛深き母

「私の誕生日は戸籍上は昭和五（一九三〇）年八月一日となっている。生まれたところは京都府紀伊郡深草町とある。でも母によると、本当の誕生日は九月一日なのだそうだ。当時父は二号さんの家に入り浸りになっていて、わが家にはめったに帰ってこなかった。それで届がおくれたが、そのとき父が八月一日と間違えて届けた」（『父母の記』）

渡辺京二が自らの両親と少年時代の記憶をつづった『父母の記』はこのようにはじまる。雑誌『新潮45』二〇一五年二月号及び三月号に掲載されたこの回想記は、徹底した自由人だった父親と、偉大な母性の象徴というべき母親の物語でもある。このような人たちを生み出した大正から昭和初期にかけての日本も、もう一つの「逝きし世」だった。

渡辺京二の父親は日活映画の活動弁士だった渡辺次郎（芸名は春波）。一八九七（明治三〇）年に熊本に生まれ、電気関係の専門学校を出たのち、活動弁士として活躍している。活動弁士とは無声映画時代に映像に合わせて登場人物に声を当て、場面を解説する役で、弁士の名調子を目当てに映画館に足を運ぶファンもいたのだから、渡辺次郎もちょっとした芸能人だったわけだ。

母親のかね子は、一九〇一（明治三四）年に熊本市の萩野家に生まれている。家は建築の請負師、今でいうゼネコンである。二人が結婚したのは一九二二年のことだった。その後、渡辺次郎の職場が変わったこともあり博多に移住、一時は朝鮮半島に渡り、一九二四年に再び博多に戻っている。この朝鮮行きは、なんと、次郎の「隠し子」を引き取るためのものだった。

渡辺京二には、若くして死んだ實という兄がいる。渡辺次郎は大正七年、二〇歳の時に、朝鮮半島の京城にて、芸者杉浦ヨシノとの間にこの實を生ませていた。渡辺京二は父母とこの隠し子の関係をこう推測している。

「（實の）出生の届けは翌大正八年、父によって長崎でなされている。とすれば父はその年、ヨシノなる女性と長崎で暮らしていたことになる」「父は熊本市で活動弁士になるに当たって、この女性と實を京城に帰したのではなかろうか。あるいはいったん二人を伴って熊本へ来たが、母を妻として迎えるに当たって、女に因果を含めて京城に帰したのかもしれない」（『父母の記』）

正直これは相当身勝手な話である。この時点で新妻が騙されたと思い、実家に帰ったとしても不思議ではなかろう。少なくとも、かね子がこの隠し子を引き取らねばならぬ道理はなく、定期的な仕送りをするだけで充分だったはずだ。だが、おそらくかね子が主導する形で、当時五歳だった實は渡辺家に引き取られた。

少年時の渡辺京二にとって、兄はひたすら優しく明るい人だった。実の母と別れた兄が哀しみを覚えなかったはずはない。父親に対する複雑な感情を持たなかったとも思えない。しかし、この人は「耐える」ことを知っている人だったのだ。そして、母かね子も、兄を全く我が子のように育てあげた。「私は一時まで、それを母の意地だと考えていた。今は違う。母は誠実をむねとして生きた人だし、ことのほか情愛が深かったのだ」(『父母の記』)。母もまた、いかなる感情をも、母性愛の中に溶かし込んでしまう偉大なグレート・マザーだったのだ。

一九三二年、渡辺次郎は、トーキー映画の時代とともに活動弁士の仕事はなくなることを覚悟し、一家を妻の実家がある熊本に残して、新天地を求めて大陸に向かう。渡辺京二は熊本での母との生活をこう回想している。

「熊本で暮らしていたころ、私は父がいなくて寂しいなんて感じたことはなかった。母さえいるとそれでよかったのだ。母はハイカラさんであり、生活を楽しくする工夫に富んでいた。クリスマスには、小さいながらトゥリーを飾るし、土間に風呂桶を据えて銭湯に行かずにもすむようにしてくれるし、バリカンを買い込んで髪を刈ってくれるし、きょうだい仲もよく、本当に穏やかで心楽しい幼年時代を過ごさせてもらった」(『父母の記』)

父親がいないということは必ずしも子供にとって不幸とは限らない。この母のような偉大な母性に守られた幼年期は、子供たちにとって黄金時代だったのだろう。

少年渡辺京二は、小学校に上がる前から活字に親しむようになっていた。近所に警察官の住む立派な家があり、そこの中学生の息子と仲が良かった渡辺は、その家で『少年倶楽部』を読ませてもらっていたのだ。読むことそれ自体が快楽であり、架空の冒険小説世界に全身をゆだねることができる時間、それもまた少年期にしか人は得ることはできないし、その体験は文章を読む力を徹底的に高める。昭和十一年二月、熊本を所用で父次郎が訪れた際、少年京二が、二・二六事件を報じた新聞の見出し「クーデター勃発」を「クーデター発動」と自分なりに読み下し、次郎を我が息子は神童かと驚嘆させたというエピソードがある。「勃発」の「勃」が読めないから、これを「発動」と読み替えて意味をつかむというのは、読書にそれなりに慣れていなければできない。

そして『少年倶楽部』をはじめとした児童向け読み物にも、いや、児童向けであるからこそ明確に、当時の時代背景が反映されていたことには触れておかねばなるまい。渡辺京二が小学校に上がった昭和一二年は、盧溝橋事件と日中戦争勃発の年である。同時に、大正から昭和初期にかけてのリベラリズムや左翼思想がほぼ一掃された時期だった。このことは渡辺京二が最晩年の講演録『夢と一生』（河合ブックレット四二）の中で語っている。

「左翼の転向の時代が終わっていて、ぼくが育ったころは、まったく満州事変以降の軍国主義時代です。そういう中で、ぼくは小学生のころから、たとえばムッソリーニとかヒトラーなんかの伝記を読んでいたんです。当時は少年向けにそういう伝記がいくつも書かれていた」「小学校一年の時から日本の軍国主義的な風潮というものの中にぼくはどっぷりと浸かって、それが当たり前と思って育っていったわけです」(『夢と一生』)

ここで紹介されているムッソリーニやヒトラーの伝記とは、後に触れる作家澤田謙が書いたものである。澤田はこの二人の独裁者を、祖国復興のために邁進する偉大な政治家として描いていた。その視点が現在からみて如何に牽強付会なものに見えようとも、一方ではスターリンを英雄とみなしていた知識人も多数存在していたことを思えば、これを一つの時代精神として受け止めるほかはない。

昭和一三(一九三八)年、渡辺次郎は一家を北京に呼び寄せた(長男の實はすでにその前から北京にいた)。弁士の仕事をあきらめた次郎は、北京で「光陸」という映画館の支配人を始めていた。既に日中戦争は始まっていたが、北京の街は全く平穏だった。次郎が先駆的だったのは、映画館内にレストランを設置したことで、これは家族や子供連れには大変好評だっただろう。映画以外にも、エンタツ・アチャコなど当時売れっ子だった芸人を招き、またモダンダンスの石井漠の公演を行うなど、今でいえばイベント劇場のような発想を渡辺次郎は持っていたのだ。映画館は連日満員だったという。おそらく渡辺次郎にとって、人生の絶頂期の一つだった。

そして、渡辺次郎の女癖は全く治らないどころか、むしろ興業の成功により激しくなっていた。お金の不自由もなく、次から次へと女を作り、映画館のモギリ嬢にまで手を付けていたようだ。そのことをかね子が咎めると、たちまち喧嘩となり、最後には次郎は妻を殴って出てゆく。悔しくて泣いているかね子の背中を、小学生の渡辺京二がなでさするのは「まるで芝居のワンシーン」(『父母の記』）のようだった。「そのとき母が『子どもが可愛いというけれど、わが身ほど可愛いものはない』と泣きながら言ったのを忘れない。これもさながら芝居の科白ではなかろうか」（『父母の記』）。

しかしこれは同時に、この夫婦はどこか「お似合い」のところもあったように思わせるエピソードでもある。本心から相手を許せないと思った夫婦の間では、このような科白は逆に出ないのではないだろうか。かね子は確かに、生涯、夫の浮気癖を許さなかったろうが、夫がこのような生き方しかできないことを、どこかで受け入れてもいたように見える。そして、この家を精神的な面で支えていたのは、長男實の存在が大きかったように思われる。

「昭和一三年北京で再会した兄は、背広を着こんだ若紳士になっていて、とても大人びて見えた。実にのびのびして幸せそうだった。（中略）兄は独立して別に家を借りていた。でも私たちきょうだいを、しじゅう遊びに連れ出してくれた」（『父母の記』）

六歳も年の離れた兄は、おそらく渡辺京二や二人の姉にとって、慈愛溢れる父親的存在だったのだろう。クラシック音楽の流れる喫茶店、そこで覚えたコーヒーの味、教えてもらったスケートなどのちょっとしたエピソードにもその片鱗がうかがえる。

父母の家庭での争いは、子供にとって相当な恐怖を与える。そこから子供たちを救い出したのは、この兄との楽しい時間だった。兄が同じ家で暮らしていなかったことで、弟や妹は、父母とは無関係の別世界に逃れることができたのだ。兄實は、黒帯を持つ柔道の有段者で、スポーツも勉強も優秀だったが、たとえ喧嘩で殴られても決して反撃などしない性格だったという。おそらく人間としての度量が大きかったのである。

『英雄伝』に読みとったもの

そして兄は、本好きの弟にどしどし本を買い与えてくれた。その中で渡辺京二に深い影響を与えたのは、先述した澤田謙の代表作『プリュータ－ク英雄伝』と、平田晋策の『われ等の海戦史』だった。平田晋策は今や忘れられた作家だが、軍事関連の書物や戦記物、架空戦記などで当時は流行作家だった。軍事科学に対する考証はしっかりしており、司馬遼太郎の『坂の上の雲』における日本海海戦の解説を、そんなものは戦争中にもう卒業していたと渡辺京二が切り捨てたのはそれなりの理由があったのだ。

日中戦争の最中、欧米を相手とした架空戦記や、軍事評論が人々を引き付けるのは当然のことだが、これは軍国主義の影響よりも、近代科学への憧れでもあった。日本は神国だから必勝だなどという種の話は，知識にあこがれを持つ少年には何の魅力も感じさせない。少年時代の渡辺京二が、父が読んでいた谷口雅春の『生命の実相』を、あまりの馬鹿馬鹿しさのため投げ出したというエピソードはその象徴である。戦場の勝敗を決めるのは軍事技術の優劣や、指揮官の的確な作戦指導だという分析にこそ少年たちは熱狂する。渡辺京二は第二次世界大戦が勃発したのちは、大人の軍事雑誌を読み、最新式の飛行機にあこがれる「科学的軍国少年」となっていく。

そして、より深い影響を渡辺京二に与えたのは『プリュータ－ク英雄伝』だった。『プリュータ－ク英雄伝』の澤田版は、ローマ帝国時代に書かれた原書『対比列伝』を、自由に書き直した澤田のオリジナル作品というべきものだ。澤田は今やこの国のどこにも存在しない、雄弁な「講談調」の文章で英雄伝を描いた。そして澤田謙は「大衆の時代」に送る「英雄待望論」としてこの本を著していた。

澤田は、現代が大衆の時代であるからこそ、英雄が必要であることを説く。専制時代、あるいは官僚主義の時代ならば、英雄などは必要ない。しかし現在は「自由なる民衆時代」であり、大衆の時代である。だからこそ、その大衆を指導する英雄が必要なのだ。

「今の日本の田園にも、工場にも、学園にも、すでにシーザーが、アルキビアデスが、デモステネスが生まれて、その羽翼を養いつつあるのかもしれない。これらの英雄児が、いよいよ大衆時代の日本の大舞台に活躍する日は、果たして何時の日であろうか」

「日本は花咲く国未完の赤く実る国、日航のきらきらと光る国である。今この小さな島には、太平洋という大きな海波が、鞺鞳と打ち寄せている。新しい時代が、すぐに開け始めていることを感ずる。新しき日本は、新力英雄を喚び起こして、この日本島の上に、スックと起ち上らねばならないのだ」（『プリュータ－ク英雄伝』序）

澤田謙にとってムッソリーニやヒトラーも、この大衆時代の英雄たちだった。一九三〇年代は、第一次世界大戦と世界恐慌による、従来の伝統社会秩序の崩壊と大衆社会出現の時代だった。従来の民主主義と資本主義のいきづまりを、人々はファシズムと共産主義、さらには戦争による国際秩序再編成に求めていた。多感な少年だった渡辺京二が、この時代の空気を、幼き日の読書を通じて体感したことは想像に難くない。そしてプリュータ－ク英雄伝に取り上げられた古代ギリシャ・ローマの英雄たちの中で、渡辺京二が最も共感したのは、アテネの雄弁家デモステネス、梟雄アルキビアデス、そしてカルタゴの名将ハンニバルだった。

デモステネスは、マケドニアのギリシャ征服に対し、アテネの自由と独立を守り抜くために、自らの弁舌だけを武器に徹底抗戦を説き続けた弁論家である。澤田謙は彼を愛国主義の権化として描いたが、渡辺京二が魅かれたのは、世界を相手に言論だけで立ち向かう知識人の姿だったのではないか。

そしてアルキビアデスは、哲学者ソクラテスと交流するほどの知性を備え、雄弁とともに軍事的才能も備えていながら、古代アテネの伝統を軽視し、祖国への忠誠心よりも、個人のエゴイズムや自己顕示欲を最優先させ、一時は平然とアテネを裏切って敵国スパルタに仕え、また情勢が変われぱアテネに戻るような人物だった。だが、アルキビアデスの本質は、古代都市国家の市民共同体が、ポピュリズムの中で解体していく時代に生まれた鬼子であり、大衆社会にふさわしい現代的な「英雄」でもあった。この二人に渡辺京二が共感したのは、彼の思想の芽生えのようなものすら感じさせる。

そしてハンニバルは、ローマという巨大な世界帝国から祖国カルタゴを守るために戦った悲劇的英雄である。『父母の記』で、渡辺京二が、当時見たイタリア映画で、最後の戦いに向かう部下を励ますハンニバルの姿を今も覚えており、カルタゴを滅ぼしたローマが憎らしいと述べているのは、少年時代の追憶としてもほほえましい。このハンニバルの像は、原作にはなく澤田謙が独自に編集したものであるため、全編、まさに「歴史講談」の傑作となっている。このような文章に少年時に触れていたことは、後に明治時代の文献を渡辺が分析する際に無意識のうちに役立っていたはずである。同時に、父次郎の仕事柄、渡辺京二が毎日のように映画館で様々な最新作に日常的に触れていたことも（ディズニーの『白雪姫』も日本公開前に観ていた）、後に『橋』や『灰とダイヤモンド』についての優れた映画論を書いたことと無縁ではないだろう。

両親の中を別とすれば「まあまあ幸福だった」この北京での少年時代は一九四〇年で終わりを告げる。渡辺次郎が、北京での新たな映画館の買取に失敗し、大連に職場を移すことになったのだ。そして、大連という美しい都市で、渡辺京二は初めて「社会」「階級」と出会い、その残酷さを体験する。また、この世には最愛の人との別離という悲劇が存在することを知り、ついには敗戦と引き揚げという「世界の終わり」を体験することになる。少年の黄金時代は終わりを告げるのである。

第二章　大連、そして世界の終わり

美しき近代都市と残酷な階級差別

一九四〇年、渡辺一家は大連に移ったが、すでに就職していた長男の渡辺實は北京に残った。一九四三年、兄が大連の渡辺家を訪れた夜の母と兄との口論で、初めて渡辺京二は兄が母の実子ではないことを知る。父への不満も漏らさず、母の愛情を素直に受け入れ、実母については思い出の中に深く閉じ込めて生きた實は、二四歳の時に北京で肝硬変により死んだ。

「兄は私より数段上の人間だったと思う。今になってこの人が慕わしい」（『父母の記』）。渡辺京二にとって實の存在は、よき人とはこのように人生を耐え、報われずとも周囲の人々を、その優しさで救うのだという思いを抱かせたはずだ。

渡辺一家が移った大連は、一九世紀末から、清国と日本、ロシアなど各国が鎬を削る場所となった。遼東半島の南端に位置するこの街を、日清戦争で日本軍がこの地域を占領するが、戦後の三国干渉によって日本は放棄させられる。一八九八年、ロシアはこの街を租借する権利を得て「遠方」を意味する「ダルニー」という名をこの街に付け、港湾建設とともに、パリをモデルにした都市計画を推進する。日露戦争による日本の勝利により、再び「ダルニー」を含む遼東半島は日本が奪取。一九〇五年のポーツマス条約によって日本に租借権が謙譲され、この街の名は「大連」と正式に決定された。

大連は外国による「上からの近代化」が徹底的に推進された街である。日本からの移民たちが自発的に建設した家屋を、都市建設を任された当局者は徹底して取り締まった。満洲国時代、関東軍と満州鉄道の後押しを受け、都市のアスファルト化、水道建設の拡張、下水道完備などが進められ、都市の美化・不燃化のためのレンガ造りや石造建築が推進された。

この結果、街並みは本国日本以上に近代化、西欧化してゆく。ロシア時代に置かれた都市中央部の広場はそのまま引き継がれ、その周囲には、都市建築計画の基本方針を固めた日本人建築家前田松韻による近代建築が立ち並び、世界の最先端を行くモダン都市が築かれていく。この都市は少年の渡辺京二に強烈な印象を与えることになる。

一つには、大連という都市の美しさへの感動だ。早熟な文学少年であり、西欧のヒューマニズム文学や英雄伝を読みふけっていた渡辺にとって、この街の西欧的な近代性は、自らの憧れである文学世界のロマンティシズムをどこまでも羽ばたかせる自由な世界だった。

「ひとくちでいって、大連は街歩きが快楽であるような都会だった。落葉が敷きつめている石だたみの通りがあって、そこを歩いていれば、自分が何にも属していない自由な個人のような気持ちになれる、いわばそういう街だった。突き抜けるような青い空を宰領しているのは、確かに深い寂莫には違いなかったが、それはまた自由の別名でもあった」（「大連への帰還」『新編　小さきものの死』所収）

人工都市大連は、民衆の生活と歴史が重積する「共同体」から切り離された空間である。そこから街の美しさも自由も生まれる。だが、同時に共同体なき世界には、弱肉強食の階級対立も生まれかねない。渡辺京二は、この大連で、激烈な「階級対立」に直面する。

「北京では同級生から意地悪をされた覚えはまったくない。ところが私が四年から転入した南山麓小学校は、大連随一のブルジョア小学校だった。ブルジョア乃至上流階級の子弟の洗練された意地悪さというものを私は初めて経験した」（『父母の記』）

小学校のクラスは、一〇人ほどの最も裕福な層である「エリートグループ」の子供たちによって支配されていた。南山麓は当時の高級住宅街で、このグループはその地区の子供たちだった。渡辺京二の家も貧しくはなかったが、このグループのレベルは全く違っていた。冷蔵庫一つをとっても、渡辺家は木製で、氷を購入してそれを砕いて使っていたが、同級生のブルジョア家庭では電気冷蔵庫で、製氷トレイで凍らせたキューブ状の氷が出てくる。レコードをかける蓄音機もアメリカ製、家屋は堂々たる洋館であった。満鉄出身の労働者の子供たちもいて、彼らはいわゆるクラスにおけるプロレタリアートの立場だった。ブルジョアの子弟たちは、支配者としてほかの生徒の上に君臨していた。

このエリートたちは、渡辺京二が彼らの家に遊びに行けばエレガントに歓待してくれるのだが、学校においては徹底的に疎んじた。渡辺京二は、労働者の子どもで、粗暴だとみなされ嫌われていた同級生「松田くん」をかばう作文を書き、それを教師がほめたことが、彼らの「権力支配」に反抗するものと誤解されたからだと書いている。もちろんそれもあろう。しかし、都市における特権層、富裕層にしばしばみられる、外部からの異質な存在を徹底的に排除する意識もあったはずだ。異物への排除の姿勢は、さらに醜悪な形をとることもあった。クリスチャンの家の生徒に、太平洋戦争開戦の際、板切れで作った十字架を背負わせて追い回すなどという行為はすでに精神的な暴力である。

渡辺京二自身、成績が良くクラスの級長になったときは陰湿ないじめを受けた。次が体育の授業という時には、級長が生徒を体育館に集合させなければならない。だが、エリートたちは生徒たちに圧力をかけ、授業が始まっても一人もそこにはいない。このような体験を人間は生涯忘れることはない。渡辺京二の「市民社会」「近代化」に対する最初の違和感がこの体験であった。文化水準・経済水準としてもエリートにある層が、いかに大衆に対し残酷であるか（また時には偽善的にふるまうか）を渡辺は記憶に焼き付けた。同時にそれは「知識人と民衆」という分裂に、幼いなりに直面する契機でもあった。

後年、実体験と思想とが結びついた評論「民衆論の回路」の中で、渡辺京二はこのように書いている。「私の市民社会に対する偏見の根拠のひとつがここにあることになる」「私はクラスの中でいわば被支配層の位相にある労働者街の子どもたち、そのなかでも特に勉強のできぬ悪童たちにシムパシイをもつようになった」。

「しかし、彼らから見ると私は『坊ちゃん』であることにかわりはなく、私のほうには接近の手段が必要だった。私の所有する知識がその手段だった。悪童たちは私の本箱の小説を借り出して行くのだが、なかにはそれを自分で読むのはめんどうで、私にそれを音読させ、自分は目をつぶってねころがっているやつがいた。それが私にとって慰藉であったことを私ははっきりと思い出す」(「民衆論の回路」『小さきものの死』所収)

ここでの「ねころがっているやつ」とは『父母の記』で記されている「松田君」のことである。「松田君は作文で彼の弁護をしたのを決して忘れなかった。海岸へ遠足に行ったある日、昼食後の休みに私が本を読んでいると、『読んで聞かせろ』と言って、腕を枕に寝ころがった」(『父母の記』)。

渡辺京二は、小学校時代の労働者階級の生徒たちとの交流を「私の民衆体験の原型」と呼んでいる。「私は彼らの無口な男らしいやさしさに憧れていたのだ」。だが、渡辺がもしも、本を読んでやるような「知識人」としてではなく、「自分もこの悪童の一員としての立場で彼らと付き合うならば彼らの本質(時にはずるくてしたたかな根性)とぶつかることになっただろう。その意味で、少年渡辺京二と「松田君」たちとの交流もまた、小学生のクラスという中でしか成り立たなかった牧歌的な交友関係でもあった。松田君は小学校卒業後は中学に進むことはなく、労働者の道を歩んだ。渡辺京二は「彼らのことを思い出すと私は今でもやや感傷的になる」(「民衆論の回路」)と静かに触れている。これは、二度と出会うことはない知識人と民衆の別離でもあったのだ。

戦争、そして大連の「消滅」

父の渡辺次郎は大連で、日本から芸能人を招いて満州各地を巡業する興行師として活動していた。

東京と大連を飛行機で移動し、電話で興行を取りまとめる。家にいることも北京の時以上に少なくなり、その際にも不愉快な表情を示すことが多くなった。その反動か、夜酒席になり、友人たちと麻雀などを囲むときは実に楽しそうだった。酒が入るとお人よしそのものの楽しい人物となる父と、はやし立てる友人たちが、映画や興行、プロ野球の話などで盛り上がる様は、大正時代がこの日本に生み出した近代的な都市遊民の姿だった。

両親の喧嘩は北京同様、もちろん大連でも続いた。特に、子供たちが寝付いた深夜に多かった。大連でも渡辺次郎の女狂いは治らず、それに怒る妻との間で口論となり、渡辺次郎が物を壊したり投げつけ、真夜中の街に飛び出すこともしばしばあった。

さらに、迫りくる戦争は、次第に次郎の興行を難しくした。昭和一五年一二月八日、日米開戦の日、次郎は当時のスター坂東好太郎（元歌舞伎役者の二枚目俳優）一行の興行を行う予定だった。もちろんこの日に観客など集まるはずもない。興行に見切りをつけた次郎は、農場経営、軍隊への食糧納入などを試みるが、渡辺家は次第に生活も苦しくなっていった。

そして、開戦は様々な場面で大連での生活も変えた。まず、小学校・中学校にも軍事教練や勤労奉仕が取り入れられる。渡辺京二が小学校五年生の時に日米戦争がはじまり、明治節、紀元節、天長節には、忠霊塔に生徒たちが参拝させられ、渡辺京二は級長として、自分の身長よりも大きな旗をもたされて先頭を歩かされた。その場では教育勅語が朗読される。渡辺京二は子供心に、この儀式がいやで仕方がなかった。昭和一八年に大連一中に進学すると、一層軍国主義教育の度合いは強くなった。上級生からも教員からも日常的に暴力がふるわれ、毎日が勤労奉仕で、授業より畑や工場での労働が優先された。

渡辺京二は軍国主義教育には反感を持ったが、だからといって反戦意識は持たなかった。当時の渡辺自身を含む少年たちの「時代精神」が、次の文章には率直に表現されている。

「病的状態とは健康への幻想が極大化する状態である。だから私の記憶では、満州事変以後の昭和は健康そのものの時代であった。（中略）その健康とは何かといえば、社会は精神的な靭帯で結びつけられた共同体であり、そこでは正義はかならず顕れ邪悪はかならず裁かれ、一人の小さきものといえどもゆえなき悪の犠牲となることがないような状態である」（「近代天皇制の神話」『日本近代の逆説』所収）

渡辺京二は当時学校教育の場では、軍国主義同様、朝鮮人や中国人も同胞であり差別してはならないという教育も徹底されていたと指摘する。これは「五族協和」という理念が、近代的な平等意識として、また市民社会を超えるユートピア幻想として、少年たちに純粋なまま受け止められていたことを示している。少年渡辺京二にとって、軍事教練やブルジョア社会への反発と、祖国日本への幻想は、表裏一体のものとして存在していた。これは一つの思想体験であり、後に渡辺がアジア主義者たちの思想を理解するうえで重要な視点をもたらしたはずである。

そしてこの中学生の時期、渡辺京二はさらに文学にのめりこむ。渡辺は予備海軍兵学校への編入試験に落ちたことから、その挫折体験を通じて、徳富蘆花の『不如帰』やヘッセの『車輪の下』を感動して読んだと語っているが、試験の失敗はきっかけに過ぎないだろう。美しい祖国という幻想と、学校にて直面した様々な「社会」「大衆」との体験が、大げさに言えば文学を思想として読み込む精神をはぐくんでいたのだ。

この戦争下、渡辺家は長兄の實に続き、次女の洋子を結核で失った。この女性も物静かな性格だったが、臨終の際、胸の上で合掌し、渡辺京二に「京ちゃん、意地悪してごめんね」と言って亡くなったと渡辺京二は回顧し「意地悪をするような人では絶えてなかったのに」と付け加えている。この姉の死もまた、静かにおのれの運命を受け入れる民衆の意識と、他者には優しく自らには厳しかった善き人の姿として、深い印象を渡辺京二に与えた。

昭和二〇年（一九四五年）八月一五日の敗戦を、渡辺京二は大連第一中学三年生で迎えた。八月九日に日ソ中立条約を破棄して参戦したソ連軍は、八月二二日から二四日に欠けて、何の抵抗も受けずに大連を支配した。一〇月二七日にはソ連を背景にした大連市政府が誕生。植民都市大連は、これにより永遠に姿を消した。経営ができなくなった渡辺次郎は、闇市のブローカーまがいのことを行い逮捕されてしまう。妻かね子は自分の着物を売り払い、かつ丼の屋台を出して生活を支え、次郎の釈放を求めて市当局に働きかけた。次郎の興行師としての才覚も、都市遊民としての交友関係も、この非常時には全く役に立たなかった。生活者としての地力をもっていたかね子が一家を支えたのである。

日本への「帰還」

しかし、当時の日本人には、自分の持ち物を売り食いするしか生きる手段はなかった。最初の年は何とか米が食べられたが、敗戦二年目からは粟やトウモロコシが主体となり、最後には高粱を粥にして食べるしかなくなった。渡辺家は初めてこの時、飢餓と、そして極寒の冬に石炭もなくストーブも焚けないという極限の経験をすることになった。

この過程で、渡辺京二から「美しい祖国日本」の幻想も、軍国主義教育の影響も消え失せていった。そして内面に起きたことは、すでに学んでいた近代意識の純化だった。

「敗戦の年、私は敗戦の意味が何も分からないような子どもではなく、かといって経験を主体的に思想化できるような年齢にも達していなかった」「私たちはもちろん神がかったイデオロギーも注入されたけれど、一方では異様なほどラディカルな理数系教育をほどこされていた」「もし天皇制イデオロギーを取り外すならば、私たちはすでに立派な近代主義者であった（中略）科学的軍国少年の知性にとっては、新しく出現した価値は崩壊した古い価値よりも、はるかになじみやすかったからである」（「わたしの戦後」『新編　小さきものの死』所収）

戦前の日本は、明治以後の近代化により、資本制と市民社会への道を着実に歩んでいた。それに対する、右翼思想やアジア主義の形で現れた反近代主義、天皇を中心とした神聖国家の幻影は敗戦により一掃された。そして、ソ連の占領は、大連という街に共産主義という超近代の思想をもたらした。渡辺京二がこの思想にひかれていったのは当然の帰結だった。

敗戦二年後には「大連引揚対策協議会」が結成され、当時中学四年生だった渡辺京二はそこで働くことになった。この協議会を構成していたのはソ連軍の後押しを受けた日本人共産主義者だった。渡辺はマルクスやエンゲルスの著作に触れ、瞬く間に共産主義思想にのめりこんでいった。

しかし、高粱しか食べ物がなく、零下二〇度の冬をストーブなしで過ごさなければならないという現実も歴然と存在する。渡辺京二と姉が引揚対策協議会で働いたのは、一刻も早い日本帰国の実現のためだった。結局、二人が最後の引揚げ船で帰国するという条件で、両親がまず故郷の熊本を目指した。その後約五か月、渡辺京二は姉と共に友人の家に間借りして暮らした。風呂を沸かすためには、凍り付いた風呂場の水を、長椅子を壊して薪代わりにくべなければならなかった。

「もはや人間らしい食物もなく、ストーブにくべる石炭も尽き果てた酷烈な冬であった」「私は熱を出して火の気もない部屋に、ひとり寝こんでいた。窓から隣のビルの灰色の影が見えていて、それにまた他の建物の投げる深い影が映っていた。私はとつぜん恐怖を感じた。その影はたぶん私に、終末というものの具体的な手ざわりを教えたのであったろう」(「大連への帰還」『新編　小さきものの死』所収)

この時の「終末の風景」を、渡辺京二は、生涯自分が振り切ろうとしても振り切れず、そこに還っていくものだと語っている。大連は美しい世界だった。しかし、どんな美しい世界も、輝かしい理想も、常にこのような終末と隣り合わせなのだという意識もまた、日本敗戦後の二年間がもたらした貴重な体験であった。そしてこの時、渡辺京二は、後の思想の原典となる「小さきものの死」に、渡辺自身が最も近づいていた存在でもあった。

昭和二二年四月、当時一六歳だった渡辺京二は、姉と共に、大連からの最後の帰還船で日本に向かった。父と母は熊本で待っているはずであった。

第三章　共産党体験と思想の目覚め

引揚げ体験と父との別れ

昭和二二（一九四七）年四月、姉と渡辺京二は大連からの引揚げ船に乗った。その時、渡辺は大切に持っていた本を、検閲するソ連兵に次々と取り上げて投げ捨てられた。この時の心の痛みは想像に難くない。だが、渡辺京二は大連で、このソ連兵と同じく、日本人同胞に対する略奪にも加担させられていた。

大連からの引揚げの場合、正規のルートでは、持ち帰る荷物には厳しい制限があった。同時に、自分の荷物はすべて自分自身で運ばねばならず、多くの家財道具など持ち出せるわけもない。だから豊かな家庭の中には、中国人漁船に金をつかませて密出国しようとするものが出てくる。あるブルジョア一家はそれで捕まった。

ほとんどの日本人たちが高粱で飢えをしのいでいた時代、この一家の荷物には、ハムや鮭の燻製、チョコレート菓子なども積まれていた。押収された食糧で、引揚対策協議会職員はぜいたくな宴会を開き、一家を「人民の敵」として糾弾した。渡辺京二は激しい嫌悪感を感じた。

協議会では資産家の日本人の財産を、共産党が支配する市政府に強制的に献金させる運動も展開し、渡辺京二も担当地区を割り当てられていた。だが、少年の手には余る仕事で、延安に亡命していた筋金入りの日本人共産党員の助手に回された。彼は平然と豪邸に土足で踏み入れ、差し出すべき家具や荷物を指示し、靴を脱がねば失礼だとためらう渡辺京二を軽蔑の眼でにらんだ。思想上は共産主義に共感しつつ、同時に、共産党員個々人の行動に強烈な違和感も抱いたまま、渡辺京二は日本に戻ってきたのだ。

渡辺京二と姉はまず佐世保の収容所に入り、そこで久しぶりに米の飯を食べていたく感動した。そして熊本に到着すると、両親は母方の祖母、叔母、叔父と五人で、故郷熊本の母の菩提寺の一隅で暮らしていた。母の実家は空襲で焼け出されていたのである。

父、渡辺次郎は熊本でも興行を試みたが、あまりうまくはいかず、次郎は仕事を求めて熊本を離れ、大分県の日田市で映画館を経営した。女癖はいまだ変わらず、なんと、自分たち一家を住まわせてくれた寺の娘と関係を持ち、日田市ではその娘と暮らしていたのだ。二人の間には娘も生まれている。

この後、渡辺次郎は渡辺京二の人生から遠ざかる。戦後の日本映画の興隆で、映画館経営は成功したようで、次郎は渡辺京二に学費の支援を申し出たが、姉は、母の気持ちを思えば、こんな身勝手な父親のお金など受けられないと宣告した。次郎からは、息子に応援もできない父親の気持ちがわかるか、という恨みがましい手紙が京二に届いたが、哀愁と共に、自己憐憫の思いが込められた文面だったらしい。この人は甘ったれの坊ちゃんのような身勝手さと、憎めない純真さが同居しているような性格だったのではないか。

渡辺次郎は一九六一年、激しい喀血を起こし、あっけなく世を去った。次郎は若き日に結核にかかっており、のちの渡辺京二の結核も、その由来はこの父親にあったのだ。父の友人が、相続手続きのために熊本を訪れた時、渡辺京二は、母がどれほど父の女道楽で苦労させられたかを語った。その友人は「だけど友達で、ナベさんのことを悪く言う人は一人もいませんよ」と答えた。「父はその一言で救われたのだ」と渡辺京二は『父母の記』に記している。

時代を、渡辺京二の帰国直後に戻す。姉は帰国後、直ちに熊本医大付属看護学校の事務職に就職し、一家はしばらくこの姉の収入で支えられることになった。一九四七年六月、渡辺京二は旧制熊本中学校四年に転入した。しかし、教育のレベルは大連よりはるかに低く、校風も自由が感じられなかった。渡辺京二にとって、この学校で唯一の救いは、少数とはいえ文学好きの川本という友人からロシア文学についての新たな知見を得たことや、映画部で映画作品について語り合うことくらいだった。この川本は後に日本経済新聞の記者となり、晩年には熊本県立劇場の館長となって再会を果たした。

この時期の渡辺の日記は『敗戦後日記』と題されて、熊本で発行されている『道標』二〇二二年冬第七九号に掲載された。これは渡辺京二のもっとも初期の文章である。まず、日記から共産主義運動に対する渡辺京二の複雑な意識の揺れを読み取っておこう。

『敗戦後日記』に読むマルキシズムの影響

「(一九四七年)六月二十五日　水曜　晴曇りの交代激し

僕が共産主義を奉ずる様になった一つの動機として、僕の人道主義があげられると思ふ」「この人道主義、ヒューマニズムといふものが過去二年間の僕の最大収穫だと思ふ。人道主義こういふと人はすぐトルストイの禁欲的キリスト教的人道主義を想起するものだが、こ、ではむしろ僕はヒューマニズムを云っているのだ」(『敗戦後日記』)

共産主義を報じつつ、実際の共産党の党活動に踏み切れなかったのは、大連での共産主義者たちの行動への苦い思いと、党活動の中に「文学」や「ヒューマニズム」に魅かれる自分の居場所が存在するかどうかの確信が持てなかったからだろう。このようなヒューマニズムと共産主義の葛藤を、映画「ブルックリン横町」の感想と共に語る八月一一日から一二日にかけての日記は、当時の渡辺京二の心情が最も的格に表されている。「ブルックリン横町」の監督はエリア・カザン。一時期はアメリカ共産党にも入党しており、本作はカザンの貧しく善良な人々への愛情が最も純粋に描かれた作品だ。そしてこの映画に、渡辺京二には身につまされる思いがするほど感動したはずである。

「ブルックリン横町」のストーリーは次のようなものだ。舞台はニューヨークの貧しい人々が集まるアパート街。ここにノーラン一家は、夫婦と男女二人の子供で住んでいる。夫のジョニーは善良ではあるが、社会無能力者で、ほとんど無職、時たま仕事にありついてもその収入はすぐ酒に消えてしまう。妻は子供たちのために掃除婦をして懸命に働いているが、夫婦仲はすでに冷めている。だが娘は父の純粋さをとても愛している。

やがて娘が通う学校の学費のため、ジョニーも何とか職を見つけようとするが、寒さと空腹、そして長年の飲酒から倒れて病院に運ばれ、駆け付けた妻の前で亡くなる。ジョニーの葬儀には沢山の友人たちが駆け付けた。妻がだらしない男と思っていた夫は、実は多くの人たちに愛されていたのだ。妻が夫の人間性を理解できなかったことを悔やみ、愛情を取り戻す過程で、家族は一体となる。亡き夫の親友の経済援助で子供たちも学校を続けることができた。母も再婚し、一家も希望を見出していくところで映画は幕を閉じる。

「八月十一日　月曜

妻から理解されず、否、夢想に生きて現実のつらさきびしさに抵抗しえず悲しい思いをする父と、その父を完全に理解してゐる（唯一の理解者かもしれぬ）少女との愛情の交流が実に美しい。涙が出さうに美しい」

「結局この映画は何を云ってゐるのか。それは、現実の中に美しい心、夢をもつ心がいかにやさしい花を咲かしていくかといふことだ。涙と悲哀と共にユーモアとペーソスとに包まれたこの映画は確かに人を感動させる。畢竟人は善良でなければならぬ――これは断固たる鉄則だ。誰だってこれから逃ることは出来ない。人間が人間であるかぎり」（『敗戦後日記』）

ここで渡辺京二は、映画と自分の家族を重ね合わせている。他所で女性を作り、無責任な高等遊民でもあった父が、内面においては夢見る人であったこと、すでに父のことはあきらめて家族のために働く母という設定は、この映画に描かれた場面とほとんど同じだ。渡辺京二はもちろん母の側に立ち、父の不誠実を責めてはいただろうが、どこかその父に対し同じ「夢見る人」として共感していたことがうかがえる。「畢竟人は善人でなければならない」という言葉は、終戦と大連の引揚げを経て、人間の残酷さを知ったうえでの言葉であり、そこには幼いなりにヒューマニストとしての思想的決断が込められている。

だが、この時の渡辺は、個々人や小さな共同体の善意や相互扶助では社会の矛盾は解決しえない、それはただマルクス主義によってのみ解決可能だと信じてもいた。そのため、この文章は、次のような公式論的な言葉にもつながっていく。

「『世界の人が善を真を美を意志するとき、それはどんなに美しいだろう』と昨日の映画でガーナーは云ふが、科学的に社会の運動を認識し予見することを学んだ僕達、観念的な道義的壮語の無力さ、ユートピアのはかなさを知る僕達はガーナーのようにはいいえないのだ。善と美と真とを個人の理想主義的な努力により実現しようとする企がいかに美しいものであれ、結局、この社会に何ら具体的な改善をもたらしえないのだ」

「我々の善を求める理想的努力は社会主義の線を通じて表さねばならぬ」

「マルキシズムの線にのみ社会は動くし人の意志で社会が勝手に動くわけではない。然しそれはガーナーを否定することにならうか。この二つのことはまた別の問題だ」（『敗戦後日記』）

ここには、当時の渡辺京二の迷いが表れている。渡辺は少年時から信じていた近代的・ロマン的な人道主義精神と、戦後に選択したソ連由来の共産主義と社会革命への情熱という、本来相容れない二つの価値観の間で悩んでいた。だが、渡辺京二は、おそらくこの『ブルックリン横町』の中に、無意識のうちにもう一つの重要な視点を読み取っていた。貧しき人々は、国家権力による福祉政策や、あるいは共産主義革命などによっては真に救済される存在ではない。お互いの生活空間の中で育まれている共同体としての連帯意識、そこから生まれる相互扶助によってこそ救われるというメッセージである。これこそ「善人」の共同体を支えるものであり、一見社会無能力者に見える存在も決して共同体から排除されない、市場経済や資本主義の論理に抗する民衆意識なのだ。渡辺京二は幼くして、その思想的原点をこの時期にかすかに見出しつつあったのかもしれない。

そしてこの敗戦後日記で驚かされるのは、当時の渡辺京二が、すでに優れた文学や映画への鑑賞眼を持っていることである。そのいくつかを紹介しておく。

文学と映画に対する優れた批評眼

「（一八四七年）六月一七日　火曜　晴

夜、『ノートルダムの拘摟男』を日劇にて見る。エキゾティックな映画、エスメラルダに扮した女優がよかった。又エスメラルダといふ役——その女優をはなれて、ユゴーの描いたエスメラルダも実に優しくて情熱的で自由な好ましい娘なのだ。パリの下層民の描写の巧みさにおどろく」（『敗戦後日記』）

この『ノートルダムの拘摟男』は、有名な一九五六年のものではなく、モーリン・オハラがエスメラルダを演じた一九三九年版である。この段階でオハラに感心している目の付け所はなかなかのものだ。そしてユゴーの原作はロマン主義の典型のようなストーリーを取りつつ、一八三〇年の七月革命を背景にしたパリ民衆、特にその貧民層ややくざ者たちの世界を見事に描いており、これは後の『レ・ミゼラブル』にもつながっている。この映画の群衆シーンは五六年版よりもはるかに迫力があるが、そこにユゴーの原作との共通点を見出しているのも見事な着眼点である。

「七月一九日　土曜　雨

(岡本) かの子の作品を読み返してみる。『やがて五月に』と『巴里祭』はやはり逸品である」

「岡本かの子に僕は川端康成ににてもっと女性的に豊かではばの広い芸術家を見出し熱愛してゐた。彼女には、古代神話に出てくる様な女性の持つ偉大な母性といふものがあった」

「然し今では僕は彼女に叛逆を感ずる。『巴里祭』を読んでみても、その芸術境が美しくその生命の相のとらえ方が見事だとは思ふけれど、決してそれを尊敬する気にはなれない」

「又これにあらわれている様な人間世界には絶対に同感できない。人生に満足しきったぜいたくなインテリの通人趣味がこ、にはみ出てゐる気がする。こんな洗練よりドストエフスキーの荒けづりの方が僕にはうれしい」「『巴里祭』の主人公のやうな気分と態度で人生に対することには僕は絶対に承服できぬ」（『敗戦後日記』）

『巴里祭』はパリで追放人（エキスパトリエ）のように暮らす高等遊民の日本人を主人公に、彼が一時憧れ、愛したフランス女性への思いと、彼女の現実を知ったのちの悲哀が綴られる短編小説である。渡辺京二は、この人たちの生き方があまりに高等遊民的に見え、それを作者も、登場する女性も母性的に全てを許してしまっているかのような描写に反感を覚えたのだろう。

しかし、岡本かの子を批判しつつもその作品は「川端康成ににてもっと女性的に豊かで幅の広い」「偉大な母性」から生まれたものだとする渡辺の視点は、かの子文学の本質を突く批評である。この母性的な感性はかの子の仏教信仰とも『家霊』で描かれたような土俗的な感性とも結びついている。そして、渡辺京二は、後に岡本かの子よりもはるかに巨大な母性を抱いた石牟礼道子という存在と出会うことになる。

また、埴谷雄高の『死霊』を「ドストエフスキー的なスタイルを身につけてゐるが、単にスタイルだけの真似にとどまって内容は誇大妄想的な悪い趣味の匂ひがする空疎なものじゃないだろうか」という批評は、最も埴谷の痛いところをついている。他にも、戦後の横光利一について「横光利一が純粋性を保ちえないであらうことは前から予見していた」が、この作家の心理追及も構成の巧みさも単なる装飾品に終わり、登場人物も通俗的にすぎると批判している。戦時中の『旅愁』において、横光が抱いていた作家としての思想的緊張感がもろくも戦後崩壊したことを見抜いた言葉である。
そして渡辺が絶賛している映画が『かりそめの幸福』である。これは映画のあらすじを紹介する日記の文章がそのまま渡辺京二の作品解釈となっている。

「八月二七日　晴後雨
映画『かりそめの幸福』観覧。映画にこれほど高い文学的（思想的）要素が盛り込めるものか。ラスコリニコフにセンチメンタリズムを若干付加した様な男、フィリップ・リュシェールは観衆にとり巻かれた女優クララ・スチュワートを狙撃し負傷させた。裁判が始まる。彼は虚無思想にとらはれた画家だ。動機は偶像を破壊することにより社会に挑戦するにあったと彼は云ふ。クララの嘆願により刑期は一年半、やがて獄を出たフィリップはクララと戀におちる。彼はいふ。狙撃の理由は外にある。計画は主義によってなされたが、遂行はクララを他人の手にわたしたくないといふ愛慕心からでたのだと」（『敗戦後日記』）
しかしクララは「美しく善良で」「愛すべき敬すべき」女ではあるが、同時にうつり気で「はなやかで都会にむしくはれた」軽薄な女でもあった。フィリップは、クララは自分にふさはしい女ではない、一生自分のものにしておくことのできる女ではない、と去ることを決意する。
渡辺京二は何よりも、クララの「偉大なる母性」と「意志的な迫力」、同時にニヒリストのフィリップが、結局その母性によっても救われず、再び「虚無の世界の放浪を続ける」姿に感銘を受けた。渡辺はこの映画の主人公に、社会の虚飾をすべて破壊する意思を見出し、そこに共感を抱いていたのだ。それは己を取り巻く退屈で封建的な社会への怒りであり、共産主義運動内部の偽善でもあり、さらに、いずれにも居所を見出せない自分への怒りでもあったはずだ。

一九四七年一〇月の日記でも、映画『安城家の舞踏會』を「『櫻の園』の翻案だが、それも、見事に翻訳臭から抜け出して日本の現状に即したリアリスチックな作品」と評し、原節子の演技者としての成長と美しさに驚いているのも慧眼だろう。また、映画『未完成交響楽』の牧歌的な美しさやシューベルトの音楽のロマンにも救われた思いを記している。

そして渡辺京二は、一九四七年一〇月二〇日、まず日本青年共産同盟に加盟する。

「一九四八年一月四日
二十世紀の吾々は等しく自意識といふひとつの重荷を負ってゐるし、虚無的な行き詰まりを常に意識している。でも悲劇を悲劇だといふのみではそこには何の前進もなく解決もない」「社会革命を通じて、吾々は自己の革命を行ふべきである。すなわち近代的自我の煩悶を止揚して高い行動性と自然な人間性を回復し、新しい人間のタイプを生み出さなければならないのだ」(『敗戦後日記』)

これもマルクス主義者特有の言葉であり、毛沢東の文化大革命時代の紅衛兵が語ってもおかしくない言葉だ。しかし、近代的価値観を超えたつもりの共産主義革命の思想と実践が、知性の否定と俗流階級闘争論の中、スターリンや毛沢東の幻想にからめとられていったのも、二〇世紀の悲劇だった。渡辺京二は、そこを多少なりとも自重するだけの知性は若くして兼ね備えていた。

「しかし、あっさりとプロレタリアート的な気分の上にあぐらをかいて旗を進むものとか歴史を動かすものとか、うはすべりした言葉を連発し、自分で自分がもう近代の重荷を克服しえたつもりでゐるのは危険である。克服がいかなる形で行はれるかは今後の結論にまたねばならぬ」(『敗戦後日記』)

渡辺京二の思想家としてのテーマはすでにここに育まれている。

第四章　闘病体験と若き日の恋

共産党入党と闘病体験

昭和二三（一九四八）年三月、中学四年で熊本五高の入学試験に合格した渡辺京二は、意を決して共産党に入党する。直ちに行ったのが、ガリ版のサークル誌を作ることだった。渡辺京二の編集者としての始まりである。

その年、全国の高校ストライキが呼びかけられ、東京から当時の全学連委員長、武井昭夫が熊本にやってきて、五高でもストを行うように呼び掛けた。まだろくに演説もできない渡辺京二の代わりに、二期上の高校生、新里恵二（後に岩波新書から『沖縄』を発行する）と、大江志乃夫（後の歴史家）らが中心となってストを呼びかけた。彼らの言い分は、共産党員が表に出ては一般学生が退いてしまう、自分たちに任せろという、まあ親切に見えて運動にありがちなヘゲモニー争いだった。

渡辺京二はこのストライキ呼びかけと、ビラまきを禁じようとした学校への抗議について、教師の中でも親しみを持つ人を追い詰めるのはつらいが「昔の俺なら人情論や主観的意図、無意識的行動云々で太田さん（教師）を擁護したにちがいない。俺も物事を政治的、階級的に見るくせができた。このくせ一つ習得するに俺がどんなに苦労しなくてはならなかったか」（六月一四日）「生徒大会、はじめからもめて、すごい空気だった。五二二：二二五でスト決議！封建の牙城のくずれる日も遠くない」（六月一九日）と、どこか吹っ切ったように党活動家としての意志を日記に書きつけている。

だがこの夏、渡辺京二は大量喀血をする。父も次姉も命を奪われた結核の症状だった。もちろん学校は休学。翌一九四九年一月に再び喀血。同年五月、菊池郡西合志村、通称「御代志野」の国立結核療養所、再春荘病院に入院する。母親は病院に付き添い、最初の二、三か月は自ら病院の付添婦たちの宿泊部屋に泊まり込み、息子のために三食の食事を作るほどだった。渡辺京二はここに一九五三年一〇月まで、約四年半の月日を過ごした。

この入院中、渡辺京二は日本共産党員として献身的に活動した。入院して最初の一年間ほどは、病気への不安もあり活動は控えていた。しかし、昭和二五年（一九五〇）に朝鮮戦争が勃発し、日本共産党は、北朝鮮を支持するソ連、中国共産党の支持する武装闘争路線をとる「所管派」とそれに反対する「国際派」に分裂した。渡辺の属していた前者は、後に極左冒険主義として党自身によって否定される武装闘争による革命方針をとる。また在日朝鮮人団体の民族統一戦線（民戦）は明確に北朝鮮支持を掲げ、米軍物資輸送阻止闘争が展開された。交番に火炎瓶が投げ込まれ、毛沢東思想をそのまま日本に持ちこんだ山村工作隊活動が繰り広げられた。共産党は事実上非合法化され、所管派党首脳部は北京に亡命、また地下に潜伏する。結局、この運動方針は権力からの弾圧と民衆の離反を招き、一九五二年の選挙で共産党は議席を失う。

しかし当時の渡辺京二は、このような危機的状況の中、今こそ共産党活動に奮闘しなければと決意する。心中に党への疑問はあったろうが、自らが理想を見出していた思想と組織の危機に、逃亡するわけにはいかないという意思が生まれるのも理解できることだ。

当時の再春荘病院にも、すでに共産党員の患者が二〇数名入所しており、以前から、ガリ版刷りの共産党細胞新聞のようなものは不定期ながら発行されていた。しかし、渡辺京二が事実上の発行責任者となってからは、月二回の定期刊行となる。また、それまで病院党細胞のキャップだった患者が手術することになり、当時二〇歳の渡辺がその地位に就くことになる。渡辺は患者からの党費も一〇〇パーセント回収し、病院内で次々と党員を増やしていった。組織拡大のため、病院を抜け出して近郊の農村に行くことすらあった。

しかし、渡辺にとって、党活動は達成感よりも「インディヴィジュアルな自分と、ボルシェヴィキ的な人間像との落差」への苦悩しかもたらさなかったと後年回想している。そして、現実に病棟で出会った民衆の姿と、共産党が宣伝する「革命的プロレタリア」とは似ても似つかぬものであることを日々実感させられたことも、深い矛盾を感じさせたはずである。

この闘病体験が、思想家渡辺京二を生み出したことは、彼の読者ならば周知のことだろう。しかし、思想的には「小さきものの死」に結集していくこの時の療養所生活は、同時に渡辺京二にとって「一度きりの私の青春」をもたらしたのだった。具体的には、二人の女性との出会いと別れである。

このことを、渡辺京二は一九八九年、小冊子『御代志野—吾妹子のかたみに』にまとめ、ごく少数の知人たちに寄贈した。内容はこの闘病中に書き留めた短歌と詩から選ばれたもので、あとがきにて前田正子、そして越牟田房子という二人の女性のことを回顧している。

正子は昭和六年に生まれ、父を早く亡くし、女学校を中退して看護婦となっていた。房子は二歳年下で、農家の生まれで同じく看護婦となる。二人は親しい友人だった。渡辺は正子と初恋におちたが、次第に房子に魅かれていくようになり、正子はそれを察したのか静かに去って行った。しかし、結局熱心なクリスチャンでもあった房子と、若きコミュニストの恋は様々なすれ違いからうまくはいかず、房子が一時心を病むほどの辛い別れとなった。その後も、正子との縁は続き、渡辺京二の母も積極的に結婚を勧めるほどだったが、彼女は若くして病死した。渡辺京二は、正子の死を知った時はまさに号泣したと、『父母の記』で初めて明かしている。

この二人について、渡辺はいずれも仔細にはかいていない。しかし、簡単な二人の経歴と、渡辺が二人を歌った歌や詩を読むだけでも、彼女らが無垢で哀しい、しかし、どこか聖なるものを体現している人だったことは想像できる。若き日の失恋は、当事者にとってはいかに辛いものであれ、すべての人に訪れる、衝撃的だがありふれた体験にすぎない。しかし、この二人から渡辺京二が受け取ったものは、思想形成において決して小さなものではなかったはずだ。

恋歌に込められた透明な喪失感

その苦悩から渡辺を慰藉してくれたものは、御代志野の自然の風景だった。広大なくぬぎ林に取り囲まれ、電車路を越えたところには県の広大な馬の種畜場があり、防風林に幾重にも区切られた草原は「さながら宮沢賢治の世界」であり「裏のくぬぎ林の外には、ゴルフ場跡や開拓団の農地が広がり、その果てには阿蘇が遠望され」ていた。渡辺はしばしば正子とこの風景の中を歩み、その後も「好きな人ができるたびに私はその人をここへ連れてこずにはおれなかった。ここは大連というあの美しい街と並んで、私の原郷なのだった」と述懐している。

これらの心情と風景は、そのまま詩歌に歌われている。渡辺自身は今も、これらの詩歌をこの小冊子以外では発表もしていないし、自らもあまり価値を認めていないが、これらの詩歌は石川啄木や北原白秋などの影響と共に、独自の不思議な魅力を感じさせる。

例えば正子の死を歌った詩「ほほえみ」。

遠ざかり
きみはほほえみを投げてよこす
ほほえみは白い蝶のように
くるくると眼の前で舞う
そして
君の死とともに
ほほえみは凍ってしまった
私の暗い眼の中で

ここに現れた絶望感は、決して押しつけがましく歌われないために、逆に透明な喪失感に体験を昇華させている。この詩は決して感傷的ではないからこそ、かえって書き手の絶望を伝える。さらに深い虚無感を漂わせるのが「墓地のゆきかえり」という詩だ。

伊津子さんは私にふりむけといった
あの先に見える水たまりが海だという
くらいベンゾールのような色をして
細くくびれこんだ洞海湾
風が流れてきて
私のさげた菊の束が
ゆらりとゆれる

「ベンゾールのような色」という一言に込められた思いは読者にもはっきりと伝わる。房子が再春荘を辞めて、神戸の病院に移るときに書かれた「別れ」という詩には、また別離の喪失感が歌われる。しかしここでも感情はひたすら抑えられ、街の下での群衆の姿に投影されてゆく。

落日のないひぐれ
雨はゆるやかに歩廊を濡らし

濃い煤煙が流れ
人々は群れ凝固し
あるいは崩れ移動していた
群集の中から
やっと君はかけて来た

その後はただひたすら、乗り換えの汽車まで彼女を送る行程が歌われるのみで、最後の別れの後、この詩は静かに終わる。

ぼくはふたたび
ゆっくりと陸橋をのぼった
のぼりながら
ぼくははじめて
大きな悲しみを知った

房子との様々な辛いすれ違いは「ときどき」という詩に書かれている。

ときとして

その人の目に霧がかかり
みるみる遠ざかることがあった
拒否されたような思いで
私はあとにのこされた
いばらをかぶらされた人のことを
すなおに
その人は信じていた

この一節の緊張感は、他の詩篇とは全く違ったあじわいを持つもので、革命や宗教といった概念が、人間の生き方に深くかかわっていた戦後のある時期の空気を鋭く伝えるものになっている。この詩を書いたころ、房子は「すでに病に冒されて私の手のとどかぬ所へ去ってしまっていた」「さいわい彼女はその後、健康をとりもどすことができた。私はあらためて求婚の手紙を書いたが、そのとき彼女は、私とのあいだにあったことをすべて忘れ去った人となっていた」。

ひとはこのようにしかすれ違えないことがあるという体験は、政治的挫折以上に、いや、その挫折と複雑に絡み合った形で、世界の裂け目のようなものを若き渡辺京二に見せたことは疑えない。

そして、療養所内の歌会のために書かれたという短歌にも、捨てがたい魅力がある。正子と房子のことを歌った幾つかの歌には、ナイーブな恋愛感情が詩よりも率直に歌われている。

（正子）

ひと夜わが蚊帳のなかにて光りたる看護婦のくれし首赤き蛍
配られし食膳の隅にオレンジの折鶴ひとつ傾きていし
罪に似し思いしきりにやみがたく君と向きいる夜に入りし病室
君を抱きダンスしている夢をみし平凡なる幸いにやすらぐこの頃

しかし、歌それ自体としては、自然の風景を歌ったものに佳作が多いように思う。

落ちぎわの夕日の光あかあかとただよいている花の一叢
垣にいるとんぼの翅のあるかなきふるえさびしむ秋近き日に
窓越しに寒波来襲う日の暮を夕光あわく草叢に入る
夕光はゆるき斜面の草に入りあたり黄に染むもの音もなく

これらの歌に共通するのは、イメージを大きく解き放つのではなく、自然の細部に静かに沈着していくようなスタイルである。これを単に病気や療養所の閉鎖的な空間に原因を帰すのは歌を詠んだことのない人間の発想で、これは渡辺の思想の在り方と深くかかわってくる資質の問題ではないかと思う。そして、次のような歌には、この地の自然を大連同様自らの原郷としたという、渡辺の自然との一体感が伝わってくる。

夕迫る林の中を大がらす低くくだれりわが行く先に
ひかりある卵はいりているならむ雀のかけしうつばりの巣に
ひばの葉の細きねじれは天を指すこのひばの木も幼なかりけり

このような短歌を読んでいると、後年、パステルナークの『ドクトル・ジバゴ』を論じた際に引用している「二人が愛し合ったのは、二人をとりまくすべてのものが、足元の大地が頭上の空が、雲が、樹樹がそれを望んだからであった。おそらく二人の愛は、彼ら自身よりも、むしろ周囲のものたちに喜ばれたと言えるだろう」という、恋愛がそのまま世界との一体感であり、風景の中に溶け込んでいくような世界を、この時の渡辺京二も味わった瞬間があったのではないかと思える。

党活動への違和感と詩歌との別れ

私は何もこれらの詩歌を、渡辺京二の隠れた名作として再評価しようというのではない。詩としては古いスタイルであり、抑制された言葉遣いが時としてイメージを平坦なものにさせている箇所も多い。しかし、「夜に」と題された詩には、後に「挫折について」で展開されるような共産主義運動の矛盾と、当時の恋愛の苦しみとが結晶化されており、この時期の渡辺京二の心象風景を率直に表したものになっている。

コルチャーギンには
なれないであろうことを
彼は知った

それを知ったとき
夜は　くらいはがねのような空に
小さなよく光る星をいくつも浮かべ
彼はしずかに流涕した

彼は自分を愛してくれる人々のことを思った
その人々が少ないのであることを思った

夜汽車の
がらんどうな三等車で
くもった窓ガラスに
するすると指先で
鳥打ちをかぶった青年をかき
Colchergin とかきそえた人のことを

その白いものをまじえた頭を
善良に光る眼を
彼は思った

恥と傲慢にふるえながら
体をよこにむけ
彼はねむることにした

コルチャーギンとは、当時はよく読まれていたソ連の作家オストロフスキーの小説『鋼鉄はいかにきたえられたか』の主人公で、理想の共産主義的な労働者像としてみなされていた。渡辺京二は病院を無断で抜け出し、党の活動や会議に参加するために夜汽車で会合に出かけた。入所中にも、二度ほど警察が取り調べに来たほどだった。

この療養所には、結核の権威である医師の深水真吾が派遣されていたが、彼はこの我儘な患者に、貴方の結核は安静を守れば治る病気であり、また、この診療所で公的な医療保護のもと治療を受けているのだから、国民に対して一日も早くよくなることは義務なのだと説いた。しかし、この自虐的なまでに活動にのめり込む若者に何を説いても無駄と悟っていたのか、最後には医師は絶句するのみだったと、渡辺は後に医師への敬意と哀切な後悔の念を回想している。

この詩には、共産党活動に没頭すればするほど増すばかりの党への違和感と、純粋な労働者党員が、共産党の理想を素直に信じ、窓ガラスにその夢を記すようにコルチャーギンの肖像を指で描く姿への、敬意と共にどうしようもなく感じる距離感がよく歌われている。

そして、さらに乾いた意識で書かれた歌の背後にも、党活動へのある種の虚無感が忍び寄っているのを感じさせる。

硝子戸にはさまれし虫の焦躁をながめつおりて心動かす
党会議なかばにありてわが心いたく疲れてうなだれていし

このような詩作から渡辺が離れたのは、この形式では自らの思考を表現することは出来ないと素直に考えたからだろう。しかし、殆ど読者を期待していないこの青年期の作品には、渡辺京二がその後展開していく思考の原点、少なくともそれを生み出す感性のありかが感じられる。その意味でこの章では、これまで余り多くの人の目には触れなかっただろう私家版の詩歌を紹介した。私個人の最も好きな歌は、「出棺」と題された幾つかのものである。

鳥影のよぎりてまたも静かなり冬陽傾く赫枯れし原
ひとしきりあかしやの葉の落ちやまずあたり真白く霜おける朝

あかしや＝大連などという通俗的な意味を持ちこむつもりはないが、このような歌には、大連とはまた違う、日本の自然との初めての出会いという体験が、入院直後に深く渡辺京二を襲ったこと、しかも、病院からの死者の出棺を無言で自然が迎える風景は、入院中の渡辺に畏怖の念すら与えたであろうことを感じさせる。

さらに、次のような歌は「小さきものの死」が決して唐突に渡辺を捉えたのではなく、日々、そのような体験が蓄積されていったことの結果であったことを思わせる。

人の死をかなしむゆとりもたぬまま氷雨の中の出棺を見る
日は果てて風くろぐろと渦巻けりいまし逝きたる友を悲しむ
ことさらに悲傷よそおうそぶりなく病歴を淡々と語りたまいぬ

渡辺京二は共産党とはとっくに無縁となった八〇年代にも、この病院で入党した患者たちのことを決して忘れることはなく、一人一人の名前をこの私家版に書きつけている。彼らの姿は、正子、房子という二人の女性への思いと共に、おそらく生涯渡辺の著作の背後に生き続けているはずだ。

「私の一生の方向は、この日本民衆の無垢な娘たちとの出会いで決まったのかもしれぬと、ふと思うことがある」「同志たちは、四十代から二十代まで、年齢のちがいをこえてみな兄弟のようだった」。このような出会いと別れは生涯のうち、やはり青春という時代にしかありえないものだろう。この体験、特に療養所での「民衆」との出会いが「小さきものの死」へ、そして完全な共産党活動からの離脱につながっていく。

第五章　小さきものの挫折

療養所における民衆との出会い

渡辺京二にとって結核療養所の患者たちとの出会いは、生涯を通じて思想的テーマとなる「民衆」との出会いだった。渡辺は自らの観念論的な「民衆像」を、患者＝民衆との出会いによって完膚なきまでに打ち砕かれることになる。

渡辺は印象的な患者のエピソードを三つ挙げている。

隣床にいた色黒で頑丈そうな農村青年は、一日中ほとんど無言で過ごし、重傷なのに苦痛を訴えることもなく、ただ自らの死を待っていた。「彼は口下手で、かつ何か口を開くのを恥じているようであったが、かといって孤絶しているのではなく、同室のものたちは黙っている彼をそのまま受け入れて怪しまなかった」（「民衆論の回路」『新編　小さきものの死』所収）。身をむしばむ病に寡黙に耐えている青年の姿は、日々の日常を耐えている物言わぬ民衆そのものである。民衆とは生を運命として語ることなく受け入れる。彼の沈黙こそがこの世界の本質に他ならない。「私は彼から、民衆とは自然のような存在だという観念を受け取った」。

民衆は外から啓蒙され、政治運動家に扇動されて「覚醒」するような存在ではない。蜂起してバリケードで死ぬことも、療養所でひたすら死を見つめ続けて死ぬことも、その価値においては全く等価である。仮に民衆が革命に起ち上がるとしたら、それは自然が大きく動くようにしかありえない。渡辺は共産党の「前衛」理念のむなしさを悟った。

もう一人、ひどく気難しいことで看護婦からも敬遠されている患者がいた。この人は独特の「沈鬱な自己抑制」を持っていたと渡辺は記している。そして、彼は死ぬ数か月前に、渡辺にヘーゲルの『小論理学』をくれた。民衆はそんな本は読まない、この男もまた知識人を目指していたのだ、というのは大衆蔑視の裏返しである。民衆も彼らなりの知への好奇心を持ち、知の世界に触れようとする。だが、その読み方が知識人とは違うのだ。

「開いてみるとそれにはいたるところ傍線が引かれていた。その引きぐあいをみると、彼がこの難解な哲学書をおよそ自己流に読破したことがよくわかった」この患者は、ヘーゲルの論理構成とも思想展開とも関係なく、ただ、自分の気に入ったところだけを読んでいたのだ。渡辺はこの時、このように本を読む民衆の姿にあるいとしさを覚えた。「私はこのとき民衆と教養ないし知識との関係について、本質的な理解の端緒に立っていたはずである」（「民衆論の回路」）

民衆にとって、知の世界は、自らの日常性を離れて受理されることは決してない。それは彼らが無知なのではなく、共同体に根差した日常生活が、強固な実態として存在の根底を支えているからだ。大地に根を張った木々は太陽に顔を向けても、その根を切り離すことはない。しかし、知識人は日常や伝統を超えることを目指さない限り、彼の知は決して共同体の限界を超えることはできない。

知識が民衆の意識を超えて上昇し、普遍性を目指すのは必然であり、民衆が、いかなる知識をも自らの日常性に引き付けてしか理解しないのもまた必然なのだ。これは民衆と知識人の間にある絶対的な乖離を意味するものなのだ。

三人目の患者は、自分の病苦も死をも笑い飛ばすような青年だった。渡辺京二同様の、重く厳しい胸部成形術の後、ひと月は体を動かすことなどできないはずなのに、看護婦の眼を盗んで、杖を突きながら個室を抜け出して病棟に現れ、患者たちからやんやの喝采を受けた。この青年も後に死んだ。これは身を賭けた一つの冗談なのだと渡辺京二は理解した。この青年のみならず、民衆とは自己抑制を持つと共に、絶えず冗談を言い、自らの病苦をも笑い飛ばすものであることを渡辺は知った。この「冗談」は、己の存在を無化し、その運命も、自らの生も、一時の冗談ごととしてみなす行為である。この青年の像は、渡辺の後期作品『江戸という幻景』の中で再び江戸時代の精神としてよみがえることになる。

そして、このいずれの民衆像とも違う、さらに深い衝撃を渡辺にもたらし、「小さきものの死」を書かせたのは、その顔すら知らぬある親子の死であった。だが、その文章に触れる前に、渡辺京二の思想的出発点を知るためには、やはりこの時期の日本共産党内部の分裂と党内闘争について簡単に触れておかねばなるまい。

共産党からの離党と「戦後」のはじまり

一九五〇年にソ連のコミンフォルム（共産党国際情報局）は、日本共産党の野坂参三や徳田球一の平和革命路線は過ちであり、武装闘争こそが革命への道だという指示を下した。これに対し徳田、野坂は反発して「所管派」（反論を「政治局所管」として発表したのでこの名がある）を結成、それに対し、宮本顕治らはコミンフォルムの指示を受け入れたことから「国際派」と呼ばれた。しかし、この後の党内闘争の後、徳田らが弾圧を逃れて北京に政治亡命、徳田は毛沢東やスターリンの支持を取り付けて今度は暴力革命路線に転換する。

その結果、一九五一年に開かれた日本共産党第五回全国協議会（五全協）では武装闘争路線が決議され、徳田とそれに従う党員は「主流派」となる。この路線転換は、共産党指導部内の勢力争いと、中ソという外部からの押し付けに過ぎなかった。だが、渡辺京二をはじめ、当時の純粋な党員たちは違った。自分たちの生命と身体をかけて、党員たちは激しい闘争を繰り広げた。

一九五三年、朝鮮戦争が終わり、スターリンが死去、また徳田球一も北京で客死すると、共産党はあっさりと方針を変えた。この年、渡辺も療養所を退所する。そして一九五五年（昭和三〇年）日本共産党は第六回全国協議会により、それまでの武装闘争路線を全否定し、資本主義体制の中に、スターリン主義の村社会を作り「平和共存」する路線を選択したのだ。

要するに革命運動の方針とやらは、その時々の政治情勢や党内の主導権争いで都合よく変わるものであり、闘争に真摯に関わったものほど使い捨てられるという、スターリニズム政治運動の本質が明らかになったのである。渡辺京二はこの年、共産党を離党した。渡辺はこの時の体験を「わたしの戦後」で、これまでの自分は「敗戦」から何一つ学んではいなかったと、次のように記している。

「軍国少年から共産主義者へ変身した私は、何も変わっていなかった。私は、天皇制的政治理念を最高の真理と信じ、歴史は日本という神国による欧米資本主義の克服という流れにそって進むと理解していたからこそ軍国少年であったように、スターリニズム的政治理念を最高の真理と信じ、歴史は共産党という前衛が指導する世界変革の方向へ進むと理解したからこそ共産主義者であったわけである。（中略）これが私の〝戦後〟のほんとうの始まりだった」（「わたしの戦後」『新編小さきものの死』所収）

渡辺はマルクスの思想を放棄したわけではない。しかし、いわゆる共産主義「運動」の本質をこの時点で完全に突き付けられたことは確かだ。近代的理念や進歩主義、そして歴史の法則といった概念への盲信的信仰が、如何に蒙昧なものと易々と結合してしまうかを骨身にしみて体験したこと、これが渡辺にとっての戦後体験だった。

この年、渡辺京二は岩下敦子と婚約している。敦子は市役所の重役の娘で、熊本県庁に勤めていた。敦子の両親の、夫はせめて大学だけは卒業してほしいとの希望から、渡辺は大学受験資格を取り、法政大学の通信教育を受講する。その後、昭和三三（一九五八）年に結婚し、翌年長女が生まれたのち、単身上京して法政大学社会学部三年生に入学した。東京在学中にいわゆる六〇年安保闘争が興り、無理をして雨の中デモなどに参加したことがたたったのか、再び肺が悪化して休学、再び熊本に戻る。そして友人と共に発行した「炎の眼」に掲載されたのが、渡辺京二の原点というべき「小さきものの死」（『炎の眼』一一号、昭和三六年一二月発行収録）、そして政治運動と個人の関係についての突き詰めた考察「挫折について」（同八号、昭和三四年発行）だった。

小さきものの死

「小さきものの死」は、結核病棟の一夜で起きた情景からはじまる。

入院して四年目、渡辺京二は胸の肋骨を六本も切除する胸部成形術という大手術をすることになった。自らも生死をさまよう手術後のある夜、隣の病棟の部屋から、断続する不思議な声が聴こえてきた。それは紛れもなく泣き声であることが分かった。

「世の中にそのような奇妙な泣き声があることを、その時私はほとんど初めて知らされる思いがした」

渡辺が翌朝看護婦から知らされたのは、昨夜農村から衰弱した母娘が父親に連れられてきたが、父親はそのまま車で帰ってしまい、その晩すぐ、母親の容態は急変し、母も娘も共に亡くなったとことだった。

「人はこのようにして死なねばならないことがある」。これは渡辺の、このような死だけは認めることができないという決断を意味する言葉だった。

渡辺京二にとってもこの母子の死は、ある絶対的な存在として認識された。渡辺は橋川文三の「小さい者の存在」は、バラ色の歴史法則とは無縁に、容赦のない自然と歴史の暴力によって無限の挫折を繰り返しつつ抹殺され忘却されていくという言葉を引用する。社会が進歩しようと、政治体制が変わろうと「小さきもの」が「このように死なねばならない」構造は変わらない。それならば「小さきもの」は、自らの生を決して他者に売り渡すまいとする強固な意志によって歴史を超えるしかないのだ。

「世界史の達成をもって小さきものの死の各々をあがなうことはもとより不可能である。いや、人類の前史が終るということは、まさにこのような小さきものの全き生存の定立によって、世界史の法則なるものを揚棄することにほかならぬだろう」

「バラ色の歴史法則が何ら彼らが陥らねばならぬ残酷の運命を救うものでない以上、彼らにもし救いがあるのなら、それはただ彼らの主体における自覚のうちになければならぬ。願わくは、われわれがいかなる理不尽な抹殺の運命に襲われても、それの徹底的な否認、それとの休みのない戦いによってその理不尽さを超えたいものだ」（「小さきものの死」『新編小さきものの死』所収）

民衆の抵抗は革命や反乱の形を取るとは限らない。いかに巨大な力に圧迫死させられているように見えようとも、その生を決して他人に譲り渡さない一人の民衆の内面には、いかなる権力にも打ち壊し得ない、人類史を貫く価値観がある。その存在をもって人類史を逆照射することで、歴史を「前史」として相対化し、近代国家もあらゆるイデオロギーも乗り越えていく道を模索することを、渡辺京二は思想的原点とした。

「小さきものの死」を超えるものを、未だに私達の世界は生み出し得ていない。渡辺が六〇年代の新左翼運動から、八〇年代のポストモダン、そして現在に至る様々な思想の「流行」に全く影響されることがなかったのは、この母子の死に答えうるいかなるものもそこには決して存在しなかったからである。

「挫折について」——一兵卒の視点からの状況批判

『炎の眼』第八号に掲載され『思想の科学』一九六〇年二月号に転載された「挫折について」は『橋』と『灰とダイヤモンド』という二つの映画を通じて、状況の中で、人間が政治的行為を選択し、歴史におのれを投げうつときに、必ず直面する深刻な問題を提起したものである。

渡辺にとって「挫折」とは、政治運動における「小さきもの」にのみ起こりうることだった。権力者や指導者たちは決して「挫折」などはしない。「それは実行者、それも一兵卒として、巨大な歴史の進行の中の名もない一分子としての実行者にしか起こりえない問題なのである」(「挫折について」『新編小さきものの死』所収)。

なぜなら、挫折とは、個人が政治的信念をかけた行動が、状況が変われば指導者によって「無意味な誤謬」とみなされ、そのあとには「自分の憎悪のみを信じて立ち尽くさねばならぬ」一人の人間が残されることだからだ。渡辺はこの挫折を見事に表現した映画作品として、まずドイツの少年兵をテーマにした『橋』を挙げた。

『橋』は一九五九年に制作された当時の西ドイツの映画である。映画の主人公たちは、第二次世界大戦末期のドイツの小さな町に住む七人の少年だ。兵員が不足していたドイツは、この少年たちにも召集令状を送り、彼らは一人前と認められたという思いで軍に出頭した。

翌日夜、連合軍が進撃し、全軍に出動命令が下るが、ドイツ軍も、まだ幼い七人を危険な地域に派遣する気はなかった。七人は村の橋の防御に配置される。軍はこの橋は爆破する予定であり、少年たちは戦闘に参加する必要はなかった。

だが、少年たちは銃を手にして前線にいることから、ある種の高揚感を得てしまう。退却しろという老人を臆病者とののしり、一人の少年が戦死すると、復讐心に駆られて連合軍の戦車に立ち向かう。だが、彼らは英雄的に戦っているつもりだが、所詮は守る必要のない橋を死守しようとして無意味に死んで行くだけの存在に過ぎなかった。

生き残った少年兵二人は、到着したドイツ軍人から、この橋は爆破すればそれで済んだのに、お前たちの無謀な戦いのおかげでかえって危険な目にあったと罵られ「英雄ぶりたいか、帰ってママから勲章でももらえ」と嘲笑されてしまう。

しかし、渡辺はここで明確に、賢いドイツ軍人よりも愚かな少年兵の側に立つ。ドイツ軍人の嘲笑に「違うんだ、そんなんじゃないんだ」と叫ぶ少年ハンスの声を、渡辺は「わたしの肺腑というべきものを貫く」と書く。

そして、渡辺はこの少年たちは歴史の展開期における挫折者の原型だと受け止めた。彼らは勝者や権力の側に付くことを拒否し、この橋を守って闘うこと以外に、自らの存在意義を見いだせなかった。連合軍からも、同じドイツ軍からも否定される存在として、彼らは歴史の外に立つ挫折者として己の運命を引き受け、現実の政治権力のみならず「歴史の法則性」という概念で個々人を裁断する擬制の権力をも拒否したのだ。

『灰とダイヤモンド』も、ポーランド現代史におけるマチェクという挫折者の物語だ。この著名な映画のストーリーは除くが、ポーランド現代史の複雑な背景を持つこの映画のメッセージを、当時の日本人観客が完全に理解することは困難だったろう。だが、マチェクたちが、ナチス支配下では祖国解放という理想を抱いてレジスタンスを戦い、戦後には、「共産主義＝ソ連支配下の祖国」の敵とみなされた歴史の悲劇は読み取れたはずだ。渡辺はこの映画のテーマを的確につかんでいる。

「かつて民衆と一体となって、その信望を担って戦ったものが、歴史の地すべりと共に今日は民衆の敵とならねばならぬ」

「彼はよき日はすべて去ったと呟き、そのよき日なるものが幻影にすぎぬと悟りながら、その幻影と怨恨以外に生きる支えを知らない。マチェクがホテルのバーで『われわれは生き残りだ』といい、かつてともに戦った多くのパルチザンにふれつつ『ああいう時代があったんだな』と乾いた笑い声を立てる。（中略）挫折者の心情は、いつの時に会ってもこれ以外の表現をとらぬのである」（「挫折について」『新編　小さきものの死』所収）

このような挫折者は、政治運動の指導者にとっては、愚かで滑稽な存在にしか見えない。花田清輝、谷川雁といった左派言論人の『灰とダイヤモンド』への評価はその典型だった。花田と谷川はマチェクを批判しつつ、現代の挫折者など所詮無邪気な世間知らずで、真の絶望も政治の現実も知らない連中だとみなした。彼らは「すすりなく良心のオーケストラ」と挫折者を嘲笑して切り捨てた。しかしこの発想こそが、マチェクや挫折者たちを「人民の敵」とみなすスターリニズムを裏から支えるものなのだ。

渡辺にとって、谷川や花田の批判は、常に「指導者」の立場を決して離れない、挫折と無縁な人びとの嘲笑であり「運動の失敗による路線転換」によって人々を切り捨てる政治指導者たちと変わるところはなかった。「彼らは一片のテーゼをもって過去を忘却する。あとに残るのは、忘却を宣せられた挫折者の痛苦である」。

挫折とは、組織に個人の人間性が疎外されることや、個人の情念と運動の論理の矛盾などではなかった。挫折とは「歴史の論理と個体の魂の論理の裂け目」だと渡辺は認識した。これは小さきものが常に歴史に踏みにじられていくのと同じ構図を持つ。挫折者がリアリストの嘲笑を受けるのは、このことを即時的な体験として語ってしまうからである。それだけでは、組織に裏切られた感情的反発や、「すすりなく良心」に留まり、挫折を乗り越えた思想を生み出すことはできない。

運動の崩壊も挫折も、所詮歴史に埋もれていく一つの風景にすぎない。挫折体験を語る時、人がしばしば忘れてしまうことは、挫折者は永遠に挫折者のままで生きることはできないことだと、渡辺は率直に指摘した。彼らは「挫折を広告してまわって非情が売り物の現実主義者の好餌となるか、日常のうちに沈黙して市井の賢者の風貌を獲得するか、それともこれら挫折を敗北としてうけとる途とはっきりと絶縁し、逆に挫折を反撃のとりでと化すか」の生き方しか残されていないと渡辺は断言する。そして、渡辺が思想家として選択したのは、この第三の道であった。そして、「挫折への憎悪のみを信じて、個人の魂の論理を基底に歴史の論理を再構築し」「歴史の物神化を生涯の打倒目標としてうごめいているものの影」(「挫折について」)を、おのれの内面と情況の底流に見出したことによって、渡辺京二は自らの挫折体験を思想として昇華したのだ。

第六章　吉本隆明と谷川雁

谷川雁――絶望を秘めた工作者

一九五〇年代から六〇年代にかけて、渡辺京二は、吉本隆明と谷川雁という二人の思想家に出会う。谷川雁との最初の出会いは一九五四年、熊本でのある会合だったが、谷川の立ち居振る舞いに、渡辺は「これは大変にキザな野郎である」と反発しただけだった。その時点では渡辺は谷川雁の書くものを読んでもいなかった。

一九五八年から五九年にかけて、渡辺京二は谷川雁の詩集『大地の商人』と、代表的な論稿「原点が存在する」を読み、その華麗な文章に憧れを抱く。しかし、五八年九月、谷川雁は筑豊にて上野英信や森崎和江らと『サークル村』を刊行するが、渡辺には「大の大人たちが寄ってドタバタと告白大悲劇をやらかす」喜劇的な場としか思えなかった。

一九六〇年安保闘争後、谷川雁が共産党との縁を切り、吉本隆明と共に『試行』を発行して以後、渡辺も谷川の思想や文学を何のこだわりもなく受け入れるようになる。一九六一年、渡辺は熊本で自分のグループ『炎の眼』と、かつてのサークル村に属していた県庁文学サークルを提携させて新しいグループを作っていたが、そこに谷川雁を招いた。グループ名「新文化集団」は谷川の命名だったという。一九六二年から六三年にかけて、渡辺は、オルグとしての谷川雁の力量を現場でじかに見ることになった。

「この人は相手の心に暗示を吹きこむ名人であって、十しか力量をもたぬ男に十五の力を発揮させてしまうのである」（「わが谷川雁」『新編　小さきものの死』所収）。カリスマとはこのようなものかと渡辺は思った。その後渡辺は上京し、日本読書新聞に勤めるようになるが、そこで谷川雁との交流はさらに深まっていった。

この時期は、谷川雁が福岡における炭鉱夫たち「大正行動隊」と共に戦っているさなかだった。渡辺はこの時期の谷川雁を「余計なものをそぎ落として、彼は実に男らしい貌になっていた」と回顧する。そして、谷川雁の当時の文章もまたそれをよく伝えている。

大正行動隊の運動を、徹底した労働者の自立を前提とする「他のあらゆる個人、集団に同一化されない、自分以外の世界のすべてにヒジ鉄を加える精神」（「民主集中制の対極を」）と位置付けた谷川雁は、行動隊の原則を「面白いことを、まさにそれのみをやらなければならない。反対であるのにしぶしぶそれを実行することは許されない。そのときは実行しないことが彼の義務である」（「民主集中制の対極を」『影の越境をめぐって』所収）と定義した。

左右いずれであれ、少しでも運動というものに関わったことがある人間ならば、この原則がどれほど破格なものか、そしてまた参加者の完全な「自由」と「覚悟」を強いるものであるかを理解できるはずだ。炭坑夫たちの、閉山に向かう後退戦の中で逆に爆発した土着的なエネルギーの中に、この原則は生き生きと躍動した運動の理念としてその肉体を得たのだ。

大正行動隊の戦いの本質は、今後日本で実現化していく高度経済成長による徹底した近代化、市民社会化、そして労働現場の共同体の解体に抗する闘争でもあった。これは当初から必敗を賭けた闘いであり、谷川雁が共感したのもその点であったろう。唯一勝利と呼べるものがあるとしたら、この近代化と資本の管理の本質を暴き出し、その偽善性を正面突破することだけだった。

だからこそ行動隊は、経営者との妥協や対話を求める組合幹部にも、炭坑夫を「生活保護」という近代社会の枠内に取り込むことで「管理」しようとする左派政党にも、また「良識ある市民」に対しても決然と闘いの矛先を向けた。これは後の水俣病闘争の精神とも共通するものがある。

渡辺京二はこの時期の谷川雁に共鳴しつつも、本来は「思想的抽象」「思想的基準」であるはずの大衆の感性を、そのままある闘争の担い手として実体化してしまうところに、その組織論や運動の限界があったと批判的に述べている（「六〇年安保と吉本隆明・谷川雁」『新編小さきものの死』所収）。これは、個々の炭坑夫に土着的で強烈な近代を否定する意志があったにせよ、それを集団の次元で組織化することは全く別の問題であることを解明した文章だが、私は理論的な批判よりも、次の渡辺の文章こそ、谷川雁という人の悲喜劇を描きぬいたものだと思う。

「雁さんはいわゆる男が惚れる男だったと思う」「この人は囲りの人間に、こいつに天下をとらせてみたいという思いこみをさせるような人間なのである」

「この人はじつは絶対に天下をとれぬ人なのである。それはこの人のなかにめったに他人には見せぬ嫌悪感がくろぐろとわだかまっているからであって、それは何に対する嫌悪ともいいようがなく、強いていえば現実に対するというほかはない。そして彼を単なる戦国的梟雄ではない思想的工作者たらしめたのは、じつにこの何ものかへの嫌悪だったのである」（「わが谷川雁」『新編小さきものの死』所収）

この「何ものかへの嫌悪」について思考していけば、そのまま一個の谷川雁論を書かねばならないだろう。しかし逆に、谷川がどのような体験や言葉に心からの感動を覚えたかを見てみれば、そこに一つの答えが逆照射されるように思う。

谷川雁は、九州の山奥で村人が道を尋ねられた際、これこれのものをめじるしに行けば、「傘をさして踊って歩けるような（広い）道に出るからそれをゆきなさいと教えられて、すっかり感動した」という話を引き、この言葉を「いわば泥つきの詩だけれども、それをある心象の装置によってとらえるならば、私たちは全世界を微細な結晶の連続としてとらえる鉱物的な眼をもつことができます」と、深い感動を込めて紹介している。これを渡辺は、次のように読み解き、谷川雁の「存在的な悲劇」に触れていく。

「雁さんは世界をこういう「微細な結晶の連続」としてとらえたいという欲求にせめられたからこそ、工作者であらねばならなかったのだということができる。（中略）彼は世界を詩としてとらえる方法と、おなじく散文としてとらえる方法に対して、あえて第三の方法を切開せずにはおれなかった次第であって、そのさい彼はそれが『決して成功しない』ことを知りつくしてもいたのであ

る」(「わが谷川雁」『新編　小さきものの死』所収)

この文は谷川雁の詩作品の本質を突く批評ともなっている。谷川雁は、日本において政治や文学、また思想の公用語として使われている言語は全て、人々を上から組織する言葉であり、それに対し、知識人から見れば無知にしか見えない土着の労働者が沈黙で表現している「東洋の無」の力に、民衆の「異様な創造の発端」を見ないものはアジアの何たるかを知らないのだと「工作者の死体に萌えるもの」(『原点が存在する　谷川雁詩文集』所収)にて書いた。

谷川雁にとって「生活語で組織語をうちやぶり、それによって生活語に組織語の機能を合わせ与えること」が新しい言葉への道であり、そのためには、「沈黙する重さを表現する重さへ変化させる」工作者の存在が必要だった。ここには、土着した大衆の存在に対する畏怖の念と、彼らが近代資本により解体されていくことに言葉によりどう抗うかという視点が貫かれている。そして谷川雁にとって、その土着した大衆の世界とは、ただ一言の道案内がコスモスと人間を一体化させ、ことばそのものが「泥つきの詩」になり得るような世界に他ならなかった。

谷川雁の詩作品のうちでも「雲よ」という作品に「泥つきの詩」が生まれるユートピアへの憧憬が最も率直に歌われているように思う。

雲よ

雲がゆく　おれもゆく　アジアのうちにどこか　さびしくてにぎやかで　馬車も食堂も

景色も泥くさいが　ゆっくりとしたところはないか
どっしりした男が　五六人　大きな手をひろげて　話をする　そんなところはないか
雲よ　むろんおれは貧乏だが　いいじゃないか　つれてゆけよ

そして谷川雁の次の言葉は、この「雲」を思想的に解釈したもののように読めてならない。

「民衆の軍国主義、それは民衆の夢のゆがめられた表現にすぎません。日本の民衆の夢とは何か。それはアジアの諸民族とおなじく法三章の自治、平和な桃源郷、安息の浄土であります」

「日本の民衆が永きにわたってあこがれ、民衆自身が分けもっている乳色の素肌の光り……それは下級の村落共同体から流れ出し、今日の大地をなお蔽っている規模の小さな連帯の感情ではありますまいか。（中略）西行が一本の杖にすがり、芭蕉が「その貫通するものは一なり」と叫んで求めていった無名民衆への愛はわれしらずこの遠い源流に向っていたのではありますまいか」（谷川雁「東洋の村の入り口で」『原点が存在する』所収）

これは谷川雁が一九五五年に書いた文章である。戦争に民衆の夢と共同性への憧憬を見た谷川雁の視点は、後述するドストエフスキーの思想や、何よりも渡辺京二の、宮崎滔天や北一輝の思想を通じた日本近代史論にもつながっていくものだった。

吉本隆明——ただ一人の師

一九六二年二月、渡辺は「まったく通学せず試験だけうけて」法政大学を卒業した。ところが、卒業試験の成績がトップだったことから、総代として卒業式で言葉を述べてほしいと東京に呼ばれる。その後、谷川雁の弟、谷川公彦が日本読書新聞に働いていたため、彼の口利きで社員として就職することになった。

渡辺はこの上京時、すぐに吉本隆明の家を訪ねている。谷川雁から、当時吉本が発行していた同人誌「試行」に何か書いて持って行けと言われていたからだった。玄関先で原稿を受け取るときの、まったく飾り気のないたたずまいに、渡辺京二は深い感動を受けた。谷川雁をはじめ、それまでの文学者や知識人、運動家などから受けたある種のポーズや自己顕示が吉本からは全く感じられなかったのだ。

それ以後、渡辺京二はちょくちょく吉本家を訪問するようになった。渡辺京二は、自ら師と呼びうる人がいるとすれば、何よりもまず吉本隆明の名を挙げている。

「師というのはその人の言説がすべて聴聞に値するから師なのではない。大事な一点を教えられ、それが生涯揺るがぬ北極星となったからこそ師なのだ」

「その一点とは何か。人が聴けば笑うかもしれぬが、人は育って結婚して子供を育てて死ぬだけでよいのだ、そういう普通で平凡な存在がすべての価値の基準なのだという一点である。それ以上は言いたくないし、言えない」（「吉本隆明さんのこと」『父母の記』所収）

この一点を吉本自身が最もわかりやすく語っているのは次の講演録である。

「一個人の生きていくことについていえば、その間、今日繰返したように、あすもおなじ生活を繰返して、それ以外のことには、あまり関心を持たないという典型をとりだすことができましょう

（中略）そういう生活者をもしも想定できるのならば、そういう生活の仕方をして生涯を終える者が、いちばん価値がある存在なんだ、（中略）つまり、人間存在の価値観の規準はそこにおくことができるということです」（吉本隆明「自己とはなにか」『敗北の構造』所収）

吉本隆明がここで定義したのは、まず、実体としての戦後大衆そのものとは無縁、むしろ真逆の存在である。実在の大衆は単純な日常を生きていくことに耐えきれず、知的な上昇志向や政治への参加意識を抱き、自分は無理でも、せめて子供にはより広い世界に脱出させてやりたいという意識の持ち主である。吉本の「大衆の原像」とは、知識人や前衛による大衆への指導・管理といった概念を徹底的に解体していく理念の象徴であり、同時に、近代国民国家が、大衆を「国民」として教化・統合していく過程、さらには知識が大衆を上昇させていく過程をも、価値として相対化する姿勢なのだ。

左右いずれのイデオロギーによる大衆支配を無化するものとして、吉本は「大衆の原像」という概念を生み出した。そして吉本にとって知識とは、大衆を管理することでもなく大衆に拝跪することでもなく、知的に上昇する過程を突き詰めることによって、同時に大衆の意識を知の普遍性の中で対象化していくことだった。

だからこそ、吉本にとって、知識人としてその思考を広げていくことは、いかなる意味でも自分の庶民としてのありかたを変えることではなかった。知識の上昇と世界認識の普遍性が、日常の大衆意識と矛盾することなく共存している姿、渡辺京二を感動させたのは、そのような吉本のたたずまいだった。

もちろん、それだけが渡辺が吉本から学んだことではない。例えば「戦後世代の政治思想」における次のような吉本の言葉は、当時「私にとっての戦後の始まり」をむかえていた渡辺京二に強い共感をもたらしたことだろう。

「おそらく、わたしたち戦争世代は、国家的な制約、民族的な幻想などを、もっとも、はげしく打ち破られた世代にぞくする。（中略）こういう破産を根づよく解明しようとするとき、どうしても戦争責任や天皇制体験の解明にむかわざるをえなかった。言い換えれば、最も特殊的な、民族的な体験の解明に固執せざるをえなかったのである」（吉本隆明「戦後世代の政治思想」『異端と正義』所収）

渡辺京二もまた、戦争体験と、それに続く共産党体験を通じて、この吉本の言葉を最も深く受け止めた読者の一人だった。この基本認識から、吉本は代表著書『共同幻想論』にて、日本における天皇と国家の問題を徹底的に分析する方向に進んだ。

だが、渡辺は『共同幻想論』など吉本の主著を正面から論じることは生涯なかった。渡辺にとって吉本の著書は、論じる対象ではなく、師の言葉として受け止め学べばよい存在だったのかもしれない。しかし、渡辺が戦後天皇制について、まったく冷めた認識を持っていることは、吉本隆明との関係を考えるうえで意外と重要なことではないかと思う。

渡辺は「戦後天皇制は可能か」（『日本近代の逆説』所収）という文章を一九七八年に発表しているが、そこで渡辺は、明治維新によって成立した近代的な天皇制はすでにその歴史的使命を終え、今日存在するのは、戦後市民社会の構造の中に残された遺物に過ぎないとしている。最もよく渡辺の主張が表れているのは次の部分である。

明治以後の近代化は、特に大正時代に急速に進んだ。これはいわゆる日本の市民社会化、もっと言えば資本主義化であったが、それによって伝統的な共同体が解体され、個々人が疎外されていくことへの恐怖感は、民衆に「共同性への飢え」をもたらした。近代化と資本主義化とは、要するに「みそなわす神様などはいなくて、この世はただ利害の対立する個もしくは集団がいるだけだ」（「戦後天皇制は可能か」『日本近代の逆説』所収）という社会の実現に向かうことである。「神がいなければすべては許される」というニヒリズム社会をあれほど怖れ憎んだドストエフスキーのように、日本の大衆は、天皇を中心とした共同体国家というイメージを、ニヒリズムからの脱却、共同体復活のために熱烈に求めた。「このような病的な飢渇感は、かつてこの国の伝統にはなかったもの」であり「この飢渇は天皇制共同体神話とのあいだに、おそるべき共鳴を引き起こした」。

戦後、天皇はこのような大衆感情に根差すことは皆無となった。敗戦によって民衆は「利害の対立によって成り立つ社会は、それを合理的に調整するシステムとルールさえあれば、偽りの共同社会などよりかえって住みよいこと」がわかったからだ。戦後、民衆からは共同体への幻想は市民社会の感性と共にはぎとられていった。

しかし、共同体から一切自由となり、個に還元されたとき、再び「共同的なものへの飢えという、わが近代史の底流となってきた欲求は、まったく別な次元で思想的課題となりうるはずである」（「戦後天皇制は可能か」）渡辺にとって、問題とすべきはこの共同性への民衆の飢えであって、天皇制そのものではなかった。戦時下、連合軍との最終決戦で死ぬことを決意していた吉本隆明と、満州という「外国」に住み、日本を幻想の中で理想化していた渡辺京二との、決定的な戦争体験と天皇体験の違いがあった。
その後、「読書新聞事件（※）」が起きた。一九六四年三月に、『日本読書新聞』に掲載されたコラムの内容について「不敬である」と右翼からの抗議が寄せられた。吉本隆明は、このような場合は、編集者は断固書き手の立場に立たねばならぬ、どんなことがあっても謝罪するなと会社まで乗り込んで主張した。渡辺京二に対しても態度を問い、口先だけの反対じゃだめだと強調した。しかし、当時の読書新聞編集長巌浩は謝罪文を掲載し、渡辺京二は辞表を出した。吉本隆明は、自ら就職の世話までしてやろうとしたという。この姿勢はまことに「職人」のものである。しかし、渡辺京二はしばらく業界紙などで仕事をしたのち、熊本に帰ることとなる。

（※）日本読書新聞事件
日本読書新聞一九六四年三月九日号の匿名コラム「週刊誌」欄に、当時の義宮と津軽華子の婚約で加熱している週刊誌報道を批判する文章があった。これに対し右翼団体が不敬記事として抗議。コラムには「この御両人、どう見ても性的発育不能者」という文言があり、巌編集局長はこの表現に関しては誤りであるとして認め、その旨を右翼団体の抗議文とともに紙上に公開した。同紙面には、この見解に抗議する吉本隆明ら知識人の文章も掲載されている。

第七章　水俣病闘争と「もうひとつのこの世」

義理と人情に始まった水俣病闘争

日本読書新聞社を退職後、渡辺京二は熊本に戻った。深い挫折感に根差しての帰還であったのだろう、この時期山本周五郎の小説を読みまくった。周五郎文学は渡辺にとって、民衆の倫理感覚としての「義理人情」を極限的な形象として描き出した作家だった。周五郎作品に描かれているような「義理」や「人情」を、民衆はこれを一つの幻として読み、確実に涙を流す。それは「義理人情とは日本の伝統的な民衆の共同性への見果てぬ夢」（「義理人情という界域」『新編　小さきものの死』所収）だからだ。渡辺京二にとって水俣病闘争とは、この「義理人情」の地点から、チッソに代表される日本近代に対し挑んだ戦いだった。

水俣病の発生は一九五〇年代初頭である。だが、昭和三四（一九五九）年の段階で、病気の原因が有機水銀であることが熊本大学や医師の研究で報告されても、チッソも政府も「結論は早計」と認めようとしなかった。

しかし、水俣でとれた魚は何処にも売れず、生活の困窮をきわめた漁民たちは、この年一一月チッソ水俣工場を襲撃した。しかし一二月、患者は死者三〇万円、生存成人患者年金一〇万円、未成年患者三万円というあまりに低い金額で妥協を強いられたが、当時孤立していた患者たちはこの条件をのまざるを得なかった。その後一九六八年、水俣病市民会議が発足し、患者と支援者による水俣病闘争が始まる。同年、日本政府も、正式に水俣病を公害病として認定した。

この時期までの水俣病の実態と、本質的な意味を記録、作品化したのが、石牟礼道子の『苦海浄土　わが水俣病』（講談社文庫）であり、この作品は一九六九年に発表されている。そしてこの作品の原型が、渡辺京二が編集していた地方雑誌「熊本風土記」の昭和四〇年から四一年いっぱいにわたって連載された「海と空とのあいだに」だった。

渡辺は『苦海浄土』の文庫版解説で、石牟礼のこの本を「聞き書き」もしくは一般的な意味における「ルポルタージュ」ではなく、ある種の「私小説」であると記している。

石牟礼道子も、また患者たちも、同じ「苦海」に生きていた、他に生きる場を知らなかったのである。石牟礼道子が初期作品「愛情論」にて描きだしたものは、実家の経済的没落、父親の酒乱、祖母の狂気などの現象の中で、自らの魂が引き裂かれ、世界が崩れ落ちていくありさまだった。「一人の人間の魂がぜったいに相手の魂と出会うことはない」世界、人と人とが何らつながることができず、自分がいつも居場所を見つけられない世界に石牟礼道子は育ち、だからこそ、患者とその家族たちに、「自分の同族」を発見したのだと渡辺はいう。

「なぜなら、水俣病患者とその家族たちは、たんに病苦や経済的没落だけではなく、人と人とのつながりを切り落とされることの苦痛によって苦しんだ人びとであったからである。彼女はこれらの同族をうたうことによって自己表現の手がかりをつかんだのであって、私が『苦海浄土』を彼女の不幸な意識が生んだ一篇の私小説だというのもそのためにほかならぬ」(「石牟礼道子の世界」『苦界浄土』解説『新編　小さきものの死』所収)

そして、石牟礼道子が夢見ていた世界は「生きとし生けるものが照応し交感していた世界」であり「そこでは人間は他の生命と入り混じった一つの存在に過ぎな」かった。この感覚は次のような自然描写の中に美しく描かれている。「海の水も流れよる。ふじ壷じゃの、いそぎんちゃくじゃの、海松じゃの、水のそろそろと流れてゆく先ざきに、いっぱい花をつけてゆれよるよ」「海の底の景色も陸の上とおんなじに、春も秋も夏も冬もあっとばい。うちゃ、きっと海の底には龍宮のあるとおもうとる」(『苦海浄土』)。

だが、このような世界と感性は、チッソ資本に象徴される近代化と、不知火海に流された有機水銀のために徹底的に破壊されていた。そして、石牟礼は己が所属し、心から哀惜している世界が、醜悪で劇的な形で崩壊していく様を描いた。「『苦海浄土』一篇を支配しているのは、この世から追放されたものの、破滅と滅亡へ向かって落下して行く、めくるめくような墜落の感覚といってよい」(「石牟礼道子の世界」『新編小さきものの死』所収)。

「破滅と滅亡に向かって落下して行く」「小さきもの」であった患者たちが、たとえ状況に殺されていくしかないにせよ、それに全力であらがう闘いに向かったのが、この水俣病闘争だった。

基層民の自立としての水俣病闘争

一九六八年一月一二日、水俣病対策市民会議が結成される。会長は当時水俣市議だった日吉フミコ。石牟礼道子も発起人として参加した。同年九月二六日、日本政府は水俣病を公害病と認定する。水俣病患者互助会は、チッソとの自主交渉（直接交渉）を要求し、それがまとまらなければ裁判という方針を打ち出す。しかしチッソ側は、第三者機関に補償額の基準設定を求めたいとした。

一九六九年二月、厚生省は調整に乗り出す条件として、同省が編成した委員会が、当事者双方から意見を聞いたうえで結論を出す、その決定には双方が従うこと、その旨を確約書で確認することをチッソと患者側双方に求めた。チッソ側は直ちにそれに賛同。互助会内部はこれで分裂した。チッソとともに確約書に捺印した五九家族は「一任派」、断固確約書を拒否しチッソを相手取って裁判を起こす二九家族は「自主交渉派」「訴訟派」とよばれた。

石牟礼道子は六八年の段階から、熊本市で、市民会議よりもさらに行動的な組織を作ることを渡辺京二らに求めていた。渡辺は、当初は水俣病闘争に参加する意思はなかった。一九九〇年にこの闘争を回顧した講演録「水俣から訴えられたこと」（『死民と日常　私の水俣病闘争』所収）に、その理由を渡辺は明確に述べている。

水俣病を「公害問題」ととらえるなら「全然やる気がおこらない」。資本主義社会では、この社会を存続させるためにも、公害問題のような事態が起きれば、自ら修復しようとする力が働く。これは国家も同様で、国家権力は自らの体制を維持するためにも、問題を自ら修復しようとする。裁判闘争とは利害調整と妥協点を探る行為にすぎない。もちろん被害者を救済することは必要だが、自分が全面的にかかわる思想的な意義は見いだせない。

これは後知恵の議論ではない。渡辺は一九七一年に記した「現実と幻のはざまで」(『朝日ジャーナル』一九七一年一二月二四日・三一日号掲載『新編　小さきものの死』所収)にて、これと同じことを書いている。水俣病闘争は、大衆的な政治闘争としてはすでに戦機を逸したものである。大衆運動として成り立ちうるとしたら、一九五九年の漁民決起の時しかなかった。水俣病闘争は取り残され、孤立に追い込まれた患者たちにより戦われる殿戦なのだ。

このように冷静な視点を持っていた渡辺が、水俣病闘争にのめりこんでいくのは、何よりも、患者たちの運動に「資本制社会の当然の常識」からかけ離れたところで生きている「基層民」の自立した闘争がそこに垣間見えたからだった。

「基層民」とは渡辺の造語であり、近代化社会が最後に取り残した、浸透できない最も基本的な民衆の心情や論理を残している人々のことを指す。この基層民たる水俣漁民の「人間的道理」の次元においては、資本制の常識も論理も通用しない。自分の息子が隣の息子にけがを負わせたら、自分はまず詫びと見舞いに駆け付けねばならない。「第三者機関」も裁判所も入る余地はないのだ。渡辺京二は、この基層民の決起に共感したのだ。

忘れてはならないのは、患者たちは実質、現実の村共同体からも疎外されていたことだ。患者たちの救いは村共同体への回帰によっては得られない。決して存在しない「もうひとつのこの世」に向かってにじり寄ることしか残されてはいないのだ。

一九六九年四月一七日、渡辺京二はチッソ水俣病工場前に座り込みを行う。同月二〇日『水俣病を告発する会』が、高校教師の本田啓吉を会長に結成される。渡辺は会報『告発』の編集、執筆にあたり、月一回の発行で一九七三年の七月の終刊まで、一度も休刊することなく、最終的には一万九〇〇〇部を発行している。『水俣病を告発する会』の精神を、渡辺は次のように記している。

「水俣病闘争とは、生活民――それも水俣病患者・家族という特殊な集団が、日常の基底から彼らの真の欲求の高みまで、息をじっくりとつなぎながら、かけのぼって行く長い過程である」「その長い過程の果てには、あるいは自立した生活民の政治闘争（中略）きらめくような生活民の政治闘争の光芒の一瞬を、夢想することができるかもしれない」「『もうひとつのこの世』、もしそういうものがあれば、われわれは患者・家族とともに、幻なりと垣間見たいと思っている」（「現実と幻のはざまで」『新編　小さきものの死』所収）

患者たちの「真の欲求」を強烈にきらめかせたのは、浜元フミヨの叫びである。

「ああ血迷うた。ふた親殺され、きょうだいは片輪にされて血迷うた。お蔭でおなごじゃったが男になった。男からこん頃は鬼になった」「会社がつぶれようが水俣市がつぶれようが、悪事して我が身が安泰ちゅうことがあるか。文句のあれば水銀ば飲んでみろ。息の切るるまでぱちりともせずに立ちおうてやるわい」（「患者の魂との共闘をめざして」『わが死民』石牟礼道子編）

渡辺京二はここでの浜元フミヨの姿を「ものぐるいの世界に舞っている女神」と評した。「良識・秩序・経済原則」といった近代市民社会の論理など彼女には無意味である。被害者＝患者であった浜元は、怒れる「加害者」となることによって、この社会を逆転させて見せたのだ。

渡辺京二は、このような患者たちとの「心中」を望んだ。

厚生省占拠からチッソ会社占拠へ

一九七〇年五月四日、一任派患者に対する補償金がほぼ決定したことが西日本新聞に報じられた。結果は死者につき一人約三〇〇万、患者は年金一六〜三二万。公害認定によりチッソ側の責任が問われているにもかかわらず、これはあまりにも低い数字である。渡辺京二は「厚生省補償処理委員会会場をとにかく占拠する」行動方針を立て、渡辺らが裏口から厚生省に突入、五階の補償処理委員会会場を占拠した。機動隊が導入されて占拠グループは逮捕されたが、この事件は大きく報じられ、全国にわたって「告発する会」が結成された。

この年一一月からチッソの一株運動が始まる。一一月二五日、大阪での株主総会には、一株株主として患者や家族が巡礼姿で入り、壇上を占拠するという行動も成功。株主総会の場で、患者たちの思いが吐露され、社長を追い詰めるという劇的な空間が生まれる。だが、この時渡辺は参加していない。同日の渡辺の日記は三島由紀夫自決の衝撃が、それに対するマスコミ報道の下劣さとともに激しい感情をこめて記されている。

そして、この闘争の渡辺にとってもう一つのピークは、一九七一年にやってくる。

一九七一年一〇月六日、熊本県は川本輝夫ほか一六名を、八日、鹿児島県は二名を、新たに「水俣病患者」として認定した。彼らは、裁判ではなく、チッソとの「自主交渉闘争」を行なうことを決定する。

一〇月二五日、水俣の「告発する会」は、川本らの要求を支援するために、約八〇名でまずチッソ水俣支社の占拠を試みた。支社長は出社しておらず、工場の正門を乗り越え、事務棟前で約四時間の座り込みを行なったが、機動隊員らは冷静で排除は行わなかった。工場幹部は、かつて漁民暴動の際にもならなかった緊急を告げるサイレンを鳴らし、第二組合を動員して排除しようとした。ただ渡辺はここでも「私は彼ら（第二組合労働者）と対峙しながら（中略）彼らの意識に比べると、われわれの意識はむしろ軽い」と述べている。チッソ従業員もまた、生活者としての地点から必死に闘おうとしていたのだ。

一一月一日、一八家族は会議を持ち、一律三〇〇〇万円、年齢・症度による差別を許さないという「水俣病闘争史上画期的な要求」をぶつけた。三〇〇〇万円とは「過去十数年見殺し同様にされた、また将来にわたって強いられる生殺しの刑と健康と暮らしの代償」であり、また「およそ人間の苦しみ、悩みや、肉体的苦痛を『症状で四段階に分け、年齢で四段階に分ける処置』」を拒否するという、彼ら患者たちの「人間的道理」の訴えだった。

川本輝夫をはじめ、患者と告発する会は、チッソ本社に乗り込むことを決定した。一二月六日東京についた新認定患者六名は、七日、社長に要求書を手渡し、八日の午前十時半からの会談に不退転の意志で臨んだ。渡辺ら支援者たち二〇〇名は本社を奇襲、会談の会場である応接室を中心に、本社の中枢の廊下を制圧した。

このチッソ本社での「籠城戦」の始まりとともに、渡辺は「川本さんたちの志向がどのような深所から発し、どのような頑強不屈さとなって表れるものかということも、籠城の時間経過とともに、水が地面に吸い込まれるように、自然と私の心にしみとおった」と書いている。ここでの川本輝夫の言葉は、近代に殺され、前近代の側からも疎外された人々が、覚悟をこめて、近代の象徴であり今後日本を支配していく「資本の論理」の代表たるチッソの島田社長に投げつけたものである。ここには、敗北をこそ勝ち取り、その彼方に飛翔した瞬間がたしかに存在した。

「川本　はっきりしてもらわんと困る。社長、今日はな、わしは血書を書こうと思うてカミソリばもって来た。（中略）あんたが切らんのなら、わしが指切って書くよ。わしは今日ちゃんと用意して持って来たっだけん。ごかんべんじゃなか。あんた、わしの指切って。わしが書く。はい。その代りあんたの指も切る、わしが。いっしょに。返答書いてもらう。おなじ苦しみならよかたい。おなじ苦しみを苦しもうじゃなかな、人間なら」（「私説自主交渉闘争」『わが死民』所収）

同じ場面を、石牟礼道子は「まぼろしの舟のために」で次のように書く。ここでは、闘いの最中を戦闘者として送った渡辺京二と、戦場の抒情詩を謳いあげた石牟礼道子の二人の個性が、同じ川本輝夫という人物の多面的な像を表している。渡辺は川本の覚悟を、石牟礼は滅びゆく側からこそ見える資本制の未来の精神的荒廃への哀感を表している。

「オル家《げ》のオヤジはな、たったひとりで死んだぞ、たったひとりで……。畳もなかところで死んだぞ……。食わせる米もなかったぞ。オラあ……オラ、オヤジにひとさじ、米ば……食わせてやろうごたったぞ、のどもふさがっとったぞ……。精神病院の保護室で死んだぞ。誰も、見とらんところで……牢屋んごたるところに閉じこめられて死んだぞ……あんたは、しあわせぞ、社長……わかるか……」（「まぼろしの舟のために」『わが死民』所収）

水俣病闘争に於いて、渡辺がオルガナイザーとしても、現場指揮官としても、とてつもなく優秀だったことは『わが死民』を読むだけでも分かる。だが同時に、この運動が次第に従来の市民運動の枠内に撤退していかざるを得なくなることもまた必然だった。

一九七三年三月、水俣病第一次訴訟の判決が下されるが、すでに弁護団や市民会議と、告発する会との間には距離ができていた。より深刻なのは、患者同士の対立である。当初から戦ってきた患者たちからは、これまで戦ってきた自分たちと、新認定の患者を一緒にしてくれるなといわんばかりの態度も出てきた。渡辺京二にとって裁判の「勝利」とともに、水俣病闘争は終わったのだ。

水俣病闘争はたしかに「小さきもの」たちの闘いだった。しかし、いかに生命を賭けた闘いであったとしても、いや、そうであるからこそ持続することは困難である。日常と生活が患者にもあり、そこに立ち返らねばならないからだ。

最後に、水俣病闘争におけるもっとも美しくかつ普遍的な世界を表したものとして、『わが死民』に収録された「蜜蜂の国」という文章を挙げておきたい。これは水俣病患者田上義春の聞き書きであるが、渡辺京二が「人間社会の共同性への希念をこめた模索」と絶賛したものである。

本来、働き蜂が集める蜜は、夏から冬をささえるための量を集めればそれ以上は必要なく、蜂たちも働かなくなる。しかし養蜂では蜜を人間が「搾取する」。だから働き蜂たちは「自分の国の繁栄につながる食料を確保するために、三五日から四〇日で体力を消耗して、働き蜂たちは死ぬっとですよ」（「蜜蜂の国」『わが死民』所収）。

蜂の国ではすべての蜂が役割を持つ。巣を保温する蜂、掃除をする蜂、巣を守る蜂、幼虫の育児をする蜂。命令によって動くのではない。「これはせんばん（せにゃいかん）、あればせんばん、て、上から命令されて、やっとじゃなかで。ちょうど『告発』の人たち、支援団体の人たちと、少しも変わらんわけです。誰が『せろ』とか、ではなくて、結局、しなければならないことをするだけの話です。それは結局、人間の生きる道、蜂の生きる道に通じるわけです」（「蜜蜂の国」『わが死民』所収）。「本能」などというさかしら気な言葉を田上は使わない。蜂が巣を守るために役割を果たし、死ぬときは巣を汚さぬよう這いずって巣を出ていく姿に、あらゆる共同体の理念に通じるものを見出したのである。

指導者も労働者も本来存在しない、すべての人々が「しなければならないことをする」、そして「余計なことはしない」共同体が存在すれば、それこそがある種のユートピアである。そこには近代が求めていた自我や個性も、また前近代社会の専制支配も存在しない。ここには水俣病闘争から生まれた、未完とは言え確かな思想と共同体の原像がある。

第八章　時局論

時局論というものは時代が過ぎるとともに古びてしまうのが普通である。渡辺京二は、ほとんど時局論めいたものを書くことはなかったが、一九七二年七月から一二月まで「方位」という題名で日本読書新聞に時局論を連載している。『死民と日常　私の水俣病闘争』に収録されたこの文章は、時局論にありがちな状況への解説だけではなく、深く政治運動の本質を突くものとなっている。渡辺が七〇年代初頭の政治状況の表層の変化にほとんど動ずることがなかったことを確認しておくのも無駄ではないだろう。そして、一九七〇年の三島事件についての衝撃を渡辺は日記に書き残しており、これも時代への重要な発言として紹介しておく。

三島由紀夫事件への衝撃

一九七〇年一一月二五日、三島由紀夫が自衛隊市谷駐屯地にて自決した日の夜、渡辺京二は日記にこう書いている。

「三島由紀夫の死を知る。信じられぬ気持。悲哀の念、つきあげるようにわく」

「深夜のJNNニュースで三島の死についての報道を見る。三島の写真を見て涙がこぼれた」

「今回の事件総体について何を言うにせよ、忘れてはならぬのは、これが三島由紀夫というおそるべき明晰さと解析力をもった知性によって引き起こされた事件だということだ。文学と政治との混同とか、個人的美学の無力さだとか、ロマン的政治主義の危険さとか、そういったお題目は三島自身の批評眼がとらえつくしていたはずだ。下らぬ論評をできるものは幸いなのだ」

「私はひどく悲しい。三島という一人の人間の死を悼む心で一杯だ。こういう場合、自分の運命を歩みとおした人間に敬意を表する以外、何をすることがあるのだ」

「私は三島の作品をかつて愛したことはない。しかし人間としてはこの人に或る種の同情と愛着を持ってきた。今、私は友人に死なれたように悲しい」（一一月二五日日記『肩書きのない人生』所収）

ここでの「或る種の同情と愛着」とは、三島由紀夫が常に抱いてきた戦後社会への違和感のことだろう。そして翌二六日、渡辺は各マスコミ報道が予期した通り愚劣で浅はかなものだったことに嫌悪感を隠さない。特に「軍国主義の危険」を「さわぎたてる」政党や「良識」に対しては醜悪だと吐き捨てている。三島の行為は政治的行為ではありえず、それ自体無にすぎない、そこにこそ絶望の根拠があると記したうえで、三島のような理念は自民党支持者にとって迷惑であり、三島の死を愚行、狂気とみなす点では自民党と共産党は「めでたき一致」を勝ち取っていると苦い言葉を渡辺は吐いている。これは当時はまだ発表されていなかったが、三島が決起の約一週間前のインタビューで語っていたこととほとんど同じ内容だ。

「ぼくはそうやすやすと敵の手には乗りません。敵というのは、政府であり、自民党であり、戦後体制の全部ですよ。社会党や共産党も含まれます。ぼくにとっては、共産党と自民党は同じものですからね。まったく同じものです。偽善の象徴です」（『太陽と鉄・私の遍歴時代』）

この三島の言葉と、渡辺の一一月二六日の日記の言葉は見事なまでに共鳴している。

「三島の行為は神風連――二・二六の直系であり、なるほどそれは従来支配者の政治力学によって利用されて来はしたが、決して支配者に対する叛逆的契機たることをやめはしなかった。このような近代日本に特異な思想的流脈は今日の状況の中では全く存在基盤を失いつつある」

渡辺京二がこの後『神風連とその時代』を書くとき、この三島事件のことを思い起こすこともあったはずだ。

一九七二年の時局論

この年は二月に連合赤軍によるあさま山荘の銃撃戦が起き、さらにリンチ殺人事件も明らかになった。五月にはテルアビブ空港でアラブ赤軍による乱射事件も起きている。そして同じ二月にはニクソン大統領が訪中し、九月には日中国交正常化が行われた。以上のことは前提として、ここでの渡辺の発言を読んでいきたい。

まず、この時期いまだに「革命」の夢を見ていた新左翼運動に対し、渡辺は次のように言い放つ。

「政治的行為の世界とはひとつのキツネツキの世界である。その世界がいかにわれわれの所有する日常から遠くへだたり、観念の肥大と倒錯によって奇怪に変形されているかということを知るた

めに、われわれは別に洞察を必要としない」(「方位」〈七月〉『死民と日常』所収)

「政治的行為とはありふれた人間的領域であってそこに入るのは特別な勇気の証明書などいりはしない。ところが何とか山荘の銃撃戦とか何とか空港なぐりこみとかいうことになると、にわかに興奮して表情まですごみ顔に一変し、何やら自分もすごいことをひとくちいってみたい文筆的同伴者がいっせいにあらわれる」(「方位」〈七月〉『死民と日常』所収)。渡辺は実際に行動もせず、また知識人としての冷静な分析もせず、声高に変革だの闘争だのと語る、運動家でも知識人でもない連中を徹底的に軽蔑していた。

「銃をとらねばならぬというのなら、てめえが黙ってとればいいのである」「心情的にその闘争に同伴し、それと一体化した錯覚におちいるのはそれこそ勝手だが、その同一化した同伴者的位相から人をおどすことだけはやめてもらいたい」(「方位」〈七月〉『死民と日常』所収)

この言葉とほとんど同じことを、幕末の志士であり、最後まで尊王攘夷の志を貫いて明治政府により処刑された河上彦斎も語っていた。志士たちが酒を飲みながら、あの奸物を斬らねばならぬ、などと騒ぎ立てているとき、河上は一人酒席を立ち、そこで罵られていた人物の首を下げて現れた。「貴公らが批判していたのはこの男か。これを見ながら飲めばさらに酒がうまかろう」。

銃撃戦であれ人斬りであれ、それがどうしても実行せねばならぬ行動であると信じるのなら、黙って実践すればいいのであり、いつの時代も、実践者はそのようにしてきたのだ。本気でやる気もないくせに「やらねばならぬ」などと議論するのは、くだらない遊びである。

そして、新左翼運動の過激化によって、逆に警察国家が生まれつつあるという当時の警戒感や、あるいは運動内に警察がスパイを忍び込ませて混乱を図っているなどの陰謀論なども、渡辺は全くばかげたものとみなした。警察が運動家の日記まで押収していったという批判に対して、渡辺は「昭和二六年に捜査を受けた時、私は日記を全部持っていかれた。あたりまえではないか」と一蹴した。「武力とやらで政府を顚覆しようとしている徒」とみなされているのに、警察がその程度のことをしないはずがない。渡辺の批判は、決して「俺も昔はもっと過激な行動をしていたぞ」的な論難ではない。渡辺の言いたいことはもっと先の次元、国家をどうとらえるかという問題意識が、新左翼から全く失われていることにあった。

渡辺が見る限り、新旧両左翼とともに、国家を単なる暴力組織として「ドラキュラ風に怪物視」するばかりで、国家権力のほんとうの恐ろしさにも、また、これまで左翼運動が落ち込んできたスターリン主義の本質にも全く気付いていなかった。そして新左翼運動は、そのかすかにあった可能性を消失し、渡辺が一九五〇年代にたもとを分かった旧左翼・日本共産党の理念「親米売国の日本軍国主義打倒・反米愛国闘争勝利」とほとんど変わらぬところに落ち込んでいる。渡辺はこのような退嬰的思想状況をこそ批判したのだ。

スターリン主義の本質

翌八月の連載では、渡辺はさらに左翼運動の宿痾というべきスターリニズムの問題に切り込んでいく。反スターリニズムを掲げた新左翼運動が、中国の毛沢東や文化大革命の実態も知らず礼讃し、ひいては北朝鮮によど号をハイジャックして旅立った赤軍派があっけなく金日成崇拝に落ち込むなどの悲喜劇は、まさに「反スタも空語ならば、新左翼も初めから空語」であることを明らかにした。反スターリニズムといっても、それを単なる政治制度や組織論としかうけとめず、党内民主主義や少数派の意見尊重などの次元で考える限り、決してスターリニズムは克服できない。

「スターリニズムが提起した核心的な問題は政治的行為がいかにして大衆の日常性に到達できるかということであって、その問はたんにスターリニズムにとどまらず全革命運動史、いや世界史総体の総括を要求しているのだ」(「方位」〈八月〉『死民と日常』所収)

スターリニズムとは単に政治犯収容所や粛清といった、現象面だけでとらえられる問題ではない。ソルジェニーツィンの『収容所群島』はこの時点では翻訳されていなかったが、渡辺にとって、スターリニズムの本質とは、政治権力、特に共産主義という超近代国家の権力が、民衆にイデオロギーを外部から注入し、生活共同体を破壊して民衆の精神をも支配しようとするところにあった。これは近代国民国家が、前近代民衆を「国民」として統合していくことと本質的に変わらない。しかし、共産主義革命は、個と共同体のさらなる統合を目指すところから、すべての民衆に「政治的覚醒」を強制する。ロシア専制帝政の時代は、まだしも民衆は政治から離れたところで自分たちの生活を営み、精神生活を守ることができた。スターリン体制下ではそれは不可能なのだ。一人一人の大衆を共産主義者に「改造」「教育」し、それを拒否する人たちを収容所に隔離していく、それがスターリニズムの本質である。同時に、これは近代国家が民衆を「国家国民」に改造していくのと本質的には同じ構図であり、だからこそ、スターリニズムとは世界史的問題なのだ。

日中国交回復への冷静な視点

一九七二年の日中国交回復に対し、渡辺は「何の関心も持っていない」と十月号の連載で断言している。毛沢東に巨大な幻想を抱き、文化大革命を国家を乗り越えたコミューンの出現と考えていた毛沢東主義者たちは、彼らが許しがたい帝国主義とみなしていたアメリカと、さらには日本の自由民主党政権と連帯しつつある中国政府に当惑を覚えていたが、渡辺は「いったい彼らは国家レヴェルのとりひきが、ほかのどういう形態でありうると期待しているのか」と冷ややかに見るばかりだった。

周恩来外交と田中政権との握手を、何か革命の理念への裏切りであるかのように思う党派の愚かさは「もともと中国国家権力を、それがソ連修正主義の反対者であり文革の推進者であるという理由によって、世界革命の主体として規定した」お粗末な世界分析に過ぎないと渡辺はみなした。「彼らは中国共産党がスターリニズムの最大の理論的擁護者であった事実を完全にネグレクトしたばかりか、党権力によって指導される政治的反対派の追放運動を、人民そのものによるコンミュン運動と見誤るほどに幼稚であった」。粛清された林彪を悲劇の英雄とみなすような発想など、渡辺からすれば「狡兎死して走狗煮らる」の一言で終わる話であり、中国人にはこの程度のことには昔から慣れているのである。

当時の左翼思想家の中で、ここまで見えていたのはほかに吉本隆明くらいだった。吉本は毛沢東の詩を引き「人民が海である、革命戦士が魚である」などというバカげたことを言う人間は相手にしてはいけないのだ、そして、毛沢東の思想の中には、国家をこえるものなど全く見当たらないと否定した。高橋和巳、竹内好などの優れた知識人すら、毛沢東に一種の幻想を抱いていたことを考えれば、吉本と渡辺の認識の鋭さは際立っている。

この連載で渡辺は、今生じている日中国交回復をはじめ、国家レベルの外交・政治問題などは、日本の生活者が生きている位相とは全く無縁のものであることを強調した。進歩主義者たちは、このような生活者を啓蒙して、政治・外交問題に生活者をマスとして登場させようとする。革命主義者も同様である。しかし、それは決して成功しない。

「なぜなら二十世紀になってマスが政治的舞台に登場したというのは、政治的権力の思想的収奪の対象としてであり、そういう一政治体制下の政治的争点に向かって組織されるという方向で、彼ら生活民の中核にある欲求をときはなつことは不可能だからである。彼らの自己解放は、国家権力的レヴェルの政治問題ないし文化問題と根底的に無縁であると言う本来の位相を徹底させ、深化させる方向でしか想定できないのだ」(「方位」〈一〇月〉『死民と日常』所収)

一九七二年の段階で渡辺京二は、あらゆる運動の虚構性を見抜き、それ以後はひたすら己の思想を鍛え上げる道を歩んでいく。

第九章　処女作『熊本県人』

反功利主義と主観主義への衝動の試み

渡辺京二の最初の単行本『熊本県人』は、一九七三年六月、新人物往来社から刊行された。当時、新人物往来社は「ふるさとの人物再発掘　日本人国記」と題した「人物で描く各県の歴史」というシリーズを企画していた。この『熊本県人』はその中の一冊である。渡辺は本書を、谷川健一の紹介により書いた「アルバイト」として自らはさして高い評価をしていないが、これはまことに興味深い「肥後人の精神史」を伝える一冊である。

渡辺京二は郷土の誇らしき偉人列伝をまとめるつもりはなかった。また、通俗的な「県民性」を地方史に持ち込むことも否定した。『熊本県人』は、まず冒頭から、当時流行していた県民性についての俗説を一蹴する。熊本の代名詞のように言われた「肥後モッコス」は、実は戦後になってよく使われるようになった言葉なのだ。渡辺はこれらの俗説よりも、戦前のジャーナリスト、平川清風の肥後人気質についての文章こそ、最も鋭い考察だと挙げている。平川によれば、肥後人は複雑で聡明、自意識が鋭く批評的である、肥後人が線が太いように見えるのは、観察が複雑だからであって、よく見ると何本もの線が複雑によりあわさって太さをかたちつくっているのだ。肥後人のこの複雑な気質を表す言葉こそ「モッコス」ではなく「ワマカシ」なのである

この「ワマカシ」について「天才的ともいえる考察を残した」のは宮崎滔天だった。滔天はまず挨拶をしたら「ワマカシ」の悪しき例として、肥後熊本では、道で出会った相手に、今日はいい天気ですね、と「ワマカスなかれ」「ばかにするな」という言葉が返ってくる、という例を挙げている。これは要するに「ばかにするな」の意味なのだが、滔天は「ワマカシ」とは、単に「ばかにする」という意味だけではなく「揶揄、翻弄、冷笑、ひやかす」などの様々なニュアンスを含むが、それでもすべては尽くされない。強いて言えば「おのれを馬鹿にしおわって、しこうして人を馬鹿にし世を馬鹿にする」精神なのだと滔天は定義する。

この鋭い批評意識と、それにともなう強烈なシニシズムは肥後人の天性だが、それは下手をすると、物事と正面で取り組まず、冷評をことごとくとする欠点にもつながる。その好例が、よい天気だと挨拶されて、「ワマカシスナ」と答える姿勢だ。これは、当たり前のことを当たり前に表現することが、何か自分への嘲笑ではないかと考えてしまう、ある種の被害妄想であり、肥後人の敏感な批評意識が空転する悪しき一例なのだ。

宮崎滔天は「真のワマカシ」として、生涯を狂人のふりをして過ごした尾藤金左衛門、滝つぼに自分の尻をつけて河童をつろうとした成田清兵衛などの奇人を紹介し、同時に明治十年の西南戦争

において、熊本城攻めの初日、参加した熊本協同隊員野満俊太郎・富記兄弟が「兄さん、今日は革命の初日だ。お祝いに二人で死んで見せよう」と弾丸の中に飛び出して戦死した例を挙げる。滔天は前者二人の奇行と、後者の革命のために命を捧げる行為とを全く同一のものとして評価する。渡辺京二は滔天を引き継ぎ、ここに宿っているのは「自分を縛っている価値観、道徳、社会的常識、約束ごとや規範、知識や観念、社会的地位やきずなを一度否定し、それから自由になる」ことであり「利害とか出世とか社会的評価など」から遠ざかり「自分というものをできるだけ無化してしまいたい情念」(『熊本県人』)なのだと読み解いた。

これは強烈な反功利主義と、現実の制約を嫌う主観主義であり、しかも肥後人はこの二つをぎりぎりまで推し進める傾向がある。このような渡辺の複合的な熊本観は、戦前では忠君愛国の見本として謳われた「菊池勤皇史」に対しても、肥後人の性格からの分析を行っている。

後醍醐天皇は一三三一年、笠置山の挙兵に敗れ、隠岐に流刑となったが、一三三三年二月には島を脱出、再び兵をあげる。この年三月、菊池武時は九州探題北条英時を博多探題館に襲撃するが、これが菊池勤皇史の始まりとなる。この計画は事前に情報が洩れており失敗は確実だったが、武時は一族と死別の宴を開いたのち突撃、戦死した。

この行為を渡辺は「情勢を観測した結果去就をきめるという日和見主義」をとりえない菊池一族の性格に基づくとし、主観主義と反功利主義が、菊池一族の南朝忠誠の精神だったとしている。その後も南北朝の歴史を通じ、菊池一族は、一貫して南朝側について勇戦奮闘した。

そして、渡辺は一つの仮説として、鎌倉御家人の支配に対する肥後土着の菊池氏の反発が、遠い都の王朝的なものへの同一化の欲求をもたらしたのではないかと推測する。戦国時代の菊池氏当主菊池重朝は、孔子堂をたて、京都から学僧を招き、藤崎八幡宮の社殿を造営するなど、この地に「小京都」を作ろうとした。渡辺京二の筆はさらに次のような普遍的なテーマにたどり着く。

「辺境で権力から疎外されたものは、自己救済の手段として、幻影を生み出しそれにあこがれる。そしてそのあこがれは観念的であるだけに、どれだけでも純粋化し、現実の利害を超越する」(『熊本県人』)

これは尊王攘夷運動から昭和維新運動にまで連なる、中央権力から遠い地点にある士族や、近代化に取り残された民衆が、変革のエネルギーを尊王思想に見出していく、日本近代史の逆説を予見した言葉である。

ルネッサンス人加藤清正とキリシタン大名小西行長

戦国時代が豊臣秀吉の統一により終わった後、肥後はまず佐々成政に与えられた。しかし、秀吉はその際、当地の国人こと小領主の土地所有を保証し、三年間検地はせぬことを命じていた。これでは財政的にも統治などできるはずはなく、成政はやむなく検地を強行、国人たちは反乱を起こした。成政は約一年をかけてようやく一五八八年、肥後全土の叛乱を平定したが、彼を待っていたのは切腹の命だった。

渡辺は、成政は国人勢力を打倒するために使い捨てられたのだと断ずるが、戦国武将の残酷なまでのマキャベリズムがここにある。そして肥後は、秀吉の信頼厚い加藤清正と小西行長に、それぞれ北半分と南半分が与えられた。

渡辺京二が描き出す加藤清正は、まさに第一級の政治家である。渡辺は清正を「やたらに勇ましい武断的な古風な人物」とみなすイメージを全くの誤解として退ける。清正の第一の功績は、大胆な土木工事を行ない、肥後の大地を大規模開発して豊かな発展をもたらしたことである。（一）菊池川河口の掘り替えと新田造営。菊池川が運ぶ土砂で浅くなっていた高瀬港はこれで復活し、かつ八七〇町の新田が得られた。（二）長洲・荒尾方面の築塘による二五〇町の新田開発。（三）白川の改修。各所に取水堰を作って灌漑を行なった。（四）従来白川に合していた坪井川を切り離し、下流で井芹川へ合流させるなどの工事で川の水量が増し、船が熊本城下にさかのぼることが可能となった。（五）緑川・加瀬川の改修。大小の河川が貫流し、大雨が降ると一面が湖となる熊本平野の構造を抜本的に改める工事。（六）球磨川の河口八代の堤防・堰の建設。これらの事業による新田が開発され、米の増収は実に二一万石に及んだ。

渡辺はこれらの事業を成し遂げた清正の本質をルネッサンス的人物とみている。「ルネッサンス的人間とは、要するに、世界（自然）を自分の活動の対象として再発見した人間のことである。清正の大土木工事は、自然を働きかけるべき対象として発見した民衆の生産意欲を、領主権力の立場からつかみとったものだといえる」（『熊本県人』）。

清正はこの大事業に際し、庄屋層の活動力を巧みに組織し、百姓に非行を働いた部下を追放した。これも単なる名君のエピソードではなく、清正が、民衆のエネルギーの活用なくしてこのような事業は成立しないことをよく理解していたことの表れだと渡辺は評価する。このような清正評価を読むとき、渡辺京二という史家が、「小さきもの」の視点に立ちつつ、同時に権力者や行政に携わる人物について、公正な視点と評価を下していることが分かる。

一方、キリシタン大名として著名な小西行長が支配した不知火沿岸地帯と天草は、文化的にも清正が支配した肥後北半分と異なっていた。この地域は海洋的性格が強く、朝鮮半島や中国との貿易も盛んだった。行長は関が原で敗北して処刑され、その支配は一二年で終わるが、それは内陸的肥後による海洋的肥後の支配の幕開けでもあった。その過程で起きたのがが島原の乱である。

この島原の乱について、「科学的解釈」と称して、この反乱は切支丹迫害ではなく領主の過酷な収奪から起こったものだとする説を、渡辺は本質を知らぬものの議論だとする。「農民にとって、宗教は、それによって領主的支配を幻想的に破棄することができるからこそ、信ずべきものとして存在している」のだ。宗教的幻想を結集軸にしていたからこそ、この一揆は千年王国幻想に向けて昂揚し、現世を否定して籠城、全滅するという結末をもたらしたのだ。

この一揆の指導者天草四郎の素性は何もわからない。ただ四郎が、政治的・軍事的指導者の性格はかけらもなく、この世の穢れを知らぬきよらかな美童の印象を与えることについて、渡辺は「ひよわで優雅な貴人が、武力反乱者たちの精神的なよりどころとして尊重される、この国の特殊な伝統のしからしむるところ」と表しているが、このテーマは後に石牟礼道子が、長編『春の城（旧題：アニマの鳥）』で全面的に展開することになる。

加藤家改易の後をうけて肥後の領主となった細川忠利の母ガラシャ夫人も、切支丹信仰に帰依しており、何度棄教を説かれても聴きいれなかった。しかし、彼女は石田三成が挙兵した時、人質として利用されるのを拒否して見事自刃した。忠興は最後には妻の信仰にある種の畏敬の念を覚えていたのではないかと渡辺は推察する。同時に、後世の肥後侍にとって、彼女の存在はタブーであると同時に、潜在意識にて、この魅力的な婦人にエロス的な感情と憧れを抱いていたのではないか、さらに、幕末に肥後から出たラジカルな進歩派の中には、遠い時代の藩主の妻がクリスチャンだったという意識がなまなましさをもって浮かび上がったのではないかと想像している。歴史というものの面白さを読者が感じるのはこのような文章を読んだ時である。

戦国期と江戸時代の主従関係の変貌

そして、肥後藩の初期、未だに戦国時代の主従関係を色濃く残していた時代を最もよく伝えるのは、やはり森鷗外の歴史小説『阿部一族』『興津弥五右衛門の遺書』『都甲太兵衛』の三篇である。渡辺はこの三篇の内容を的確に紹介し、それぞれの肥後人らしい性格の悲劇として論じてゆくが、最も興味深いのは興津弥五右衛門の物語である。

主君細川忠興の命により、興津弥五右衛門は、茶事に用いる品を買いにやらされた。伽羅の大木があるのを見つけたが、伽羅の木には本木と末木があり、より高価な本木を買おうとして、同じく目をつけていた仙台藩と激しいせりあいになった。

興津に同行していた横田清兵衛は、高額になってしまったせり値を見て、末木で満足しようと主張した。弥五右衛門は、主君の命は珍しい品を求めて来いと言うものであった、この本木こそが第一の珍品である、これを仙台藩には譲れないと言い張る。しかし横田は、一国一城を取るという話でもあるまい、例え主君が本木がほしいと言っても、それを諫めることこそ家臣のつとめである、大金を払ってでも本木を求めようとする貴公のやりかたはへつらいというものだと笑った。

しかし弥五右衛門は「それはいかにも賢人らしき申し条なり。さりながら、それがしはただ主命というものが大切なるにて、主君、あの城を取れとおおせられ候わば、鉄壁なりとも乗り取り申すべく、あの首を取れとおおせられ候わば、鬼神なりとも討ち果たし申すべくとおなじく、珍しき品を求め参れとおおせられ候わば、このうえなき名物を求めん所存なり。主命たる以上は、人倫にもとり候ことは格別、その事柄に立ち入り候批判がましき儀は無用なり」と答えた。

横田がさらに、武具ならともかく香木に大金を投ずるとは心得違いだと言いたいのだ、と笑うと、弥五右衛門は、武具のみならず歌道茶事まで堪能なのが細川家の天下に比類なきところである、香木に大金を惜しむのは貴方にその心得がないからだと言い返した。ついに激した横田が脇差を抜いて投げつけると、弥五右衛門はとびずさりながら刀を抜き、横田を一打ちに打ち果たした。

渡辺京二は、鴎外がこの小説で描いたのは、倫理の無償性だと指摘する。論理的には、横田清兵衛の言うことは筋が通っている。しかし、自己の意見に対する確信は弥五右衛門の方がはるかに勝る。その確信とは「自分は主君の命のままに生きるものであり、その覚悟以外にどんな理屈もいらない」という「愚の立場の宣明」なのだ。

これは、主君と自分の間には「共生共死の強い情念的な黙契が存在」していると信じる、戦士共同体の意識の上に成り立つ。戦国時代から間もない時代には、武士たちには色濃くこの意識が残っていたのだ。これに比べれば、横田清兵衛の論理は、統治者はことの軽重を理性的にとらえ、家臣はその判断を補助すべきだという理性的な発想だ。しかし、この政治的理性は、戦国時代を主君と共に生き抜いた弥五右衛門の「観念のリアリティ」に敗れたのである。

しかし、このような戦国時代の精神は平和な江戸時代の中で風化し、より近代的な藩政改革が必要な時を迎えていた。特に細川家は、浪費好きな細川綱利の時代に藩財政が大きく傾き、その後代を経るに従い藩財政は悪化の一途をたどった。このような時代に行なわれたのが、細川重賢による宝暦の改革である。

啓蒙君主による藩政改革

この改革は一七五二年に始まる。重賢は何よりも、門閥身分の情実や私的な人間関係で役人が登用され、無能な人間が行政で私腹を肥やすことを憎んだ。城内に奉行所を設け、家老、奉行、目付が討議の末、最終的には藩主の許可を得て藩政に取り組むべしとし、主観的、恣意的な政治や賞罰を廃した。法治主義を重んじた重賢は、当時としては画期的な刑法典「刑法草書」をまとめさせた。また藩校として時習館を建て、人材登用の場として中・下級藩士たちにも昇進できるチャンスを与えた。渡辺はこの改革の重要性を、重賢が封建制下における官僚政的統治機構を確立したことに見ている。

一方で、重賢は年貢未進者に水牢の刑が行なわれていることや、親からたのまれて嬰児をくびり殺すことを生業にしている人間がいることを知ると、激しい嫌悪感を覚えいずれもすべて廃止させた。これは非合理な暗黒面に生理的に耐えられない精神のありようを示していると渡辺は指摘し、重賢を「十八世紀ヨーロッパの啓蒙君主の面影がある」と評した。

同時に、重賢にまつわる逸話は、興津弥五右衛門の時代とは全く違う君主と家臣の関係を見せている。重賢に最も信任された竹原勘十郎玄路と重賢が江戸に向かう道中、重賢は馬に乗っているため、御茶弁当を持った者が遅れてしまい、のどが渇いた重賢は水を求めたが、あたりは水の無い所で、近習が走り回っても手に入らない。やっと御茶弁当持参のものが追いつくと、重賢は「遅い」としかった。すると、勘十郎は大声で叱られた御茶道方に言った。

「迷惑いたされたな。君はお馬というのに、徒歩のものが追いつくものか。このあたりに水がないのはわかっているのに、自分が勝手に馬で行っておいて、遅れたと叱るのは無理な話だ。こういう時は今後馬のいばりでもさしあげることだな」。重賢は聞こえないふりをしていた。江戸到着後に火事があり、重賢自ら出馬して消火のために指揮を執った。水を欲したので柄杓で水を差し上げたところ、重賢は勘十郎に向かって「こういう時は馬のいばりでもかまわんぞ」とお返しをしたという。

そして重賢は奇行のはなはだしい学者を愛した。理性的な彼は逆に、どこか狂的な存在に憧れがあったのかもしれない。傑作なのは片岡朱陵という学者で、重賢は彼をたいへん尊敬し、侍講に任じた。片岡は多くの人材を育てたが、また大変な奇人でもあった。講義も何度もすっぽかし、用人がとがめると「忘れていた」の一言である。ある日は重賢が着座して待っているのに現れず、やっと夕刻になってやってきた。しかし重賢は怒りもせず「さだめし余儀ない御用があったのであろう」というだけであった。重賢や朱陵を巡る挿話には、後に渡辺京二が『逝きし世の面影』で描き出す、江戸文化の豊潤さの一端が垣間見えるようだ。

本書の後半、倒幕と明治維新の時代を描いた部分には、肥後における勤皇党の政治的な無策が厳しく批判されるとともに、横井小楠と林櫻園という傑出した思想家の姿が描かれる。だが、林櫻園については、第十一章の神風連についての論考に譲ることとする。この処女作は、渡辺京二にしか書けなかった、決して名士伝に堕することのない肥後精神史のドラマとして、もっと広い人々に読まれてしかるべき一冊である。

第十章　『ドストエフスキイの政治思想』

水俣病闘争の思想的総括として

『ドストエフスキイの政治思想』は、『暗河』一九七三年秋号、七三年冬号、七四年春号の三回に渡って連載された（二〇一二年三月に新たに章見出しを付し、渡辺京二傑作選④『ドストエフスキイの政治思想』として刊行）。ドストエフスキイが一八七三年から八一年にかけて、その死に至るまで書き続けた、政治論、社会時評、回顧録、エッセイ、幻想的短編小説などからなる『作家の日記』を、一個の「反政治的政治思想」として読み解いたこの論考は、渡辺京二による水俣病闘争の思想的総括であり、またこの後、日本右翼思想を媒介にした一連の日本近代史論考の基本的な視点を提示したものである。

実はこの『作家の日記』は、冒頭で渡辺が指摘しているように、まともに論じられることのほとんどない作品だった。多くの論者により「退屈極まりない、陳腐で愚劣な反動的政治論」とみなされていたのだ。だが、若き日からドストエフスキイの小説を愛読してきた渡辺は、この作品に、それまで誰も読み取れなかったこの作家の本質を見出したのである。

渡辺の論は、まず、ドストエフスキイが、若き日にペトラシェフスキイ事件に連座して、逮捕されたことから始まる。この作家は、若き日はロシア専制帝政に対する反逆者としてその思想遍歴を始めたのだ。その思想は、当時のフランスに代表される空想的社会主義の影響を強く受けていた。ドストエフスキイがこの政治体験で悟ったことの一つは、平和な理想主義的な理念が、それを実現するための政治運動の現場においては、時として恐るべき残酷な倒錯を引き起こすことだった。だからこそドストエフスキイは、革命運動における内ゲバ殺人を引き起こしたネチャーエフ事件に際して『作家の日記』でこのように書いたのだ。

「わたし自身も、古い「ネチャーエフ党」の一人で、同じく死刑を宣告されて、処刑台に立ったことがある（中略）諸君は疑いもなくわたしに向かって、きみはネチャーエフ党の人間ではなく、単に「ペトラシェーフスキー党」の一人だったにすぎない、と抗弁されるに相違ない。（中略）しかし、いずくんぞ知らん、ペトラシェーフスキー党もネチャーエフ党になり得るのである」「わたしはネチャーエフ式の人物には、金輪際なることができなかったと思うけれども、ネチャーエフ党の一員に決してならなかった、とは保証できない」（ドストエフスキイ『作家の日記』）

渡辺京二はここに『悪霊』の主題があると読み取った。ネチャーエフ主義の組織、つまり革命のためには犯罪や陰謀、そしてテロルも辞さぬ革命組織は、人間の解放をめざし、理想主義社会を建設しようとする人々をこそ、その「調達源」としているのである。この逆説を、渡辺自身、自らの共産党体験の中でいやというほど体験していた。これは個々人の政治的理性や、組織内民主主義などの制度で克服できる問題ではない。理想主義的な運動家ほど、その理想の実現のためにはあらゆる手段を取らざるを得ないという強迫概念に導かれがちであり、ネチャーエフ的な組織者は、人間の「良心」を巧みに過激な行動に誘導してゆくのだ。

ドストエフスキイがこの「抽象的理念」から脱却したのは、シベリアのオムスクへの流刑におけるロシア民衆との出会いだった。ドストエフスキイは『作家の日記』全編にわたり、ロシア民衆の美質や伝統を讃え、民衆を愚昧なものとみなす「進歩派」知識人たちを批判した。しかしドストエフスキイの言動は、後世の特に西欧知識人からは、民衆を幻想的に礼賛するものにしか見えなかった。これを渡辺は、彼ら西欧知識人の側こそ、ドストエフスキイの本質を読み取れぬ市民主義的偏見に満ちていることを論証していく。

まず、渡辺はドストエフスキイの民衆讃美なるものは、抽象的な民衆幻想などとは縁もゆかりもなかったことを指摘する。四年間、流刑囚の身としてロシア民衆の最底辺と生活を共にしていたドストエフスキイは、民衆幻想など持ちようがなかった。ドストエフスキイは『作家の日記』の中で、確かにロシア民衆への愛を説いている。しかし、いかにロシア民衆の美しい精神を表すエピソードが描かれ、伝統や民族性に対する深い理解が示されていようとも、渡辺はそれ自体にはさしたる評価を与えてはいない。渡辺はドストエフスキイの本質は、まず知識人と民衆との本質的な乖離を見抜いていたこと、そして、その上で民衆を実体としてではなく、ある一つの客体として捉えようとしたことだと分析した。

「彼ら（民衆）は単に国民的であって、ひたすらそれを固守しているが、我々は一般人類的確信の上に立ち、己の目標をも一般人類性というものにおいている」「われわれは彼らよりも無限に高いところへ昇っているわけである。つまり、この中に、われわれの紛争も、民衆との決裂も、ぜんぶふくまれているのだ」（ドストエフスキイ『作家の日記』）

この言葉を引いて、渡辺はドストエフスキイが「思想というものが法則的に普遍性に向けて上昇せざるをえない」宿命を認識し、知識人の民衆への愛や上からの啓蒙などは本質的には何の意味も持たないことを見抜いていたことを読み取る。この知識人としての覚悟を引き受けて語る次の文章は、ドストエフスキイと渡辺京二の思想がまさに一体化したものと言ってよい。

「問題は民衆への愛などではない。愛はどのような虚像にも仮託されるからである。進歩的な虚像であろうと伝統主義的な虚像であろうと、オムスクの四年間を経てきた人物がそれにふたたび迷わされるはずはなかった。知識人の側から民衆にある理念を仮託するときに生ずる虚偽の構造を、彼は知り抜いていた。民衆を知るとか民衆と同化するということの空しさも同様に彼は知りつくしていた」（『ドストエフスキイの政治思想』）

知識を求め普遍性を求める人間は、彼が如何なる社会的階層にいたとしても、その時点で民衆から断絶せざるをえない。民衆とは具体的な社会階層であると共に、意識の存在を指す言葉なのである。思想が民衆意識との断絶を埋める途は、渡辺にとってもドストエフスキイにとってもただ一つ「知識人が民衆の存在構造を自分たちの思想の根底に包摂できるような論理を作り出すこと」によってしかない。

ドストエフスキイは、流刑地オムスクの獄舎にいた時の体験を「百姓マレイ」という短編に残している。囚人たちの泥酔や馬鹿騒ぎ、掴み合いの喧嘩などに、当初ドストエフスキイは嫌悪しか覚えなかった。しかし、牢獄生活の中、思いがけず九歳の時の思い出がよみがえった。父の領地の林の中で迷い「狼が来る」という幻聴におびえていた少年の自分を、近くで畑を起こしていたマレイという百姓がなだめて落ち着かせてくれたという、それ自体はなんということもない思い出が、突如として蘇ってきたのだった。

このことをドストエフスキイは誰にも話さなかったし、マレイもまた口にすることはなかった。ドストエフスキイ自身、全く忘れていた少年時代の出来事にすぎない。しかし、この時に触れた一農奴との出会いが、流刑地のドストエフスキイに突然蘇ってきたのだ。

「自分の自由のことなどはまるで夢にも思い設けていなかった、獣のように無知で粗野なロシアの農民が、どれくらいこまやかな、ほとんど女のような優しさに胸を充たしていたかは、おそらく神のみが高いところからみそなわすばかりであろう」(ドストエフスキイ『作家の日記』)

マレイの姿と、その言葉遣いまでもが生き生きと呼び覚まされた瞬間から、ドストエフスキイは、囚人たちへのそれまでの憎悪が消え去り、彼らの中にも、この聖なるマレイの魂が宿っていることを確信することができた。あのマレイは決して特別に善良な人間だったわけではない。ただ民衆はある瞬間には、果てしなく優しい、聖なる存在にもなりうるものであり、また同時に、どこまでも残酷にも醜くにもなりうる。マレイも流刑人も、いずれも同じ民衆の姿であることに、ドストエフスキイはこの時気づいたのだ。渡辺はこのくだりを読んだとき、渡辺が療養所で出会った患者たちの姿がよぎったに違いない。民衆への畏怖の念とは、まさに自然そのもののような民衆との出会いから生まれたものだったのである。

さらに渡辺は『作家の日記』の「百歳の老婆」というエピソードを挙げる。これはある女性が、街中で出会った老婆との思い出をもとにドストエフスキイが作り出した、孫たちに食事に招かれ、目的の家を目指す百四歳の老婆の物語である。老婆はほんのわずか歩いては休み、また進んでいく。道で出会った女性に、そんな進み方ではとてもたどり着けないだろうといわれても「なあに、行き着けますよ。しばらく歩いちゃ一休みしましてね、それからまた腰を持ちあげて歩き出しますんで」と答える。女性は老婆から「なんかしら温かい光が流れ出すような」ものを感じて、思わず、これでお孫さんにパンでも買ってあげて、と五カペイカを渡してしまう。

これだけのエピソードから、ドストエフスキイはさらに、この老婆が孫娘の家の団欒の中、静かに、なんも前触れもなく死んでいく様を思い描く。そしてこの掌編を次のように締めくくっていく。

「こうして幾百万の人がこの世を去って行く。誰の眼にも入らぬ生活をして誰の眼にも入らないように死んでゆくのである。ただ、こういう百歳からの老人や老婆の臨終の瞬間には、何かしら一種人を感激させるような、静寂に充ちたあるものが含まれている。いやそれどころか、平和をもたらすような重大なものが潜んでいる」（ドストエフスキイ『作家の日記』）

渡辺はこの言葉に、「民衆という存在に対するドストエフスキイの感受性の質」が赤裸々に示されていると指摘する。ここには民衆への憐憫や同情もなければ、民衆の聖化や道徳的意味付けもない。「老婆は同情も意味付けも拒否するような、ある無意味なものとして彼に対して現れている」

ドストエフスキイは民衆を「最も歴史から遠い存在、つまり最も自然に近づいた人間のあり方」とし、そこに深い畏敬の念を抱いたのだ。『作家の日記』で繰り返し語られる感動的なロシア民衆の姿は、権力からも、また民衆を指導し改造しようとする運動家からも、絶対的な無にしか見えない自然としての民衆を、様々な形で描き出したものなのだ。さらに渡辺は、ドストエフスキイを論じる際にしばしば持ち出される「神の死」とは、この老婆のような「自然に最も近い存在として生きそして死んで行く人間の生」「意味づけることもできずその必要もないような民衆の存在形態に対する畏怖感の喪失」ではないかという深い解釈を下している（『ドストエフスキイの政治思想』）。

そして、一九世紀ロシアにおいて「民衆の存在形態」を解体させる危機をもたらしたのは、民衆にとって徹底的な異物だった西欧近代の価値観、民衆を「市民」「国民」に暴力的に改造するシステムそのものだった。ドストエフスキイはこの危機意識と近代への違和感を、自らの思想の根底で受け止めたのである。その姿は渡辺にとって、自らの思想的課題と深く重なり合うものだった。

ドストエフスキイは、ロシアの近代化がもたらした様々な諸制度のうち、特に裁判所と弁護士制度、また近代的な国際外交におけるリアル・ポリティクスの論理に対し激しい嫌悪感を示した。弁護士制度とは、ドストエフスキイにとって「人間社会とは利害の体系であり、あい争そう個別的な利害」を法というルールによっていかに調整するかというゲームにすぎないとみなすものだった。つまり「徹底させればうまく相手をだました方が勝ちという論理」なのだ。ドストエフスキイの裁判制度への嫌悪感は、そのまま、水俣病患者たちの近代的な法制度に対し覚えた違和感と同じものである。そして、ドストエフスキイの眼には、近代国家の外交政策も同様に、国際法という美名のもと、諸国が国益を争う「だました方が勝ち」の世界に他ならなかった。この近代的価値観との闘いが、ドストエフスキイの政治思想の本質をなしている。

その際、しばしばドストエフスキイの言説は感情的になりがちであり、時として反動的な装いすらまとった。しかし「利害の体系として人間の共同社会をつくりあげてきた西欧型文明はそれ自体かなり強烈な偏差を示す文明の一タイプ」にすぎず「唯一の普遍者の地位を要求するにはほど遠いものである」という渡辺の言葉を読むとき、『作家の日記』は時空を経て初めてそのよき読者を見出したという思いを禁じ得ない。

ドストエフスキイは、ロシアの民衆を論じる場合は、現実の民衆が行っている愚行や醜行を見るのではなく「彼らがその醜悪の中に沈殿しながら、常に憧憬している偉大にして神聖なる事物」に拠らねばならないと力説した。この言葉を渡辺は「民衆の意識の存在の底深く胎まれ、折あらば地表に噴出しようとし続けているある種の幻」と読み取った。まさにこれは「小さきもの」が夢見る「もうひとつのこの世」なのだ。そしてドストエフスキイは、一八七六年に始まった近東戦争、一般的には露土戦争における民衆の熱狂の中に、この幻が高揚する姿を見たのだった。

一八七五年、当時オスマン・トルコの支配下にあったバルカン半島で、トルコに対する反乱が勃発した。翌七六年には、トルコ軍によるブルガリア人への虐殺事件が生じ、またセルビアが独立を求めて決起。ロシアでは、「バルカン半島のスラブ族を救え、キリスト教徒へのトルコによる虐殺を許すな」という世論が沸騰、ロシア人義勇兵が結成され、全土で熱狂的な戦争を支持する「民衆運動」が展開された。ドストエフスキイはこの戦争を、より正確に言えば、この戦争を支持する民衆の精神を全面的に支持し、リアル・ポリティクスの論理や、この民衆運動を無知蒙昧なものと切り捨てる言説を拒絶し批判し続けた。

ドストエフスキイは、熱狂するロシア民衆は、現実の国際情勢も知らなければ、そもそもセルビア人やブルガリア人とは誰かすら知らないことを認めていた。さらに言えば、この戦争をスラブ民族の団結と救援のための聖戦だとするスラブ主義者やツァー政府の宣伝も、今回の民衆運動とは無関係なのだ。「彼らは、正教徒がわれわれの兄弟がキリスト教を信じるために、トルコ人から『不信心の回教徒』から苦しめられているということを小耳に挟んだだけ」「ただそれだけの理由で、今年の全民衆運動が顕れたのである」（『作家の日記』）。

ドストエフスキイは更に、ロシア民衆の中には聖地巡礼の長い伝統があり、それにまつわる歌や物語は民衆にとって「懺悔と浄めの力」を持っていることに触れた上で、一九世紀の農奴解放以後、近代的改革が伝統社会の秩序を揺るがし、資本主義の発展により信仰や道徳よりも拝金主義が横行し、国民道徳が揺るがされていく中で、近東戦争における正教徒弾圧の報と「キリスト教のために身命を賭して十字軍におもむくロシアの将軍」のうわさは、ロシア全土に「懺悔と精進へ呼び招く声」となって民衆を震掘させたのだと主張した。

渡辺が正確に指摘するように、これは「夢想家の政治論であり、反政治的な政治論」としか名づけようがないもので、たやすく聖戦論やロシア帝国の侵略主義の正当化につながりかねない。実際、ドストエフスキイ自身、悪名高い彼のコンスタンチノープル領有論などでそのような罠にはまりこんでいる。しかし渡辺は、そのような錯誤を超えて、ドストエフスキイが近東戦争に熱狂する民衆の中に、「革命的」なもの、あらゆる国家と市民社会を超えていくものを見出そうとしたことを評価する。

「彼（ドストエフスキイ）は戦争という行為そのもの（中略）に意味を認めたのではなかった。彼ら（民衆）がさしあたってはそういう愚行の形態で表現せざるをえない彼ら自身の内部の衝迫に意味を認めたのであった」

「彼ら（民衆）が悠久の歴史このかた再生産しつづけてきた幻は、国家あるいは市民社会のあらゆる上昇する文明的疎外態と無縁な、彼らの日常の沈黙の中ではぐくまれてきたものであり」「国家と市民社会を止揚せずにはおかぬ根元的な志向を秘めているからである」（『ドストエフスキイの政治思想』）

民衆の戦争熱の中に「みたされることのない共同性への夢想」をドストエフスキイは見出していたのだと説く渡辺は、前章で紹介した株主総会や自主交渉闘争における、チッソ本社内で、資本制に代表される日本近代の論理に対し、「もうひとつのこの世」の立場から「善の探究」を求めて闘いぬいた人たちの姿をこの言葉に重ね合わせていたはずだ。

『ドストエフスキイの政治思想』が、時にドストエフスキイの声を借りて渡辺が語り、また時には渡辺の声がドストエフスキイの声を代弁するかのように響くのは、一九世紀のロシア民衆と水俣病闘争における漁民たちの声が、時空を超えて近代への根源的な違和感を唱和しており、この二人の知識人がその声を「思想の根底に包摂」していたからにほかならない。

Ⅱ

第十一章　神風連――反近代の極北

林櫻園――見神者にして預言者

『神風連とその時代』は、一九七七年七月に葦書房から出版された。本書におさめられた「神風連伝説」は一九六七年に書かれたもので（『明治の群像』シリーズ第三巻『明治の内乱』所収）、この時点で既に神風連について渡辺はその本質をつかんでいたことがわかる。

神風連の乱とは、明治九（一八七六）年一〇月二四日夜、太田黒伴雄率いる熊本敬神党が決起、熊本鎮台司令官種田政明宅、熊本県令安岡良亮宅を襲撃、さらに熊本鎮台に攻め入り、一時は砲兵営を制圧したが、政府軍の反撃を受け、指導者たちも反乱参加者の多くは戦死もしくは迫害した事件である。『神風連とその時代』は、従来、蒙昧で極端な攘夷論者の時代遅れの反乱とみなされてきた神風連を、日本近代思想史に正当に位置付けた唯一の著作といってよい。

渡辺はまず、神風連の始祖、林櫻園の思想からこの反乱を読み解こうとする。

林櫻園は一七九八年、肥後熊本の細川藩士の三男として生まれた。いわゆる下級士族の出身であるが、若くして本居宣長の深い影響を受けながら在野の国学者として学んだ。家は早くして没落、櫻園は他者に学問を教えることで生活を成り立たせていた。櫻園は立身出世を求める欲の極めて薄かった人間のようで、四〇歳の時、弟子たちの尽力により原道館を開くまでは、ほとんど巷の一学者として生きた。

宣長の影響を強く受けつつも、櫻園の説く「皇国の道」には幾つかの特徴があった。古代社会では神道によって国が治められ、何事も神の御心によってなされていたのに、様々な異教が流入し災害や問題が立ち現れたというところまでは、本居宣長と同様である。ただし、宣長の場合、江戸時代という現実の世に古代神政を復活させようという意志はなかった。櫻園は「今とても神道興起し玉はば、世の治る事は掌を指す如く候べし」と、現世においても古道の復活を可能だとみなしていた。櫻園は「審神者《さには》」「宇気比《うけひ》」「卜事」の三法、特に「宇気比」の法によって「天神地祇の命を請う」ことを重視し、古典を熟読し、さらに実修することで、本来秘法である宇気比を現代によみがえらせ、古代人が持っていた神との交信能力を復活させようと試みた。

このような思考が、現代の私達には蒙昧としか映らないことを、もちろん渡辺京二は指摘している。その上で、渡辺は櫻園に、若き日からある種の見神者、もっと言えば幻視者としての能力が備わっていたことを指摘する。

一八歳の時「昇天秘話」にて、櫻園は、神道の本義を体得すれば、人間は昇天して不死の世界に入るという信念を書き留め、修行によって「天の浮橋」を見出し昇ることを決意している。渡辺は、櫻園がしばしば夢の中で空中を飛行し、夢を一つの神秘体験と見て、それを歌や日記に書きとめていたことに注目する。渡辺は、櫻園にとって夢は「実際の現実よりもうすこし真の実在に近い」ものであり、夢を、プラトンの言う「イデア」を慕う衝動とみなしていたとみなす。「立花薫枕」と題する元治元年四月の作、『常世へとかよふと見しは立花のかをる枕の夢にぞ有ける』。常世とは彼のイデアである（『神風連とその時代』）。

このような本質的に神秘家としての体質を持った「夢見る人」であった櫻園が幕末に展開した攘夷論が、表層の政治情勢論を超えた、真の意味で革命的な思想として発現したのは、まさに歴史の逆説と言ってよい。それはドストエフスキイが「作家の日記」で説いたことと同様、西欧近代への果敢な思想的挑戦であった。

国民覚醒のための攘夷戦争

櫻園はペリー艦隊来航の幕末から明治維新まで、政治的発言を封印し「予は特に神明に事ふることを知るのみ、人事は予が発する所に非ず」という姿勢を貫いている。この姿勢は現実の運動に参加せんとする弟子たちを困惑させた。しかし、渡辺京二は、『林櫻園先生伝』などに記された櫻園の言葉を丁寧に読み解くことによって、櫻園の思想が幕末における攘夷論中、思想的にも、さらに言えば軍事的にも第一等のものであることを見抜くとともに、その「革命的」意義を読み取ってゆく。櫻園の思想的意義を明らかにしたのは、私の知る限り渡辺京二のみである。

「今日攘夷を実行せんと欲せば（中略）直立直行して、遂に戦端を開くに至るべし、（中略）戦はば敗を取るは必せり、然れども上下心力を一にして、百敗挫けず、防御の術を尽さば、国を挙げて彼に取らるるが如きは、決して無之の事なり、彼皆海路遼遠、地理に熟せざるの客兵なり、且何を以て巨大の軍費を支へん、遠からずして、彼より和を講ずるは、明々白々の勢なり、（中略）果して然らば、国を開くも鎖すも我望む儘なるべし」（木村弦雄『林櫻園先生伝』）

渡辺京二が最も注目したのは、櫻園の攘夷論が、幕末にしばしば見られた、我が国は神国であるとか、外国人を近づければ国土が穢れるなどの発想とは無縁であることだった。渡辺は櫻園の言葉を、問題なのは攘夷か開国かではなく、日本人が独立自尊の民族たりうるか否かだけが問題なのだという時代への危機意識として読み取った。開国であれ、攘夷であれ、まず外国の圧力を撥ね除けることが前提であり、それを実行すれば戦争になる、その覚悟を持たねばならぬというのが櫻園の論理的帰結なのである。

櫻園は攘夷戦争を行なえば、戦闘では「必ず敗ける」と認めている。しかし、この戦争を国民戦争として、敗北にもめげず徹底的に貫徹すれば、海を隔てた「客兵」である外国軍は必ず疲弊し和を求めてくるだろう。そのように「国威」を示した後であれば、開国、鎖国いずれであれ日本は主体的に選ぶことができる。この思想の背後には、そのような西欧列強との対決なくして開国すれば、日本国民の意識を徹底的に変質させてしまうことへの深い危機感があった。櫻園は、攘夷戦争を文明の衝突、日本の思想的覚醒として認識したのだと渡辺は読み解いた。

だからこそ櫻園は、長州が四国連合艦隊、薩摩がイギリス海軍と戦端を開いたときに、天下の尊攘志士たちが戦場に集結し、徹底抗戦を行なわなかったことを惜しんだ。仮に長州や薩摩が国を焦士として戦えば、必ず後に続くものがある、国民戦争はそのような先駆的な行動によってのみ始まるという櫻園の思想を、渡辺は「これは政治を行なうものの発想ではない。革命者の発想である」と評価する。そしてこれはドストエフスキイが、義勇兵に参加するロシア民衆を讃美したのとほとんど同じ姿勢でもある。

もちろん、渡辺はドストエフスキイの戦争論を、ロシアの「進歩派」が嘲笑したような批判が、櫻園にも浴びせられることは百も承知である。彼らは言うだろう。「もしその戦争が行なわれれば、例えば長州の馬関は日本の香港となったであろう、腐敗した封建領主は、自己の支配体制の温存と引き換えに西欧列強に領土や港を売ったはずだ」このような批判を渡辺は「見てきたような嘘」と切り捨てる。仮に封建領主が外国軍の領土占領に耐え兼ねて、領土を割譲して講和したとするなら、真の国民戦争はそのときこそ本当に始まるのである。その戦いは外国軍を撤退させるまで続くだけではなく、腐敗した領主権力そのものも崩壊させるはずなのだ。

櫻園は来るべき攘夷戦争を、老朽腐敗した支配層を一掃して民族の血を蘇らせるような、「革命戦争」と見ていた。仮に国土は焦土と化そうとも、そこから国民の独立精神が起ち上がることを祈念する櫻園には、同時に、その為には民族固有の信仰を守り抜かねばならないという見神者としての自覚と、その信仰の本義を把握しているという自負の念があったに違いないと渡辺は推察する。

櫻園の内面には、思想家として、そして信仰者としての危機感が深く宿っていた。この櫻園の憂悶を、渡辺は「愚かなる心に思う一事をあはれみたまへ天地の神」の一首に読み取っている。渡辺京二は本書で、櫻園の思想家として、そして見神者としての本質を描き切ったのだ。

神風連の乱――宇気比の戦い

明治維新成立後、肥後熊本の勤王党は維新政府の諸政策を支持するもの、政府を批判しつつかつての佐幕派勢力である学校党と野合するもの、そして、林櫻園の思想を引き継ぐ熊本敬神党の三方向に分解した。明治三（一八七〇）年一〇月、林櫻園は静かに世を去り、以後、熊本敬神党の指導者は弟子の太田黒伴雄となる。

敬神党は、基本的に明治政府とは相容れない存在だった。電線の下を通るときは扇を広げて頭を隠したなどの「奇談」が語られるのもこのころからである。敬神党のメンバーは、明治政府の言う「和魂洋才」という概念を欺瞞とみなした。西欧近代の技術や科学を取り入れ、同時に日本の伝統精神を維持できるという楽観的な姿勢は、近代文明が決定的にこの日本を変質化させ、日本人の精神を変えてしまう危険性を見抜けぬものだと敬神党はみなした。政府との対決は必至であった。

そして、佐賀の乱や西南戦争などの他の明治政府に対する士族反乱と、彼らは全く違っていた。渡辺京二は敬神党の特徴として、多くの士族反乱が掲げる征韓論に全く無関心だったことを挙げている。彼らにとっての急務は西欧諸国に対する攘夷であって、それを果たさずしての海外進出などもってのほかであった。敬神党が政府に対する蜂起を決意し始めたのは一八七四年末からと思われる。太田黒は明治八（一八七五）年段階で、政府への建白、刺客となって政府要人を暗殺すること、そして決起することの「三策」を「神決」に仰いだが、いずれも否決された。「神決」とは櫻園が説いた宇気比の法である。

宇気比の法で神意を問う時に、祭司はある意味神と一体となるはずである。その瞬間に起きているのは、行動者の意志と決断が神告という客観と一致する瞬間であって、単純な占いではない。この時点では、一党の決断も、また神告も挙兵の段階には至っていなかった。彼らに挙兵を決断させたのは、明治九（一八七六）年三月の廃刀令だった。

渡辺は、当時の反政府士族のほとんどは廃刀令に憤ったが、これを理由に決起したのは敬神党だけだったことを指摘する。他の士族にとっては、廃刀令への怒りは「武士の魂」への愛着と特権の廃止によるものだったが、敬神党にとっては、刀は自らが信ずる神国の風儀であり神のシンボルであった。敬神党幹部の加屋霽堅は、膨大な古典の引用からなる「廃刀奏議書」を県令に提出し、帯刀が我国本来の風儀であり、武士だけではなく日本国民すべてが帯刀の権利を持つ、かつそれなくしては国運が衰退に向かうのだと説いた。

渡辺京二はこの書を、おそらく県令は半分も読まずに放りだしただろうと書き添えている。これは信仰者の論理であり、非信仰者にとっては正直迷惑なだけなのである。一方信仰者の側からすれば、廃刀令などを持ち出すのは日本の伝統に対する知識が不足しているからで、あらゆる文献資料を紹介すれば説得できると考えるのだ。渡辺京二はこのすれちがいを、より普遍的な問題として分析する。「一般に宗教的なシムボルや儀飾は、縁なき衆生から見ればどうでもいいようなものばかり」だが「信仰者からすれば、シムボルや儀飾には信仰の中核的な意味が付託されており」、その改変や禁圧は生死をかけて抵抗すべき問題となるのだ。これは西欧植民地への反乱が、しばしば現地民族の慣習やタブーへの侵犯から起きたことでも明らかである。

正確な時期は不明だが、宇気比を太田黒は執り行ない、ついに挙兵の神告を得た。同時に敬神党は各地の士族反対派と連携をはかるが、地元熊本の旧士族たちは動かなかった。彼らは西郷隆盛の決起に期待をかけていたのだ。しかし、敬神党としては攘夷を放棄した西郷との連携はありえなかった。ほぼ敬神党単独の決起しか道がないことが判明した時点で、太田黒ら指導者は、この蜂起を純粋な思想的行為として貫徹する覚悟が決まった。

太田黒は、この戦いを「宇気比の戦い」と呼んだ。これは神意を受けた戦いという意味だけではなく、この蜂起自体が、熱誠を込めた神への祈り、つまり宇気比そのものだという宣言である。勝てばその祈りを神が受け入れたことになり、敗れれば拒絶されたことになる。宇気比の神告が挙兵を告げたからと言って、客観的な情勢を観れば敗北は必至である。この信仰者と軍事指導者としての分裂を、太田黒は再び信仰者の論理で再統一したのだと渡辺は指摘する。太田黒は、神告による挙兵を、信仰者の主体的な神への試みという新たな解釈を施した。

「この論理に立てば、蜂起はそれ自体熱誠を込めた神占となる。それはいわば極限的な神への祈りであり、その祈りが神に容れられるかどうかは、まったく祈念するもの自体の主体の問題となる。かくして『宇気比の戦い』の論理は、蜂起を神まかせの非主体的な論理から、蜂起者の主体に奪還する論理であり、同時に一挙を蒙昧な俗信の非合理性の次元から、信仰者の自覚的な非合理性の次元にひきあげる論理でもあった」（『神風連とその時代』）

この時、小規模なものであれ、林櫻園の幻視した、攘夷のための国民戦争、西欧文明との徹底抗戦の論理に根ざした決起部隊が生まれたのである。一〇月二四日が決起の日と決められた。この日程もまた、宇気比によって神に伺いを立てた。基本的に、西洋の武器を使わないことが決められ、日本刀のほかには、「焼玉」といわれる爆弾を作った程度だった。また出で立ちも平服に白鉢巻、白たすきをかけたものであった。この段階で、彼らは士族反乱ではなく、少なくとも主観では「神軍」となった。蔑称としての「神風連の乱」という言葉は、ある意味最もこの時の挙兵にふさわしいものだったかもしれない。ここからは彼らを「神風連」と呼ぶ。

総勢は約一七〇名。一党は熊本鎮台他を夜一一時過ぎに急襲した。当初神風連は鎮台兵の油断を付いて優勢に戦いを進めたが、火力と銃器で反撃する鎮台兵の前に、太田黒は負傷、これが退却のきっかけとなる。「宇気比の戦いは敗れた。全員城を枕に討死せよ」。自決した太田黒の遺言だった。太田黒にとって、敗北という結果は神が我々の祈りをお聞きくださらなかったことであり、再起や降伏などは意味がなかった。

「神風連伝説」にて、渡辺京二はこの戦いに参加し、時代を拒否して逝った悲しくも美しい人々とその家族の物語を綴っている。神風連の一七〇余名のうち、戦死は二八名、そして自決が何と八七名である（他、刑死三名、残りは無期より一年の刑をうけた）。その自決をめぐる様々なエピソードは、神風連とともに何が亡びたのかをまざまざと示している。

二四歳で自決した米村勝太郎の母は、不孝をわびる息子に「お国のためにやったことじゃないか、志はよく分かっているから安心して死になさい」と慰めた。落ちのびて実家にかくまわれた荒俣保夫、楯直の兄弟は、母からむしろ自決を勧められた。「いさぎよく切腹して武士の節義を立てるなら、私は神様にお願いして、そなたたちの魂が高天原に上れるよう、きっとお祈りしますぞ」。兄弟が潔《いさぎよ》く切腹したのは言うまでもない。

指導者の一人だった富永守国の母、光子は反乱当時六四歳だったが、守国を始め息子三人を皆この決起で失った。遺体を引き取りに行き、自決した息子たちに「本望であった」「手柄であった」と声をかけ、戦死した末子の遺体には「さぞ無念であったろう」といたわった。そして、慰めるつもりで、せめて息子さんのうち一人でも生きていたならばよかったのに、という人がいると、「いいえ、もしひとりでも生き残ったら、あたしが必ず死なせまする」と答えた。

このようなエピソードを、現代人は生命への軽視や蒙昧な忠誠心の発露とみなしがちだ。しかし神風連は明治新政府のために死んだのではなく、また旧士族の利得のために死んだのでもない。自らの信仰に殉じたのであり、家族はその信仰を貫徹するための自決を迷うことなく受け入れたのである。これは信仰や理想を持った人間と、彼を支える家庭の美しいありかたではないだろうか。渡辺京二が彼らの最期を描く筆は、そのような想いを読者に呼び起こさずにはおれない。

渡辺京二は『神風連とその時代』を次のような言葉で結んでいる。

「私は神風連の自決者のひとりが書きつけた『夷賊ますます皇国を盗取ることは眼前鏡に照して見るが如し』という一句を思い出して、ふと口許がゆるむことがある。夷賊という言葉を西欧型市民主義文明と読みかえ、皇国とか盗みとるとかいう表現にこだわらなければ、この男が今日の事態を予言したのはたしかなことではないか。もちろん私はこの男が夢想したような神政国家のなかでは、かたときなりと生きることはできない。だがまた、今日の市民社会のただなかで安んじて生きられるわけでもないのだ」（『神風連とその時代』）

神風連に対する最も美しく本質を突いた悼辞だろう。

第十二章　西郷隆盛――明治帝国への反抗者としての西郷

橋川文三の語る「西郷と南島」

西郷隆盛の本質に迫った評論はまことに少ない。重厚な人間性、清濁併せ呑む大人物、明治維新の推進者であったが最後には私学校と旧士族に殉じた悲劇の英雄、などといった紋切り型の論考がほとんどだ。

数少ない例外は、葦津珍彦と橋川文三の西郷論である。葦津は西郷を論じた『永遠の維新者』にて、西郷隆盛の本質は討幕運動における活躍ではなく、明治維新後の近代化への対抗であり、それを推進する明治政府との対立であったことを見抜いた。そして、西南戦争における西郷の姿勢が、従来の「弟子達に身を委ねて死を覚悟した」ものではなく、最後まで勝利を目指し奮戦した戦闘者のそれであったことを明らかにしている。さらに葦津は、西郷の決起は明治維新そのものを否定したのではなく、あくまで「裏切られた維新革命」に対する第二維新を目指していたことを独自の視点から指摘している。

そして、渡辺京二に最も影響を与えたのは、橋川文三の西郷論である。橋川は「今となりては、戊辰の義戦もひとえに私を営みたる姿になり行き、天下に対し戦死者に対し面目なきぞとて、しきりに涙を催さりける」という西郷の言葉を、明治維新への失望に対する正直な言葉だとする。そして橋川は、西郷は明治維新に対し「幾分の飛躍をおそれずにいえば、西郷はそこにもっとより徹底した革命を、もっとより多くの自由と平等と文明をさえ夢想していたかもしれない」（「西郷隆盛の反動性と革命性」『橋川文三セレクション』所収）と記した。

この「もっとより多くの自由と平等」の意味を、西郷の南島体験に見出そうとしたのが、橋川独自の視点だった。島尾敏雄との対談「西郷隆盛と南の島々」にて、橋川は西郷のイメージをもどかしげに語っている。

「西郷が島からなにを学んだか、なにをみたか、ということは、西郷が他の維新の連中と、違うことでわかるんです。（中略）つまり、西郷が島で見たものは、日本人の政治家が昔から、そして、いまもなお、みなかったものなんです」（「西郷隆盛と南の島々」『西郷隆盛紀行』所収）

さらに橋川文三はこの対談後、奄美大島と沖永良部を訪問し、次のような興味深い島の伝承を伝えている。一八六二年、沖永良部に二度目の流刑を受けた西郷は、二年間をここで過ごす。文字通り絶海の孤島であるこの島には、五百年前、世之主という領主が住んでいたという伝説がある。この領主は徹底した平和主義者で、その妻は沖縄本島の領主の娘だった。しかし、ある誤解から、世之主と義父の間でいさかいが生じた。その後誤解も解け、和解の使者のつもりで沖縄本島から船が沖永良部に遣わされたが、それを攻撃だと誤解して、世之主と妻は自殺してしまったという。

世之主の墓は島の真ん中にあり、西郷はおそらくこの墓を何度も見ていたはずだと橋川は記す。それ以上のことは何も論じられていないのだが、西郷を明治維新の英雄とも、また征韓論に見られるような侵略主義者のイメージからも解き放とうとする橋川の視線が表れた一節である。橋川は、西郷はこの島で「ヤマトの政治」、現実の幕府と勤皇派の政治闘争に対し、どこか嫌悪感を抱いたのではないか、この島体験こそが、明治十年の戦争で死なねばならなかった運命を引寄せたのではないかと思考していく。この指摘は、そのまま渡辺京二の西郷論に引き継がれた。

渡辺京二は、西郷隆盛という人物を昔は決して好きではなかったが、橋川文三氏の西郷についての言及だけは何か心にひっかかった、いわば橋川氏が入り口となって西郷へ近づいて行ったと述べている。そして渡辺が見出した西郷隆盛とは、「小さきもの」への視点を渡辺と共有する人物であった。

政治的挫折と南島体験

一八二七年生まれの西郷は、当初は郡方書役助という、いわゆる農政書記として藩に勤めた。二八歳まで約一〇年間この職に就いた西郷は、儒学の仁政倫理と、そして農民の護民官としての士族という理念を学んだ。若き日、西郷は島津斉彬という名君のもと、ペリー来航という危機の中、何よりもまず藩を超えた国家意識を学んだ。だが、この時点での西郷の意識は、開明的な藩主のもとで藩政改革を行ない、一橋慶喜擁立を通じて雄藩連合が政治に参加する挙国体制を構築するというレベルにとどまっていた。西郷がここから抜け出したのは、斉彬が安政の大獄直前に病死し、彼自身が僧月照とともに海に身を投じてからだった。

月照と西郷との関係は元々一橋擁立のために京都活動中に出会ったにすぎず、共に死なねばならぬほどの深い交流があったわけではない、だが渡辺は、薩摩に逃れた月照を、藩が保護を拒否した過程で、月照は西郷にとってある象徴的な存在になっていったのだと渡辺は推察する。月照を京都で活動させた薩摩藩は、斉彬の死後、情勢が変われば直ちに彼を切り捨てた。これは政治の非情な論理である。だが、月照が殺される以上、西郷は生き残るわけにはいかなかった。「これは感傷ではなく革命の義であった」「西郷の最初の政治への覚醒である。革命の義を裏切るのは政治である。覚醒はそう彼に告げた」(「死者の国からの革命家」『日本近代の逆説』所収)。

西郷は一八五九年、第一回の流刑で大島に流される。しかしこの時は、西郷は斃れた同志たちのためにも、もう一度「革命」のために闘う意志を棄てずにいた。島人ともなじめず、善良だが無知な存在としか思えなかった。しかし、一八六二年、赦免されて藩政に復帰した後、再び西郷は、寺田屋事件という政治的挫折に直面する。島津久光の上京を倒幕の好機と錯覚し、脱藩した各地の尊王攘夷派の志士たちが続々京都に集結していた。西郷の古くからの同志有馬新七は、彼らと共に京都所司代を襲撃し、一気に情勢を倒幕に向けて動かす計画を立てていた。

もちろん、公武合体派の島津久光がこの計画を認めるはずもない。今回の上京は大久保利通、中山尚之助、小松帯刀、堀仲左衛門ら「政治」の論理で動くグループにより既に路線は敷かれ、攘夷派の志士たちとは一切組まないことを鹿児島出発の段階で決定していた。元々久光上京に反対していた西郷には、尊攘派志士たちの鎮撫の命が下された。

しかし、西郷は妻子も藩も捨てる覚悟で死地に赴いた志士たちを見捨てることもできなかった。これも月照同様、感情の問題ではなく「革命の理念の問題」であったのだ。しかし、計画は止めつつ彼らの志を生かそうとする西郷の姿勢は、久光らには、鎮撫どころか逆に西郷が彼らを扇動しているという疑いを抱かせた。事実、安政時代の同志だったはずの堀仲左衛門や海江田信義は西郷をそのように讒言した。寺田屋で孤立した尊攘派志士たちは藩命によって弾圧され、有馬新七ら多くは斬り死にし、西郷も処罰を受けて沖永良部島に二度目の流刑となる。この三か月後に西郷が書いた手紙には、彼の決定的な転機が現れている。

「私にも大島に罷り在り候節は、今日今日と相待ち居り候故、肝癪も起り、一日が苦にもこれありし候処、此の度は徳之島より二度出申さずと明《あき》らめ候処、何の苦もこれなく安心なものに御座候。骨肉同様の人々をさえ、只《ただ》事の真意も問わずして罪に落し、又朋友も悉く殺され、何を頼みに致すべきや。馬鹿等敷《らしき》忠義立ては取止め申し候。御身限りくださるべく候」(『大西郷全集第一巻』)。

馬鹿らしい忠義立てはもう御免だ、という一言によって、西郷は君主や藩への幻想を断ち切り、政治の論理によって切り捨てられる側に立つことを宣言した。大久保ら世界を「政治の論理」でしか見ない人々にとって、西郷は「異界の人」となったのだ。その西郷の眼に、南島は「生ける民の島」として蘇ったのである。島をもう二度と出る気などないと決意した西郷にとって、南島は流刑地ではなく、ドストエフスキイがシベリアで出会ったような「ナロード体験」の場となった。

残念ながら、西郷はその体験を明確な文章であらわしてはいない。だが渡辺京二は、幾つかの島民との挿話にそれを読み取っている。島の老婆が二度目の流刑を知り、何と心掛けの改まらぬことかと西郷を叱り、西郷は泣いて謝ったというエピソードがある。これは従来、西郷の正直で謙虚な人柄を示す挿話とされてきたが、事情の分からぬ的外れの老婆の説教を、なぜ涙しながら聴かねばならないのか。渡辺は、西郷はこの時、朋友を死なしめて生き残っている自分を思い、かつ、老婆に、己を責めるに十分な資格のある存在と認めたからこそ、涙がこぼれたのだと、西郷に寄り添うような思いを込めて記す。この老婆という民衆の前に頭を垂れることは、西郷にとってそのまま死者を弔う姿勢だった。

南島にて「追思す孤島幽囚の楽、今人に在らず古人に在り」と西郷が歌ったことを渡辺は引き、これは、西郷が古今変わらぬ民の生活のリズムに心を奪われ、自らを「古人」と思うようになった境地から「大地の片隅にひっそりと誰ひとり知られずに過ごされる一生、天意とはまさにこのような生と合致し、革命はまさにそのような基底のうえに立ってのみ義である」(「死者の国からの革命家」)ことを西郷は自覚したのだ。渡辺京二の西郷隆盛への共感はここにある。

西郷の「己を愛するは善からぬことの第一也。決して己を愛せぬもの也」という言葉を、渡辺はこの視点から読み解いていく。己を愛することを否定する姿勢は、士族の儒教倫理としての忠誠心や自己犠牲とは全く異なる。それは裏返された自己愛にすぎない。渡辺京二は、この言葉の深部には「たゆたうようなゆたかな生命のリズム」と「人と人とのあいだのコミューン的な交わりに対する肉感的な幻覚」(「逆説としての明治十年戦争」『日本近代の逆説』所収)が存在しているはずだと確信し、それは西郷が南島に流刑されたからこそ生まれたものだとする。この「肉感的な幻覚」とは、渡辺によれば生活民がその悠久の歴史を通じて保持してきた伝統的感性の核心なのだ。

このことは渡辺の次の文章に最もよく表れている。「（西郷は）人が生きているという事実の最も下降的な相からしか一切の行動を導き出せなかった人で、政治家としての彼の悲劇もそして偉大さも、すべてそのことにもとづいていた」「そういう人間が革命家であるとすれば、通俗にいえばここに一人の永久革命者が存在することになる」（「西郷の人ぎらい」『日本近代の逆説』所収）

ここでいう永久革命とはトロツキーや毛沢東とは何の関係もない。民衆が「小さきもの」として、政治権力からも社会の変化からも最も遠いところで生きている世界、そこに常に立ち返ることによってあらゆる政治イデオロギーを解体していく思想的営為のことである。渡辺は西郷もまた「非政治的な政治思想家」と呼ぶにふさわしい人だったことを示唆している。「彼は、日本共同体民の胸奥の欲求に対して、いかに対応するのが最も人間的なのかという思いから、片時も逃れられなかったあわれな義の人である」（「西郷の人ぎらい」『日本近代の逆説』所収）。

渡辺京二は、その西郷論において、幕末の西郷の政治的活動にはほとんど触れていない。確かに優れた政治的能力を発揮したとはいえ、そこには西郷ならではの独創性は何もない。西郷はこの維新回天を、国家を守るための責務として行なったが、彼の心は常に南島の民と、そして死者たちの側にあった。

死者たちとの共闘と藩政改革

そして、西郷にとって明治維新と戊辰戦争は、さらに二つの死者の群れとの出会いだった。一つは相楽総三と赤報隊である。赤報隊が農民に約束した租税半減令は、相楽達の専断ではなく、西郷が書簡で明確に指示していたことである。さらにまた、西郷は赤報隊を戊辰戦争にも参加させる意志でいた。しかし彼らは偽官軍として、明治元年には処刑されてしまう。渡辺は、西郷が赤報隊を見殺しにし、また後になっても彼らの冤罪を晴らす努力を行わなかったことを「この偉人の最大の汚点」としている。

もう一つの死者は、もちろん戊辰戦争の戦死者である。この戦争で、薩摩は五七〇人の戦病死者を出した。西郷にとって彼らは、月照、寺田屋の変の犠牲者たち、またさらに多くの草莽たちに連なる存在だった。渡辺は「ある理想のために砲煙弾雨のなかでともに生き死にする人間のありかたが、彼(西郷)の心の最も深い所にひそむ欲求を満たした」(「薩藩討幕派と西郷」『日本近代の逆説』所収)と記す。これは、まさにドストエフスキイが、民衆が戦争という悲惨の中にすら「もうひとつのこの世」を夢見たことを想起させる。西郷は死者と共にあることを望み、政治の力学を超えて民と革命が結びつく瞬間を戦場に見出したのだ。

「それ戊辰の役、名を正し義を踏み、血戦奮闘して斃れたる者は天下の善士也」西郷のこの言葉を引き、渡辺は「革命がどんな政治機構を成立させるかということが大事なのではない。いやそれは大事だとしても、革命という行為のなかで人間が『善士』となることがより大事なのだ」(「薩藩討幕派と西郷」『日本近代の逆説』所収)と読み解き、西郷にとっての「革命」の本質を見抜いている。

そしてこの「善士」たちとともに、明治二年、帰郷した西郷が薩摩で行なった藩政改革の重要性を渡辺は詳細に分析する。それはまず旧公武合体派勢力への糾弾であり、同時に寺田屋事件以来の政治責任を問うものでもあった。この先頭に立ったのが、戊辰戦争の「革命兵士」だった。そして、土地改革と藩士の禄高の均等化を通じて、まず武士階級内部の平等化が目指された。

この藩政改革について、井上清ら従来の研究家は、西郷が目指したのは下級士族の独裁政権であると誤読してきた。しかし渡辺は「下級士族」などという階級的見地ではなく、彼らが島津久光と家臣団、そして既成の門閥勢力の打倒を目指したことを的確に論証している。

明治四年、西郷は廃藩置県という大事業のために中央政府に再び呼び出される。岩倉使節団の訪欧時、西郷が中心となった留守政府が様々な近代改革を成し遂げたことも歴史的事実だが、渡辺は、この業績から西郷の進歩性を強調しようとする説を、ひいきの引き倒しとして慎んでいる。むしろ西郷がこの時期に問題としたのは、井上馨らに代表される、政府と資本家との癒着だった。西郷は資本家と政府が結託し、政治の腐敗が起きることを最も恐れていたのだ。

西郷が政府を去る原因となった征韓論争についても、西郷の主張はあくまで平和交渉であるのに、それを即時開戦論として歪曲し、外政か、内治かという論点のすり替えを行なったのは大久保の側であり、政治工作に無能な西郷は敗れて下野することになった。この大久保と西郷の対立と決別を、専制権力による近代化のほかに日本の選択はないとする大久保にとって、西郷隆盛は排除すべき障害となっていたのだと渡辺は見る。

鹿児島県となった薩摩に戻った西郷は、桐野、篠原、村田らに私学校を作らせた。一八七四年（明治七）から西南戦争に至るまで、西郷党である私学校派と、島津久光派の旧家臣団勢力とは激しい対立関係にあった。西郷は旧家臣団による久光を鹿児島県令に推挙する運動には軽蔑心をあらわにしている。

　そして、西郷は土地改革の必要性は認めたが、土地の私有化には反対で、土地は村コミューンの所有することを唱えた。渡辺は西郷の言動や意見書から、西郷の抱いていた国家像を、共同体農民の国家だとみなしている。生産と結びついた小農民の共同体を理想とした西郷は、その農民に課す一〇分の一ないし二〇分の一の田租に基づく、質素で安上がりの国家をめざした。

　さらに、西郷は国防のために、国民皆兵制度が必要であると考え、士族の役割をここに見出した。現在の農民をそのまま兵にすることはできない以上、まず、士族が国民保護の任に当たらねばならない。同時に長年にわたって士族が培ってきた無為徒食の劣性を克服するために、士族も農耕に従事することを求め、私学校生徒にも実践させた。渡辺は、農民と兵士からなるコミューン国家の姿を西郷が夢見ていたと推察する。「私学校とは、西郷にとって第二維新をめざす革命兵士のコミューンであるとともに、そのなかで士族の劣性を洗い流す農業コミューンでもあった」（「死者の国からの革命家」『日本近代の逆説』所収）。

　この兵農一致国家の構想を、渡辺京二は毛沢東思想と共通性のあるものだとしている。確かに、文化大革命の惨状を離れてその理想のみを幻視すれば、西欧近代を拒否した上での、ある種のアジア的なコミューン国家の理想が見えなくはない。しかし、それが現実に実践されたときの悲惨を私達は既に知ってしまった。その意味で、西郷の夢は実現不可能なものだったろう。しかし、渡辺はこの夢への共感を隠そうとしない。

「西郷の政治的な過誤や思想的な限界をいうのはやさしい。だが私は彼の一生を通観して、文久二年にひとたび死者たちとともに異界の人となったこの人物が、維新革命後このような革命派兵士と農民のコミューンを仮定しないでは生きられなかったことを、水が地に浸みとおるように自然に納得するのである」（「異界の人」『日本近代の逆説』所収）

西郷にとって、西南戦争と明治政府との対決はある意味必然であった。そして悲劇の英雄は、アジアにとって近代とは何かという、巨大な問いを残して斃れたのだと渡辺は指摘する。その意味で、西南戦争こそ、近代と闘い続けた人々の原点となる。宮崎滔天も、北一輝も、みなこの西郷隆盛の申し子であった。

第十三章　宮崎滔天――アジア主義を脱した民衆コミューンへの夢

従来のイメージを全否定する滔天伝

宮崎滔天の評伝を渡辺京二に書くよう勧めたのは、その後も時代に抗する様々な著作を世に出した編集者小川哲生だった。いまだに滔天といえば、孫文の同志、玄洋社系のアジア主義者、東洋的豪傑などのイメージが定着しているが、渡辺京二は滔天のテクストを丹念に読み込み、全く新しい宮崎滔天像を描き出した。それが『評伝 宮崎滔天』（一九七六）である。

宮崎滔天（本名は寅蔵）は明治三（一八七〇）年、郷士宮崎長蔵の末子として肥後の荒尾村に生まれた。長蔵は豪傑になれ大将になれと息子たちを教育し、同時に金銭に触れるのは賎しきことと蔑んだ。この教育が滔天に影響を与えたことは確実だが、それ以上に重要なのは、明治一〇年戦争（西南戦争）における長兄宮崎八郎の戦死であった。

渡辺京二は「人民抵抗権の狂熱」（『日本近代の逆説』）にて、当時の熊本の「士族民権派」の思想と行動を的確に分析している。熊本民権党は、明治六年ごろすでに党派としては存在していたが、明確に姿を現したのは明治八年の植木学校の開設による。この学校では、専制化した明治新政府を打倒する「第二維新革命戦争」への意志が明確に示されていた。

だからこそ、西郷軍に民権党は熊本協同隊を結成し、「革命義勇軍」として参加したのだ。武断主義の西郷にくみするのは民権の志と違うのではないかと問われ、宮崎八郎は「西郷に天下取らせて、また謀反するたい」と答えた。この言葉に込められた宮崎八郎の論理を、渡辺京二は緻密に読み解いてゆく。

第一に、これは士族叛乱を革命戦争に転換しうる最後の機会であり、西郷敗北後は再びその機会はない。第二に、西郷軍に参加する士族勢力の中には旧士族の特権復活を願う反動勢力が含まれる。西郷勝利後は彼らとの戦いが課題となる。第三に、仮に西郷が反動派の味方となれば我々は西郷をも打倒対象とする。

これは革命者の論理であり政治の論理ではない。宮崎八郎はこの戦争を革命戦争と認識し、己の思想と生命を賭けたのだ。実際、戦場で協同隊は、明治政府に反抗する農民一揆との連帯を模索している。戦いに敗れ、宮崎八郎戦死の報が届いたとき、長蔵は男泣きに泣き、生涯、官の飯は食わぬと誓った。

宮崎家の周囲は協同隊の生存者や、戦死したものの亡霊の思いで満たされていたと渡辺は評する。最も滔天に影響を与えたのは、またいとこにあたる一木斎太郎であった。彼は一八歳で協同隊に参加、敗戦後は放蕩と無頼の限りを尽くし、詐欺を働き、最期は窮迫のうちに死んだ。滔天はこのような挫折者たちの生きざまに触れ、自由民権や革命という理念は、現世における栄達の拒否を伴うものだという意識を抱いたに違いない。

その滔天にとって、当時の熊本における有力者、徳富蘇峰が塾長を務める大江義塾や、実際の自由民権運動にはどうしても相容れぬものがあった。彼らの説く自由民権論は、実のところ立身出世や上昇志向ではないかと思えて仕方がなかったのだ。

滔天にとって真の運動、思想における導き手は、兄の宮崎彌蔵だった。本書では滔天同様、いやそれ以上に魅力的な人物として描かれた彌蔵は、当時の国家主義を乗り越えた独自の支那革命論を明治二〇年の段階で展開しており、初期の滔天は兄の忠実な同伴者に過ぎなかった。

彌蔵のアジア同時革命論

宮崎彌蔵はその革命論を、ごく一部の信頼できる同志以外には決して語ろうとしなかった。滔天は彌蔵に、この革命の同志として選ばれたのである。

渡辺京二は、彌蔵の革命論がいかに論理的に組み立てられているかを考察してゆく。彌蔵には、日本では既に自由民権運動は壊滅し、明治近代国家の体制内存在として取り込まれたという状況認識があった。同時に彌蔵は、自由民権は西欧由来の思想だが、西欧は現実にはアジアを侵略し、他国民の自由民権を蹂躙しており、特に日本、朝鮮半島、支那大陸にとって脅威なのはロシア帝国の侵略であるとみなした。西欧列強の圧力と植民地統治への欲望に対峙するために、今必要なのは支那革命であり、日支同盟による西欧列強への対抗である。

「支那国を亡びざるに救ふて実力の根拠地となし、正義人道を以て宇内に号令する。是が俺の近頃の主張であり信仰である」「吾等その国に移住して其国民となり、自由民権主義を鼓吹して其の国政を革命し、国を富まし兵を強くし、玆に理想国を建設して、右に日本と手を握り、左に朝鮮を提げて、倒れたるを起し衰へたるを救ひ、進んで人道を無視せる狂暴国の鼻梁を蹴らば、是れ豈に人世の快事ではないか」(『評伝 宮崎滔天』)

西欧に対峙するアジア連帯の意識は、もちろん大アジア主義として存在した。しかしほとんどのアジア主義者たちは、近代化を成し遂げつつある「先進国」日本を盟主とする、アジア諸国・諸民族連合を考えていた。彌蔵が彼らと次元を異にしていたのは「その国に移住して其国民と」なる、つまり自らが支那人になりきって、主体的に全アジアの解放に関わるという一点だった。

この彌蔵の言葉で明らかなように、まず彼は支那革命を起点におき、革命支那が日本、朝鮮と結び、アジアを解放するという道筋を明確にしている。支那国民は退嬰的で民主化や進歩になじまないと言った俗流民族主義の偏見や批判に対し、彌蔵はむしろ、支那の唐時代における「三代の治」を理想とする支那民衆の姿勢を積極的に評価した。三代の治や鼓腹撃壌の世界は、政治を無化するアナーキズム的な民衆伝統であり、彌蔵にとってはこれこそ、八郎が連帯すべきだった西南戦争における農民たちの反官意識に連なるものなのだ。

渡辺京二は彌蔵の、アジア民衆連合によるアジア同時革命とアジア共和国の樹立、そのための革命根拠地の設定という視点を、他のどのアジア主義者にも見られないものだと評価する。同時に、おそらく彌蔵は、革命中国は日本という専制国家と必ず対立すること、日中連携は日本に対する革命戦争が前提であることを覚悟していたに違いないと推察する。これは渡辺の思いこみではなく、宮崎八郎の「西郷に天下取らせて、また謀反するたい」という言葉をパラフレーズすれば必然的に導き出せる論理なのだ。滔天は彌蔵の革命論に感動し奮い立ち、この兄を唯一の指導者として仰いだ。

彌蔵はまた、滔天の妻、槌あての手紙で、次のようにおのれの信念を吐露している。「併し正しき精神吾に在ば、神吾と共にあるべし。（中略）一般世人は義を捨て名利の巷に奔走し、罪悪の中に酔生夢死致し居り候」「独り真の神を奉じ真の道を踏み而して之が為にあらゆる困難に遭遇する事、是れ実に人間の光栄に御座候」。

渡辺京二は、彌蔵のこの言葉に、この若き志士が、現実の利害を超えた純粋性を常に追い求めていた精神を見る。滔天も彌蔵について語る。「彼には些の名誉心がなかった。利己心がなかった。唯有るものは純愛の至情と、理性の命に聴従する徳善の勇気とであった」「彼はその根底を平等的人類主義の上に置いた人である」。

渡辺はこの姿勢を、同時代の北村透谷ら『文學界』の青年たちの姿勢と同じ時代精神とみなした。北村らが文学を世俗的価値から自立させ、自己の内面を描くものとしたことと同様に、彌蔵は政治を世俗的功利から解き放ち、無償の「義」「神の道」に昇華させようとしたのだという渡辺の指摘は、明治という時代に、自由、普遍、民権といった近代の理想に出会った青年の精神の羽ばたきと、西郷隆盛の道義国家の理想との結合すら感じさせる。

しかし、彌蔵は志の実行に至ることもなく、一八九六年病死した。遺書はなく、ただ一首「大丈夫の真心こめし梓弓放たで死することの悔しき」が書き残されていた。もし彌蔵が中国に渡り、そこで革命運動に参加したとして、彼の理想が実現することはなかっただろう。しかし、仮に武装蜂起の中、一兵卒の「中国人」として戦死したにせよ、それは彌蔵にとって己の信念を貫いた志士の最期である。宮崎八郎が西南戦争の戦場に斃れることに少しの悔いもなかったように、彌蔵は戦場での死を「実に人間の光栄」として受け入れることができたはずだ。

滔天が孫文と出会い、内田良平や犬養木堂らと共に中国革命に参画していくのは彌蔵死後のことである。渡辺はこの評伝にて、滔天が様々な運動に生き生きと参加していくことを描きつつも、同時にそれは犬養の外交工作のレールにはまりこむことであり、頭山満や玄洋社との同伴を必然としていたことを批判的に指摘していく。それは同時に、彌蔵から引き継いだはずの理想が日々解体していくことでもあった。

滔天が志を失っていたわけではない。盟友となる孫文を「人類的理想のある政治家」とみなしたのは、孫文の四海同胞主義というべきおおらかさ、いつでも死地に赴く覚悟などに、彌蔵の人格と相通じるものを見出したのかもしれない。だが、肝心なところで彌蔵の理想と、孫文の運動は異なっていた。彌蔵はあくまで主体的な革命運動を目指していたが、孫文は安易に日本や英国の支援を求め、日本を盟主としたアジア連合を目指す玄洋社的アジア主義と何の疑問もなく連帯したのだ。その矛盾が現れたのが、明治三三（一九〇〇）年の恵州事件にほかならなかった。

恵州事件とは、広東省恵州に於いて孫文が十月八日決起を試みたものである。これには児玉源太郎などの日本軍部南進論者や、台湾の後藤新平らからも一定の支持を約束されていた。孫文はここに革命政府を樹立することを決意し、台湾に渡って準備を整えていた。

しかしここで思わぬ裏切りが生ずる。日本から届くはずの武器弾薬が、ほとんど使い物にならない廃物だったのだ。この武器輸送を預かっていたのは滔天であった。滔天は直ちに武器を業者に買い戻させようとしたが、武器業者の大倉組は一部しか弁済しようとしない。何と革命軍が支払ったはずの代金が、計画の支援者の一人、中村彌六（犬養木堂の政友）によって横領されていたのだ。革命軍は武器弾薬の不足に苦しみ、決起は失敗した。

内田良平は裏切りを許せず、真実を暴露して中村を社会的に葬り去ろうとした。しかし滔天は、犬養の立場を思い、情にかられて厳しい態度が取れない性格も災いし、心ならずも調停者の立場をとった。同志たちの多くは滔天の姿勢に怒りや当惑を覚え、中村と共犯で詐欺を働いたのではないかと疑念すら抱くものもあった。

翌明治三四年、心配した犬養は屋敷で同志たちの親睦の会を開いたが、内田は満座の席で滔天を罵倒し、盃を眉間に投げつけて割った。運動家内田良平にとって、このような場合は日本側は率先して責任者や裏切り者を処罰しない限り、運動の義も組織の秩序も守れないのだ。内田には滔天の甘さが許せなかったに違いない。満座の前で恥をかかされ、滔天は運動家として失格とみなされた。しかし、この手ひどい挫折体験こそが、滔天を思想家として蘇らせた。

滔天がこの後、浪曲師に転身したのは有名である。しかしその転身を、渡辺京二は、滔天の本質からしてもっともふさわしい行為として捉えた。かつて誇りとしていた志士としての意識をことごとく解体し、「泥土の落花」となったことによって、初めて滔天は、統治もしくは救済する対象ではない、全き自然としての民衆に出会ったのである。

渡辺は、できれば滔天は乞食にまで身を落としたかったのだろうとすら記す。滔天の自己解体の意志はそこまで強かった。浪曲師という位置は「高等乞食と一般乞食の『中間にブラ下って浮世の綱渡りをやらかした』」ことであり、その志を、生活民たちが定住している土俗の泥中に引きおろす行為であった。この地点から、滔天はついに、兄彌蔵をも超える思想を生み出していく。それが明治三六（一九〇三）年に書かれた小説『明治国姓爺』である。

この小説は堺鉄男という青年が思想的に成長していく過程を描いたものだが、渡辺京二はこれを滔天の思想的な止揚過程を述べたものと読んだ。鉄男はまず、千島樺太条約に憤激し、樺太をロシアから奪還しようとする忠君愛国の少年としてスタートする。この時点では、西欧列強の圧力に対抗しようとするナショナリストだ。しかし、鉄男は樺太に潜航しようとして孫霞亭という中国人に会い、彼から一冊の著書を贈られる。一読して、日本の運命は中国、そしてアジア諸国につながっていることを悟り、四海同胞主義に立つ革命という思想にめざめる。様々な冒険の後、鉄男は孫霞亭が実は革命党の棟梁であることを知り、我らの敵は共通して露国であるという認識に至る。この時点での鉄男は、言うまでもなくアジア主義者である。だが、鉄男にとって決定的な転機は、蜂起が虚しく敗れて後、ロシアに亡命しようとして同船していたフランス人医師アローの言葉によりもたらされる。

「世界は君が云ふ通り今弱肉強食の修羅場だ。また君の云ふ通り欧羅巴が主動者《ママ》でアジアが被動《ママ》者である。併し君の支那革命が成功して一大強国となった処でだ、国家的競争が止むであろうか。

さうはゆくまい。今の被動者受動者其地を換ゆることがあるとも弱肉強食の現状は依然として旧態を維持するのである。（中略）支那の復興をして打撃を欧州に加へんとするは所謂る防御的進撃で、識らず知らず泥棒的根性に魔せられて居るのじや。君が支那革命は可也じやが、一つコノ大習慣の中より脱却せぬと、矢張泥棒の提灯持か国家の幇間になるぞ」（宮崎滔天『明治国姓爺』）

これは明らかに大アジア主義からの脱却である。ヨーロッパ帝国主義に対抗するアジア連合という発想は、現実の政治状況を見れば一定の正当性はある。しかしそれだけでは、単に新たな中国という強国を出現させただけで、新たな帝国主義を作り出す危険性からは逃れられない。渡辺京二はこの滔天の思想的到達点を次のように的確に述べた。

「滔天はアローに、利害の対立は国家の観念より生ずる、この観念を除去することが問題の核心なのだ、といわせる。つまり滔天はここで自分の思想的な到達点を語っているのであって、それは泥棒根性すなわち国家的意識の徹底的な否定という一点に集約される。大アジア主義はこの視点を欠いているために必然的に泥棒根性に魅入られる、と彼は断定するのである」（『評伝 宮崎滔天』）

滔天がこの小説で描いた大アジア主義批判は、このような思想的原則に根ざしていた。滔天に同情し、玄洋社的なアジア主義に批判的な論者の中には、犬養、頭山、内田らの孫文支援は、日本国の帝国主義的野心を隠した不純なものだったが、滔天のそれは純粋な善意からの支援だったと語りたがる傾向がある。渡辺はこのような同情論こそ、滔天を単なる善意の豪傑とみて、その思想的力量を軽視するひいきの引き倒しとした。

「滔天は彼らの意図が不純だから『泥棒的根性に魔せられる』と考えているのではなく、彼らの意図がいかに純粋であっても、アジア諸国を復興してヨーロッパに打撃を加えようというその発想が、国家観念を揚棄していないという根本的弱点のために、必然的に『泥棒的根性』に陥ると考えているのだ。（中略）当時としてはこれは相当なレヴェルの認識である」（『評伝 宮崎滔天』）

私達は現在、中華人民共和国という大国が、完全な「泥棒的根性」に陥ったことを目前にしている。中華人民共和国が成立して最初に行なわれたことが、チベットをはじめとする諸民族への侵略と弾圧であり、しかもそのことに、戦後左翼・進歩派という新たな「反米アジア主義者」たちはほとんど何の疑問も抱かなかった。国家観念を揚棄しない革命など所詮泥棒国家をつくるだけだと気づかなかった戦後知識人に、戦前のアジア主義を批判する資格など本来はない。その意味で、この「レヴェルの認識」は今も決して乗り越えられてはいないのだ。滔天の思想家としての見識は、この未完の小説に明確に刻み込まれており、それを読み解いたのは渡辺京二の慧眼である。

滔天がこの認識を、浪曲師として様々な苦難を舐めながら見出していったことに、この評伝を読む私達はある種の感慨を覚えざるを得ない。民衆は彼の下手な浪花節に何の共感も覚えなかった。家族の絶望、随巷に朽ちかけた日々、これらを渡辺は淡々と綴り、このような過程を経ることなくして、滔天はこの認識には至れなかったという確かな事実を読者に感じさせていく。この、恵州事件以後の滔天の人生の凋落と、それとは裏腹の思想的上昇を描いたことが、この宮崎滔天評伝の白眉というべきだろう。国家を無化する思想を、滔天は同時期、さらにアナーキーな口調で『独酌方言』という作品のなかで語っている。

「僕に支那の王になれと云ふのかい、イヤ〳〵僕は二蔵三助が王になる時でなければ王にならぬ

郵便はがき

料金受取人払郵便

福岡中央局
承認

18

差出有効期間
2026年2月
28日まで
(切手不要)

810-8790

156

福岡市中央区大名
二―二―四三
ELK大名ビル三〇一

弦書房

読者サービス係 行

通信欄

年　　月　　日

このはがきを、小社への通信あるいは小社刊行物の注文にご利用下さい。より早くより確実に入手できます。

お名前

（　　歳）

ご住所

〒

電話

ご職業

お求めになった本のタイトル

ご希望のテーマ・企画

●購入申込書

※直接ご注文（直送）の場合、現品到着後、お振込みください。
送料無料（ただし、1000円未満の場合は送料250円を申し受けます）

書名	冊
書名	冊
書名	冊

※ご注文は下記へFAX、電話、メールでも承っています。

弦書房

〒810-0041 福岡市中央区大名2-2-43-301
電話 092(726)9885　FAX 092(726)9886
URL http://genshobo.com/ E-mail books@genshobo.com

（中略）君は其主義主張を宇宙に布て世界万民を安んじ玉へ。僕は二蔵三助と長く休戚を共にして君の救いを待たうよ。ナニ軽重大小など云ふ事は算盤珠の話ぢやないか。情の至つた処にはソンナ算盤珠の話はない。万民と情死するの心は即ち娼妓と情死する心だ」（宮崎滔天『独酌放言』）

政治革命による権力獲得や、政治的信念による活動を、庶民の生活意識からすれば取るに足らぬものと認識し、さらには「娼妓と情死する心」と同一視する精神のありかたに到ったのち、再び滔天は中国革命の渦中に参加することになる。革命評論社の結成、北一輝との出会い、そして一九一一年に勃発した辛亥革命と、滔天には再び活動の季節が訪れた。だが、この時期の滔天の中国革命や孫文への思いは、かつてのそれと比して極めて冷静なものになっていた。滔天は現実の政治革命の中に、彼の思想や理想、下層民の視点からの国家の超越といった視点を見出すことは不可能なことをすでに自覚していたからである。

辛亥革命が袁世凱の独裁政権を生み出す南北和議で終わった後も、滔天は日本から孫文ら革命派への支援を取り付けようとする。しかしその実態は、日中独の連携によるイギリス帝国主義のアジアからの駆逐という桂太郎のプランに乗ることであり、さらに革命への支援の見返りとして、満州の日本への献上を孫文が持ちかけるなど、滔天が思想的には否定したはずの「泥棒根性」に堕した政治工作に従事することだった。滔天は思想的にはナショナリズムの理念を乗り越えたにもかかわらず、現実政治の中では何ひとつそれを具現化する手段を持たなかった。渡辺はこの時期の滔天を、浪曲師時代よりもはるかに孤独なひととして描いている。

この後、滔天はその早すぎる晩年に『炬燵の中より』『出鱈目日記』『東京より』などのエッセイや時論的文章を残していく。そこでは有名な次の言葉がある。

「何故日本の改善を先にして、支那革命を後にしなかつたか。それが日本人たる私の行動としては正当なる順序」だった。「併し私は、日本が如何に豪くなっても、迚《とて》も五世界を動かすの力はないものだと断定」し「支那をして理想的国家たらしむる事が出来たらば」世界を動かせるという「自己の誇大妄想的径路を辿つて来た結果が即ち今の我身の上」であり「今や私は此の妄想より醒むべき時機に到達しました」(宮崎滔天『炬燵の中より』)。

この言葉は、通常滔天の思想的進歩、大正デモクラシーと歩調を合わせた国内改革への転機と読まれることが多い。しかし渡辺京二はそのような評価を「そんなあっけらかんとした反省を一生を終ろうとする男がすることのほうが怪談」と切って捨てる。日本から手を付けるべきだったと言っても、当時の彼は国内の体制内存在と化した民権運動や政党活動には何の関心も持てなかったからこそ、その順を取らなかったのだ。そして、中国革命に対して献身すればするほど、自分の政治行動が本来の志から離れていくことに唖然としたからこそ「妄想から醒める」ことになったのだ。

つまり、滔天はこの時、全ての政治活動を無化したかったのである。滔天は若き日に信じた聖書の言葉「小さき一人の者」を再び想起する。この存在の位相にかかわらぬ「天下国家的」発想を、正義人道的、世界人類的理念であれ全てわが身から振り払おうとしているのが、晩年の滔天の姿だったと渡辺は指摘する。滔天はそのような理念への献身こそが、彼の生涯をつらぬく主題を逆に裏切り続けたことに気づいたのだ。その主題は『落花の歌』に表されている。

千年王国幻想としての「闇夜の月」

「浮世がままになるならば／王侯貴人を暗殺し／非人乞食に絹を衣せ／車夫や馬丁を馬車に乗せ／水呑百姓を玉の輿／四民平等無我自由／万国共和の極楽を／斯世に作り建てなんと」（宮崎滔天『落花の歌』）

この一節に、渡辺は滔天の原初的な志のありかを読み取る。この歌詞の深層には、王侯貴人が暗殺され乞食や車引きや百姓が玉座に乗るという、この世の構造を完全に逆立させた狂気の世界、中世の謝肉祭などの宗教的儀礼の日に演じられる、グロテスクな幻想的光景が、ボッシュの絵画のように描き出されているのだ。これは洋の東西を問わず、伝統的な共同体基盤を掘り崩された民衆の危機意識から生み出される千年王国幻想であり、たとえばドイツ中世のミュンスターの千年王国や、フランス革命における平等主義的な唄声「頭を高くするやつは押さえつけられ／頭を低くするやつはもちあげられ」と『落花の歌』は決して無縁ではない。

渡辺は明治維新以後の近代化が我が国の農村共同体に与えた「恐怖」について次のように記す。明治維新政府によってもたらされた近代化が目指すものは、前近代の共同体の解体と、諸個人が個別の利害を求めて対立し、それを合理的に調整することで成り立つ市民社会の実現にほかならなかった。これは「わが国のアジア共同体的な農民にとってはひとつの恐怖」であったが「維新政府の主要任務はこのような農民を把握し教育し、彼らを（中略）近代的国民として再編成することにあった」我が国の民衆はよくこれに耐えたが「この過程のなかで恐怖と怨恨は彼らの下層部分に深く沈殿せずにはおかなかった」（『評伝 宮崎滔天』）。

滔天は近代市民社会から逃避しようとする人々の願望が、一つの千年王国願望として結像していく過程を極めて敏感に感知した思想家だと渡辺は見た。その幻想は、確かに此の世の秩序が全て逆転する黙示録的な終末論的な表現を取る場合もあれば、鼓腹撃壌的なアジア共同体農民の夢想としての桃源郷幻想として現れることもある。滔天が「四民平等無我自由」という言葉を使う時、この「無我」という言葉はまさにそのような幻想につながっており、滔天はこのような日本下層民の千年王国的幻想の意味を追求し、それを政治的な表現にまでもたらすことを夢見た。

明治三二年、香港に向かう船中で作られた「思ふまい。思はぬ夢をゆめみつゝ、三十年のやま坂を、のぼり越したる此吾れに、一夜の夢も百年の、夢には二つになきものを、真如の夢のその娑婆は、闇夜に月が見ゆるぞえ」という新体詩に歌われた「闇夜に月」という言葉に、滔天の一生の主題が隠されていると渡辺は読み解く。滔天が夢見ているような「真如の娑婆」では「闇夜に月」が見えるという。この何気ない一節を読み解く渡辺京二の視線は、やはりそのまま引用しておこう。

「闇夜に月が見えるような世界、この反現実的光景はそのままわが国の下層民の胸奥にひそむ希求の反現実性のシムボルである。それはこの世にはありえない世界であり、彼らの幻のような願望の本質は、このような反現実によってしか表出できないと滔天には感じられたのである。闇夜にのぼる月とはどんな色の月なのであろうか。それはもはや導入されつつある近代への憎悪でも怨恨でもなく、もっと長い歳月の累積のなかでわが国の下層民が世代から世代へ継承して来た『平等無我自由』の幻の象徴以外の何ものでもない」（『評伝 宮崎滔天』）

滔天は大正デモクラシーにも、社会主義運動にも、このような千年王国的幻想に対する感受性を全く認めることができなかった。滔天は近代に抗する民衆を、さらには彼らの古層の幻想を解き放ち、それに政治的表現を与えることこそが支配権力に根源的な打撃を与え、国家を超えた革命を実現しうることに気づいていた。しかし、民衆の千年王国的幻想に政治表現を与えれば現実的にはどうなるか。それはナチズムのような政治か、もしくは大本教等の宗教運動としてしか現れないだろう。滔天の悲喜劇は、元々政治的表現にもたらすことのできないものを政治の場で実現しようとして、その挫折を浪曲師への転身などの「狂」の形でしか表現し得ない生涯を送ったことにあった

滔天は大正一一（一九二二）年一二月六日、五二歳の生涯を閉じた。西郷が夢見た農民と武士とのコミューン、そして最も政治から離れた民の幻想をこそ志士は担わなければならないという精神は、宮崎八郎らの士族民権家に継承され、滔天のなかで思想的にはもっとも高く、同時に深いゆたかな世界を垣間見た。渡辺京二の宮崎滔天評伝は、滔天自らも論理化しえなかった彼の思想を、初めて日本近代史の中で正当に位置付けたものと言えるだろう。

第十四章　北一輝——日本についに着地できなかった純正ファシスト

塁的存在としての人間の解放

北一輝は不幸な思想家である。それは悲劇的な最期を遂げたからでもなければ、彼の夢見た革命中国の夢と日本国家改造プランが悉く失敗したからでもない。生前においても、またその死後においても、北の思想を正面から受け止め理解する読者を得ていないことである。朝日評伝選の一冊として一九七八年に発行された渡辺京二の『北一輝』は、何よりもこのような不幸な思想家を救い出そうとして書かれた本である。なお本書は毎日出版文化賞を受賞している。

『北一輝』は、もちろん評伝としてかなう限り北の生涯を追ってゆくが、その本質は、あくまで北の代表的著作や論文を通じてその思想の歴史的意義を明らかにするものである。

渡辺京二は、明治三九年に当時二三歳の北が世に問うた大著『国体論及び純正社会主義』を「日本の近代政治思想史上、まず五指に屈すべき著作」と高く評価し、同時に思想家北一輝のすべてがあると評した。そして、この読まれざる大著というべき問題の書を、渡辺京二ほど整理し、かつ己の課題に引き付けて読み解いた論はいまだに表れていない。

渡辺はまず、本書に現れた北一輝の社会主義理論に触れ、北が当時の第二インターナショナル段階の社会主義理論の骨子をかなり正確につかんでいたことを実例を挙げて証明していく。

渡辺が指摘する北の社会主義理論の優れた点は以下の通りである。まず、北は社会主義の本質は富の分配ではなく、生産の部分、具体的には「土地および生産機関の公有と其の公共的経営」にあり、社会主義が当時の経済的潮流である「資本家大合同」すなわち「ツラスト」を受けた「進化」であることを理解すると共に、独占資本主義は決して小資本家を減少せしめず、逆にサラリーマン的中産階層や労働貴族を出現させることも認識していた。

また、社会主義社会における労働は、徴兵に似た手続きで召集された国民の「自己の天性に基づく職業の選択と、自由独立の基礎に立った秩序的大合同の生産方法」によって行なわれると北は述べているが、これも理論的には科学的社会主義の常識である。渡辺は他にもいくつかの北一輝の社会主義理論の正確さを指摘しているが、最も重要なのは、北一輝が人類史を総括し、社会主義を位置づけようとした点であるとし、北の論点を次のように要約した。

北によれば、社会主義は中世社会における「偏局的社会主義」と近代における「偏局的個人主義」を綜合し止揚するものだった。北は中世社会の村落共同体を、全体と個が統一され、個人の独立が認められていない「国家万能社会万能」の時代とみなした。そして、近代における個の自立を受けて、全体と個がより高い次元で統一されることにより「純正社会主義」が実現されることを「科学的宿命論」の法則とした。渡辺が指摘するように、これは弁証法的思考そのものであり、社会主義革命を、個と共同性の統一と見なした点では初期マルクスの立場と同一だった。

そして北は、社会主義社会においては人類の可能性が全面的に開花すると考え、社会主義の理想とは決して「上層階級を下層に引き下ぐる」平民主義ではなく「一切階級を掃蕩」し「下層階級が上層に進化する」「全社会の天才主義」なのだと説いた。これは渡辺が正しく指摘するように「人類史のユートピズムのながい系列」に属し、ヘーゲルやマルクスの思想と発想においては同じものである。

「衆人の魂がそこでは高くはばたけると信じたからこそ、彼は社会主義社会を求めた。彼には、類的存在としての人間は、過去のすべての遺産をとりこみながら、より高きへと展開するものというイメージがあった。明治において、このようなイメージに導かれて社会主義者になった人間は、彼のほかに一人もいなかった」(『北一輝』)

松本健一に典型な、北一輝の思想をひたすら浪漫的に解釈する傾向、また逆に選民主義や貴族趣味とみなすマルクス主義学者の視点を、渡辺京二は退け、北一輝は社会主義の理念をよく理解し本質をつかんでいたからこそ、ある種のユートピズムに至ったことを証明したのだ。そして、本来解放されるべき民衆を抑圧しているもの、それは明治専制政府と国体論イデオロギーであり、北はこの二つに対し全面的に戦いを挑んでいる。その思想的闘争を、渡辺京二はさらに深く読み込んでいく。

国体論批判と天皇制止揚の論理

「北は、明治三十年代の日本国の国家は、帝国憲法の水準では社会主義国家であるが、藩閥政府と教育勅語の水準では天皇制専制国家であり、現実の経済制度の水準ではブルジョアジー・地主の支配する資本制国家であると把握した」

「来るべき社会主義革命は、教育勅語水準の天皇制専制主義（すなわち彼の用語によれば「国体論的復古的革命主義」）を反国体、憲法違反として無化し、ブルジョアジー・地主の経済的階級支配を廃絶する第二維新、すなわち補足的な経済革命で十分である、と主張した」（『北一輝』）

多くの識者には、明治国家を民主国とみなすのも疑問なのに、それを社会主義国家とは途方もない暴論としか思えなかった。しかし渡辺は『国体論及び純正社会主義』を北の論理に即して読み込み、北の論理自体は一貫したものであることを証明し、逆に、その論理自体に北一輝の思想家としての弱点があることを証明してゆく。

北一輝の定義では「民主国」とは、国家が君主や封建諸侯の「所有物」、つまり「物格」であることをやめて「人格」として独立した段階を示している。「現代の法律を見よ。何処に天皇のみ国家なりと云ひ上層階級のみ国家なりと規定せるか、又何処に労働者は国家にあらず小作人は国家の部分にあらずと規定せるか」。北にとって明治憲法の法律的理念では、国民は平等に「人格ある国家の一分子」なのだ。しかし現実の国民は、資本家によって不当に支配されている。社会主義革命とは北にとって、このような憲法上の法律的平等を、現実社会における経済的平等によって実現することにほかならなかった。

ここまでならば、実は北一輝が述べているのはそれほど特殊なことではない。むしろ、ブルジョワ社会における自由や平等の概念は絵に描いた餅にすぎない、というのは「社会主義」の立場に立てば当然の理論とすらいえる。しかし、北がユニークだったのは、ブルジョワ社会は、法的には即社会主義社会に他ならないと断定したことだった。渡辺はこの従来誤解されがちだった北の視点を、丁寧に彼の論旨を追うことで読み解いていく。

北一輝は、一般的な社会主義史観における社会を、封建社会、ブルジョワ市民社会、そして社会主義社会という三段階を経て発展していくとは考えず「家長国」から「民主国」の二段階の変化を最も本質的な「進化」とみなした。「家長国」とは、北によれば君主国（古代専制国家）と貴族国（封建制国家）の時代であり、この時代は国家及び国民は、君主、或いは貴族の所有物としての「物格」にすぎない。しかし、その家長国体制を打倒（日本に於いては明治維新革命）した民主国に於いては、法的にのみ公民国家である「法律的公民国家（ブルジョワ市民国家段階）」の段階を経て、「社会主義革命」によって、法律・経済両面における完全な「経済的公民国家（社会主義社会段階）」に発展する。これが北の発展理論だった。

だからこそ、北一輝は明治維新を王政復古とみなす視点を断固として拒絶した。北にとっての天皇論とは、天皇は維新革命の必要のために擁立された国家の道具に過ぎないという見方であり、だからこそ北は、古代の神政天皇や中世における「神道の羅馬法王」としての天皇と、明治における天皇とは全く歴史的範疇を異にする存在だとした。明治維新を古代の王政復古とみなしたり、天皇に神権的性格を付会するのは、理論的にも現実的にも許されぬ誤謬だというのが、北一輝の「科学的」認識だったと渡辺は見抜いた。

しかし、それならばなぜ明治維新は天皇を必要としたのか。日本には、例えばフランス革命に於ける古代ギリシャ・ローマの共和制のような、過去の民主的な先例が存在しなかったため、維新革命の志士たちは「遺憾にもその革命論を古典と儒学に委ね」たのだ。渡辺はここで「遺憾」という言葉を北がさりげなく使っていることを見逃さない。「北は、日本という国はもともと天皇の支配すべきもの」であり「その正統の王に政権を返さねばなら」ないという勤王論が、今は国体論と名を変えて「専制支配の根源となっていること」を「遺憾」とみなしたのだ（『北一輝』）。

北にとって維新革命は、自由民権運動を通じて国会開設に至る過程に、その本質を表わすような革命としてとらえられていた。「維新革命は貴族主義に対する破壊的一面のみの奏功にして、民主主義の建設的本色は実に『万機公論による』の宣言、西南佐賀の反乱、而して憲法要求の大運動によりて得たる明治二十三年『大日本帝国憲法』にあり」。北にとって維新革命の本質である民主主義の確立は「帝国憲法によりて一段落を劃せられたる二十三年間の継続運動」として現れたとみなした。

この北の言葉を引用した後、渡辺京二は次のように北の維新革命観を解釈した。

「彼はいかにもヘーゲリアンらしく、維新革命を、次第に本質を顕現してくる革命というふうにとらえている。顕現してくる本質とは、自由民権運動に代表されるような国民の『平等観の拡充』である。彼が、維新は民主主義革命であり、明治国家は民主国だと主張するのは、その現実についてではなく、その理念態についてであり、それを現実にもたらすのは、むろん彼自身をもふくむ国民の革命的な意志なのである」（『北一輝』）

だからこそ、北はこの革命により生じた民主国を、神聖天皇観や万世一系等の「復古的革命主義」、つまり国体論によって家長国に引き戻そうとする思考を断固拒否したのだ。そして、未来像として北は次のような謎めいた言葉を記している。

「機関の発生するは発生を要する社会の進化にして、其の継続を要する進化は継続する機関を発生せしむ。日本の天皇は国家の生存進化の目的の為めに発生し継続しつゝある機関なり」

渡辺はこの文章を引いたのち、これは天皇の存在合理化であると共に、天皇制廃止の論理にも容易に転化しうるとした。国家が「機関」としての天皇を必要としなくなれば、天皇制はいつでも廃すべきものとなる。渡辺は『国体論及び純正社会主義』の「政体は統治権運用の期間たるを以て、国家は其の目的と利益に応じて進化せしむべし」「目的と利益に応じて国家の機関を或は作成し或は改廃するの完き自由を有す」などの言葉は、明らかに天皇制廃止を示唆するものだと読み解く。「日本国家が経済的な社会主義段階まで進化した」段階では「日本国家は天皇を不要とするものと、考えていたはずである」（『北一輝』）。

さらに渡辺京二は、北一輝の天皇制イデオロギー批判で最も優れた点は、教育勅語批判を通じて、国家権力はいかなる場合でも個人の内面を支配してはならないという原則を明確に打ち出した点にあるとした。ここには、北一輝の思想の一つの頂点が表れているので、やはり原文を引用する。

「外部的生活の規定たる国家に於て天皇の可能なる行動は外部的規定の上に出つる能はず。（中略）

近代国家の原則として国家の一部分たる個人の思想信仰を国家の大部分若しくは上層の部分が蹂躙すべからず。（中略）良心の内部的生活に立ち入る能わざる国家、従て其の一機関たる天皇は道徳を強制すること能はざるもの也。（中略）教育勅語とはその教育の名が示す如く道徳の範囲内のものにして法律的効力を有せず」

「天皇は詠歌に於て驚くべき天才を示しつゝありと雖も、而も星と菫とを歌ふ新派歌人を、詠歌法違反の罪を以て牢獄に投じたることなきがごとく、天皇が如何に倫理学の智識に明らかに、歴史哲学につきて一派の見解を持するとも、吾人は国家の前に有する権利によりて教育勅語の外に独立すべし」（『国体論及び純正社会主義』）

天皇もまた国家権力も、個々人の内面や信仰、学問、文学、そして道徳心などには一切立ち入る権利を持たないというこの姿勢は、戦後の丸山眞男らによる天皇制批判を先取りするものだった。

コミューン主義の理論家とその誤謬

しかし、社会主義理論への一定の理解を持ち、そして個人の自立と解放、内面の自由の擁護を強く意識していた北は、同時に、ブルジョワ市民社会を激しく拒否する思想家でもあった。

北は市民社会原理の基本的仮定である「原子的個人」を単なる抽象的存在とみなし、人間は「社会的個人」、つまり類的存在としての個人としてしか存在しえないとした。もちろん北は「個人的利己心も社会的利己心も共に等しく軽重」はないという意識を忘れてはいないが、「個人的利己心の小我のみ認めて社会的利己心の大我を忘却」することは許されないと考えていた。北一輝は、西欧ブルジョワ社会の最大の問題は「小我」こと、社会とも歴史とも切り離された抽象的存在である「個人」を社会の基本的構成要素としたことだとみなした。そして、人類史はその段階を飛び越して一気に公民国家、北の言葉では社会主義国家を実現すべきものだと結論付けたのだった。

渡辺京二は北のこの歴史観を、明治維新後、村落共同体からいきなり資本制市民社会に引き出されたわが国の基層民の、市民社会的論理に対する恐怖と嫌悪感を、思想的に代弁したものと読み解いた。前近代の民衆の中で保持されてきた共同体的な心情は、近代化と市民社会化のシステムが導入され、共同体が解体される過程で、激しい異和感と、ラジカルな共同性への飢餓感として噴出した。この飢餓感は「西欧型市民社会は不正な社会であり」「日本はそういう市民社会を拒否して、社会的共同性の貫徹するコミューン社会へ発展」すべきだという主張として現れた（『北一輝』）。

北一輝の思想は、近代に反発する民衆の新たな共同体の夢を思想化したコミューン主義として読み解くとき、その歴史的意義を明らかにする。この日本コミューン主義の源流は、維新革命を「裏切られた革命」と拒否して戦い斃れた西郷隆盛である。その後、このコミューン主義は民権論と特異な形で結合した在野の右翼反対派の中に出現する。そして北一輝と宮崎滔天は、明治三〇年代におけるその代表的思想家というべき存在だった。前章でみたように、滔天はこのコミューン主義を小説や詩、また回顧録の端々に描き出しているが、その全体像を思想として体系化することはなかった。北の『国体論及び純正社会主義』は、日本コミューン主義を体系的・理論的に位置づけようとした、この時期で唯一の思想書となった。

しかし、北一輝の誤謬も同時にこの視点から生まれた。渡辺京二は、北批判としてよく指摘される、北一輝が本来峻別すべき社会と国家を同一視したことが過ちだったとする解釈を取らない。確かに、北は社会を実体的に国家と同一のものとみなしていた。戦後一般的となった市民主義的知性からすれば、社会は人間の共同生活の実態を指し、国家とはその上に立つ擬制のシステムであるから、この二つの同一視は許されないことになる。だが、北は社会を個人の集合にすぎないとする市民主義を理解した上で、断固その思想を拒否したのだ。北にとって社会は、利害を異にする個々人が契約によって成り立たせるものではなく、有機的な共同社会でなくてはならなかった。渡辺はここに、北がコミューン主義者として、社会と国家を同一視するにあたって一つの前提を持っていたことを提示する。

「彼（北）は、国家が支配者の権力装置ではなく、国民の平等な政治的団結を示すものとなった状態を仮定して、社会を国家と同一視しているのである。彼が国家イクォール国民だとしばしば説いているのは、国家と国民のあいだに支配関係が廃絶され、国家が国民の共同性の表現となっている状態を仮定していることを示す」（『北一輝』）

渡辺京二が北の文章から読み取った理想の公民国家とは、国家が全国民に対して平等に幸福の源泉としてあらわれ、全国民が責任ある一分子として平等かつ主体的に国家意志の形成に参加できるような、一つの民族共同体だった。北一輝はこれを「大日本帝国は厳として倫理的制度なり」と表現した。北が維新革命によって成立した国家は社会主義国だというのは、このような理論的基盤の上に打ちたてられたものだった。

しかし、北のこの思想は、いかに考え抜かれたものであれ、国家の巨大な物神化に他ならない。

北一輝は、個が全体に矛盾なく包摂されるような共同的関係のありかたとして国家をとらえ、またそれを社会主義と考えた。これを受けて、渡辺京二は、北が全体イクォール個という国家理念に落ち込んだのは、スターリンや毛沢東の社会主義的愛国主義の発想や錯誤と共通のものとみなした。「北がその大我・小我論によって、個の社会＝国家への献身を説くとき、人は容易にその誤りを笑うことができる。だがアラゴンが、『共産主義的人間』において、ゲシュタポから銃殺される共産主義者は人類の永遠の生命に参与するのだと説くとき、彼は北とおよそおなじことを主張したのではなかったか。また人が、ヴェトナム人民の国民的総抵抗を、民族ないし社会主義国家の名において讃美したとき、彼は北とおよそおなじものを讃美したのではなかったか」（『北一輝』）

ここで渡辺京二が例に出しているアラゴンやヴェトナムの例は、現代も形を変えていくらでも存在する錯誤である。全体と個を融合させることを求める幻想は、それがブルジョア左派のものであれ、スターリン主義者のものであれ、あるいは宗教原理主義であれ、常に国家至上主義のマヌーヴァーに終わる。「擬似的な共同性は、それが強大化すればするほど、対極の市民社会的個を強化する。すなわちそれは市民社会的個を思想的に克服することができず、〝共産主義的自己改造〟という名の魔女狩りや、解放戦争という名の〝義戦〟を発動するところへ行きつかざるをえない」（『北一輝』）。渡辺の文章は北一輝思想への批判を超えて、現在に至るまであらゆる左右の政治思想が説き得ていない難問を提示している。

さらに北の誤謬は、日本帝国は法理上において社会主義（コミューン主義）の理想を掲げているのだから、社会主義革命は啓蒙活動と普通選挙権獲得によって可能だとみなしたことである。日露戦争を戦って国家意識に目覚めた国民に、ブルジョワ支配が維新革命への裏切りであり、国家の簒奪であることを理解させることができれば、国民の革命闘争は「愛国」の名によるものとなる。支配層も、革命闘争が愛国の正当性・合法性に基づいて行なわれるときは、抗するすべを知らぬだろう、というのが北の発想だった。

渡辺は、これは北だけではなく、大正デモクラシーの論客一般に共通する、我が国の基層民の存在様式に対する根本的かつ決定的な無知だったとする。普選獲得は、議会と選挙の腐敗を、全国民規模に拡大し深化させるという逆効果を生み出すに終わった。民衆にとって、選挙や議会は本質的に無縁の存在に過ぎなかったのだ。

北一輝は、戦前日本で成立すべき革命の性質と、それを導くべき論理については、誰にも追随を許さない鋭い思考を施したが、その革命を現実化する勢力については、そのありかを生涯ついに突き止めることができずに終わったのだ。

前章で宮崎滔天の本質として渡辺が描き出したような、日本基層民の心の深部に向けて降りて行こうとする姿勢、市民社会になじもうとしない基層民の深層に漂う、共同的なものへの憧憬を感じ取る能力、これに北は欠けていたのだ。北は確かに民衆の西欧社会への異和感はよく理解していたが、その意識が「国家意識」という、近代的な形をとらなければ感受することができなかったのだ。

北一輝の思想家としての優秀さは、近代的な論理性を決して失うことなく日本コミューン主義を「理論化」しえたことだった。しかしそれは同時に、深刻な矛盾を彼に与えた。北は基層民の最も深部にある共同性への憧憬と衝動を顕在化する方法を知らなかった。どこかそのような意識を土俗的なもの、蒙昧なものとして拒否する盲点を持っていたために、彼は革命家としての方法論を持ちえなかった。北はこうして若き日は啓蒙運動と普選運動、後になれば権力者への入説、そして最後にはクーデター構想といった、民衆の意識と出会うことなき革命家として一生を終えねばならなかった。渡辺はこの『国体論及び純正社会主義』の読解を以て、北一輝の思想の全貌をほぼ全面的に明らかにしたのである。

「政治ハ人生ノ活動ニ於ケル一小部分ナリ」

その後の辛亥革命への参加から、二・二六事件における青年将校の思想的指導者として処刑されるまで、北一輝は二つの問題作を生み出した。

『支那革命外史』は、辛亥革命の体験を通じ、アジアにおける革命はカリスマ的指導者による革命的専制の過程を経ねば、その前近代性を克服し得ないという、重要な視点を提示した論考である。革命中国は、中央集権化された専制体制により、中世以来の特権階級を徹底的に打倒し、英国・ロシアら帝国主義を駆逐、「亡国教」たる儒教を打破する文化革命を通じてこそ、大国として世界政治の舞台に登場するだろうと北は予言した。これは、北が中国の未来を毛沢東の出現まで見据えていたことを意味する。だが「革命的専制皇帝」が、文化大革命によってあれほどの凄惨な悲劇をもたらすことは、北も想像できなかっただろう。

北一輝の著作中、現実政治に最も影響を与えたのは、大正一二年（一九二三）年五月に公刊された『日本改造法案大綱』である。『日本改造法案大綱』（以下、法案と略す）では、一定限度以上の財産は企業であれ家族であれ、国家によって没収されることが定められた。北はさらに、企業労働者は経営に参与し、株主となる権利を持つ「労働株主制」を唱えている。その他に北が打ち出した国内改造のプランは、戦後日本において実現した多くの民主的改革を先取りするものだった。治安警察法、新聞紙条例等、国民の自由を拘束する諸法律の廃止。二五歳以上の男子の普通選挙権、八時間労働制、幼年労働の禁止、婦人労働の平等、官吏の国民に対する凌辱行為禁止、刑事被告の人権保護、遺産の均等相続制度など、これらの主張には北が生涯変わらなかった近代主義と、封建的遺制や家父長制に対する嫌悪感が反映されている。

同時にこの『法案』には、革命中国との連帯による対外膨張主義、それによる民族生存権の確立という綱領が記されていた。革命中国と日本が連帯し、イギリス帝国主義の植民地を解放、インドの独立を成し遂げる。そしてソ連の野望をくじくために極東シベリアを割取、またオーストラリアを領有することによって、巨大な民族的生存権を打ちたてることを目指していた。

北はこの生存権確立戦争を、国家は植民地下で抑圧されている民族を解放する権利と、領土狭小の国家は「国際無産者」であり、広大な植民地を有し経済的に小国を圧迫する大国に対して、その不平等を解決する権利を持つという二つの論理によって正当化した。渡辺京二は、前者は義戦論であり、すでに今日では破産した思想だが、後者は、人類史が民族国家の制約を脱せず、大国と小国が存在する以上、論理的には根拠を持つと認めた。北はこの格差を戦争によって解決することを求めた。それが現在否定されたのは、その結果の悲惨さが明らかになったからに過ぎない。

渡辺は「個の自立的現存がそのまま共同的でありうるような人類史の段階を指向する思想」だけ

が、この北の論理を根底において葬ることができると記している。これは人類がついに国家を超越した世界に至る地点を示すものである。人類史がそこに到達するか否かは別として、その地点を見据えなければ、真の意味でファシズムを超えることはできない。

しかし、これらの著作は、思想的には『国体論及び純正社会主義』を超えるものではなかった。北の思想は、日本コミューン主義をかなう限り近代的に理論化しようとして、決して解くことのできない矛盾にはまりこんだまま、メビウスの輪のように固定してしまったのだ。これを解くためには、北自身が、彼が信じる国家という概念を解体していく道にしかありえなかったし、それは北一輝が北一輝でなくなることを意味しただろう。

しかし、北の思想家としての誠実さは、生涯を政治と革命に捧げながら、個人の内面には、政治や国家の決して入り込めない本質的なものが根ざしていることを忘れなかった点にあった。渡辺はその好例を、全文、政治と軍事への提言で成立している『法案』のなかで、北が婦人参政権を不要のものとして退けたのちに、さりげなく書きつけた一言に読み取っている。この一文は、北一輝について書かれた最も美しい文章と言えるだろう。

「この婦人参政権に関連して、彼は『政治ハ人生ノ活動ニ於ケル一小部分ナリ』という言葉を吐いた。これはおそらく北が一生のあいだに述べた思想の、最高の稜線を示すもので、このような言葉をふと洩らすことができたという点で、彼は一切の革命イデオローグから区別される本質的な思想家の位相に、片足だけは踏みこんでいる」（『北一輝』）

大正末期から、北と青年将校皇道派との交流が始まり、昭和時代からは北の信奉者西田税を通じて『法案』は一定の影響を青年将校に与えていく。しかし同時に、北は将校たちとの距離、特に天皇観の違いを認識し、己の描く革命の実践者とはなりえないと考えていたに違いない。ある将校が『国体論及び純正社会主義』を読み、これは天皇機関説ではないかと北に質問したが、北は、あれは書生っぽの時に書いたものだから、と取り合わなかったというエピソードは、このことをよく表している。

二・二六事件が、北の影響を受けた青年将校の決起により始まったとき、北は初期段階では成功の可能性に希望を抱いたが、真崎、荒木をはじめとする皇道派の幹部と青年将校らが事前の連絡や了解を取り付けていないことを知り、それ以後は真崎内閣の線で収集を図るよう指示した。真崎内閣に『法案』の実現を期待したはずもなく、皇道派の真崎なら、青年将校らをむざむざ殺させはしないだろうという判断の上である。クーデターは失敗し、北は首謀者としてとらわれ、青年将校たちの処刑が確実になるに従い、己も従容として処刑の日を迎えた。渡辺は北の最期を、城山の西郷の如きと記しているが、西郷同様、北もまた、近代とアジアという難問を抱いたまま斃れたのだ。

渡辺京二は、宮崎滔天と北一輝という二人の思想家について、今後も超えることの難しい巨峰のような評伝を七〇年代に残した。実はこの二冊を読み比べるとき、私は滔天には、その民衆の夢への感受性において、石牟礼道子を、北一輝には、その論理の徹底性と、封建的な前近代共同体への批判意識から、吉本隆明を思い浮かべずにはいられない。この二人の生涯をたどるうちに、渡辺京二は、それぞれの背後に自らが最も敬意を払う現代の思想家の姿を幻視していたのではないだろうか。

第十五章　昭和の逆説――民衆が夢見た戦争共同体

戦争と基層民

渡辺京二は昭和四九年から五一年にかけて、日本近現代史について「戦争と基層民」「近代天皇制の神話」などいくつかの論考を発表している。これらの論考において、渡辺は、日中戦争から大東亜戦争に至る日本の歴史を、明治維新後に始まった、日本近代化の一貫した歴史潮流だとみなした。「昭和という時代は、我が国の近代がはらんだ市民社会が、現実のものとして産み落とされた時代」である。そして「騒然たる昭和前期はその臨月であり、敗戦はその出産の激痛であった」(「近代天皇制の神話」『日本近代の逆説』所収)。戦後日本はその意味で戦前からの歴史の連続性の中にある。

この連続性を認めず、日中戦争や大東亜戦争を悪夢のような侵略の時代とみなし、戦後民主主義・平和主義社会を戦前からの断絶として評価する言説を、渡辺は歴史の自然過程を無視したイデオロギー的な議論にすぎないとした。

「近代日本が遂行したいくつかの戦争を歴史的な過誤ないし倫理的悪とみなすような見地は、じつは思想的な見地というよりも、戦後市民社会の存在的な規定力によって拘束されたひとつのイデオロギーなのである。その反対物としての林房雄流の戦争肯定論が同等の存在の権利を主張するのは当然であって、つまり彼の『大東亜戦争肯定論』は戦後的な戦争批判論の正確な射影と言ってよい」(「戦争と基層民」『日本近代の逆説』所収)

渡辺は「戦争」を求めたのは、何よりもこの国の基層的住民、つまり近代化の中で苦悩していた「小さきものたち」であったと断定した上で、昭和初期における政治動向を、重心層を含む支配エリート、軍幕僚・右翼を代表する中間イデオローグ、そして基層生活民大衆に分けている。民衆の熱狂を戦争に向けて誘導、組織したのは中間イデオローグである。「基層生活民は戦争イデオロギーの担い手でも生産者でもなかったが、その欲求に戦争という表現形態を与えようとする中間イデオローグの試みは結局彼らの受け入れるところとなった」(「戦争と基層民」『日本近代の逆説』所収)。

支配エリートは国家理性の立場から、生活民の戦争に傾く情念を何とか抑制しようとしたが、それは結局失敗に終わった。中間イデオローグが生活民の欲求を少なくとも受け止めていたのに対し、支配エリートはその欲求を危険で異様な情念、または醜悪な感情の発作として拒絶したからである。さらに渡辺は、これまで支配エリートが自らの民衆支配の「装置」として作り出してきたはずの天皇の存在が、中間イデオローグにより、革命の原理として逆用されたことを挙げている。

明治国家の創設者たちにとって、天皇制とは、近代国家建設のための国民統合を実現するためのシステムであった。国民統合により目指す国家目標は「富国強兵」つまり近代資本主義国家の創出である。それ以外に日本国が独立し西欧諸国に対峙する道はなかった。

しかし資本制システムと、その完成形として実現した市民社会の論理とは、社会を「契約」と「合理性」を原理とする利害の体系とみなすものだった。各個人は共同体から切り離され、利害をめぐってあい争い、その対立は法律に基づく裁判のルールの中で解決するという発想に、村落共同体や下町共同体に生きてきた民衆はどうしてもなじむことができなかった。

渡辺は日清・日露戦争においては、村落共同体の倫理が国家への忠誠とほぼ一致していたことを、兵士たちの証言から明らかにしている。日露戦争に出征した予備役兵の中には、身体検査ではねられた者もいた。彼らの多くは、戦場に連れて行ってほしい、郷里では送別会もしてもらい、万歳の声で送られて来たのに、すごすご戻るわけにはいかないと訴えた。中には遺書を残し腹を切ったものもいた。

渡辺は彼らの心情は「世間に顔出しができぬ」という「部落共同体に対する古風な義務感」であったと読み解いている。村が洪水に見舞われたとき、川堤に俵を積む義務から逃げるものは、共同体において許されない卑劣漢となる。この農民兵たちは、村落共同体の倫理を国家への忠誠心と結びつけたのだ。

だが、大正中期以後、契約と法の論理が社会を支配するようになり、村落共同体が解体されてからは、このような結合は不可能となる。共同体から市民社会的現実の中に投げ出された個々の民衆は、中間イデオローグの右翼的言説に導かれつつ、社会への疎外感からの解決を「天皇制共同体」の幻想に求めていく。天皇のもとではすべてが平等であり、国民は同じ共同体の一員である、それが実現していないのは大資本と「君側の奸」こと支配エリートがその私利私欲によりその実現を妨げているのだ。「昭和維新」運動のモチーフはここにあった。

そして、民衆の疎外感は「戦争」という極限状況の中にも、新たな共同体を見出していた。渡辺はそのことを最もよく表した作品として、火野葦平の『土と兵隊』『麦と兵隊』を挙げている。『土と兵隊』では、分隊長である火野は、戦地に向かう船中、一三人の兵士の生命を預かる意味について思いを巡らせる。「日常の凡庸なる生活に於ては、自分自身を自由にすらすることができず、まして他人を自由にし、殊に死の中に進ませ得るものを一人として所持することは至難のことだ。しかし、今自分は一三人の部下を持ち、彼らを自由に死地に投じ得る立場になった。「私はあまりの事の重大さに、何か恐ろしく、愕然するとともに（中略）嘗て想像もしていなかった（中略）一つの新しい生活の方法が倏忽《しゅくこつ》として身内に自覚されたのである」（火野葦平『土と兵隊』）。

渡辺はこの言葉を「戦時中に日本人によって書かれた戦争に関するもっとも深い考察」と記している。火野は市民社会において、真の意味で自由にはなりえず、また所属する共同体をも見いだせない個々人が、軍隊と戦場という「民族共同体的人間関係」に投げ込まれたことの衝撃を語っているのだ。そして、火野は戦場には、何かしら自分の生命、家庭、社会的地位を棄てても悔いのないものがあることを見出す。多くの生命が戦場では失われた。しかし「兵隊は、人間の抱く凡庸な思想を乗り超えた。死をも乗り超えた」。火野は、兵隊たちは「ひとつの大いなる高き力に身を委ねたのだと信ずることによって、市民社会から超越した死の価値を戦場に見出している。火野はさらに次のように記した。「私が兵隊と共に死の中に飛び込んでゆく。兵隊に先んじて死を超える。その一つの行為のみが一切を解決することが判った。私達は弾丸と泥濘の戦場において最も堅確に結ばれた」。

渡辺は、火野がたどり着いた結論を「死は兵士にとって絶対的な平等であるために、戦闘集団では市民社会では存在することが不可能なある種の共同体が実現される」と読み解き、日本民衆が一五年戦争を黙々として支持したのは「市民社会的現実からたえず剥離してゆく自分たちの欲求を戦争が満たしてくれる」という幻想があったからだと指摘する。まさにドストエフスキイが言う「戦争は戦闘に際し衆人を平等にする」という、死の共同幻想が民衆を引き付けたのだ。

「誤解を恐れずに断定すれば、戦争へとなだれうつ基層生活民の欲求は、彼らのあらゆる欲求のなかで最も本質的に人間らしい美しい欲求であった。ただ彼らはそれを政治的に表現しようとするとき、中間イデオローグの媒介と収奪をまぬかれることができなかった。近代天皇制国家は、支配エリートが天皇制イデオロギーを基層生活民になげかけ、それに基づいて培養された基層生活民の天皇制的共同体幻想が中間イデオローグに思想的発条を提供し、中間イデオローグはそれを右翼ナショナリズムのイデオロギーに変形して支配エリートを脅迫するという、基本的円環が存在した」（「戦争と基層民」『日本近代の逆説』所収）

ジョゼフ・グルーと文明の衝突

実はこの構図を無意識のうちに見抜いていたのは、当時日本大使を務めていたジョゼフ・グルーである。渡辺京二は一九七六年『暗河』の春・夏・秋号に連載された「昭和の逆説」（後に『日本近代の逆説』収録）にて、グルーの著書『滞日十年』（ちくま文庫）を分析しつつ、日本と欧米諸国との戦前の対立を、双方の「文明の衝突」として分析している。

グルーはこの回顧録で、日本の親欧米的な支配階級の開明的な理性に感銘を受けているが、最も深い讃嘆を禁じ得なかったのは斉藤実と牧野伸顕だった。グルーは二・二六事件の前日、斎藤実夫妻を米大使館に招き、夫妻はそこで『ノーティ・マリエッタ（『浮かれ姫君』）』というトーキー映画を鑑賞している。この可憐な恋物語に斉藤夫妻はいたく心打たれ全編を鑑賞、午後一一時半に大使館を辞去した。斉藤が斬殺されたのはこの数時間後であるが、夫人は夫を守って機関銃の銃口を手でふさぎ、傷を負って倒れるまでは動かなかった。二・二六事件で犠牲になった人々の多くはこのような人たちだったのだ。

グルーの眼には、戦前の日本は二つの全く異なる貌を持っていた。一つの貌は、天皇と重臣に代表される親欧米的日本（支配エリート層）で、人間的品位と理性を備えている。もう一つは軍部とそれを熱狂的に支持する薄気味悪い日本の大衆（中間イデオローグと基層生活民）であり、グルーには、彼らは欲望と情動によって暴走する異常な存在にしか見えなかった。渡辺京二は『滞日十年』の主題を「世界的観点からみれば普遍的な存在である前者の日本が、同じく世界的観点から見て特殊局地的である後者の日本の暴走」についに敗北する過程と読み取った。

戦後、特に左派知識人はグルーの視点を否定した。軍部とエリート支配層は、アジアへの侵略、特に満州の領有を肯定していた点では基本的に同じ穴のむじなだとみなしたのだ。しかし、渡辺は、当時の日本の国内状況を見れば、満州への進出とそこでの既得権益の擁護は「この国がもし革命という選択肢を選ぶことを好まないのならば」唯一の選択肢だったことを指摘する。西園寺、斉藤、木戸、牧野ら「重臣ブロック」も、石原莞爾のような軍部急進派も、植民地体制を維持しつつ、満州の権益を防衛し更に拡大するしか選択肢はないという点では同じだった。両派の違いは、国際協調的にワシントン体制を維持しつつ追求するか、それともワシントン体制を突き崩す政治的・軍事的冒険に踏み切るかだった。

グルーも、日本の中国大陸への進出についてはむしろ同情的であり、グルーが批判したのは、日本がワシントン体制のルールの上でそれをやろうとしないことだった。この意味で、グルーが最も評価したのは幣原喜重郎外交である。

幣原は、人間は情や義理に縛られぬ独立独行の人格であるべきだと考えており、社会とは、そのような独立的人格が、契約にもとづく合理的なルールによって己の欲求を闘わせ、法律に基づいてお互いの妥協点を見出すべき場であった。渡辺はこれを「著しくアングロサクソン的」な思考とみなす。幣原にとって外交も社会と同様、各国がルールを守りつつ国益を争い、最終的には妥協点を探すべきものであった。この立場からすれば、ワシントン体制下の国際条約を尊重することは外交上の常識であった。

しかし、幣原の最大の弱点は、余りにも「内政に無関心」（外交官森島守人）だったことである。満州事変後、事態を収拾しようとした幣原の手足を縛ったのは、何よりも大陸進出を訴える民衆の声だった。渡辺は臼井勝美の『満州事変』を引用し、従来満州問題に無関心だったはずの一般民衆が、日清日露戦争当時の状況を彷彿させるほどの「国論の極端化」による「由々しき事態を想起するの危険性」（いずれも幣原自身の言葉）を呈したことに触れたのちに、幣原外交の挫折を次のように論じている。

幣原にとって、無知な軍人やそれに煽られた感情的な世論など「一顧にもあたいせぬ愚劣な動向」に過ぎず、国際政治の前にそんなものは無意味だと確信していた。だからこそ幣原は「内政に無関心」だったのだ。しかしこの時、民衆の激高は、幣原の確信を突き崩す。「幣原外交はそれを継続しようとすれば国内革命に直面せざるをえなかったのである」

「彼ら（幣原のみならず社会エリート層：三浦注）は基層社会の底辺から噴出する欲求が、軍部や右翼イデオローグの誘導によって排外的ナショナリズムの仮装をまとったとき、これを理解するすべも、これに語りかける言葉も知らなかったのである。（中略）幣原外交はグルーの論理的推断に反して、かくして存在不可能だったのである」（「昭和の逆説」『日本近代の逆説』所収）

そして、グルーの論理は当時の「国際法」的には正当なものであったにせよ、日本人には偽善としか映らなかった。グルーは、日本の大陸進出を批判するアメリカに対し、アメリカもパナマ干渉や米西戦争では、露骨な干渉や侵略を行なったではないかという日本側からの反論に対し、次のように答えている。確かに、アメリカがかつてパナマ干渉において行った政策と、日本の満州での政策には共通性がある。しかし、パナマ干渉は三〇年前（一九〇三年）のことであり、その時は、アメリカの行動を阻止する国際法も協定も存在しなかった。それゆえに、当時のアメリカの行動は免罪され、協定の存在する現在においては、日本の行為は許されないというのがグルーの論理であった。幣原ならば理解したこの論理は、当時の日本人には詭弁でしかなかったと渡辺は指摘する。

この「ルールが存在していない場合は侵略も許され、それを禁ずるルールが存在して以後は許されない」という論理の根本にある発想の本質を、日本側は誤解した、あるいは理解できなかったのだ。法律や契約は常に自国にとって都合の良い方向に解釈され、時にはその裏をかこうとすることにおいて、日本も欧米も何ら変わりはない。しかし、そこには根本的な相違点がある。欧米は、確かに法や契約の裏をかこうとするし、時には極めて偽善的にふるまうが、それは彼らが法や契約の意義を信じていないからではない。「逆にそれを市民社会存立の根本条件と信じればこそ、ルールを前提とするそのようなゲームが成り立つ」のだ。国際社会においても同様である。「極言すれば法や契約の裏をかき、それを自己に有利に解釈しようとする」行為は「ゲームを律するルールへの彼らの揺るがぬ信頼の表現なのである」。しかし、当時の日本人はそのようには考えなかった。日本人は、時代によって簡単に変遷し、解釈によっていくらでも変わるルール自体を、欺瞞の体系とみなした。そして、この発想が、自分たちの信頼するルールへの全否定として、欧米社会にどれほどの憤激をもたらすかも、日本人にはどうしても理解できなかったのだ。

「日本人の眼からすれば国際的なそれもふくめて市民社会における法と契約とは、たしかに現世の利害にまつわる取引を規制してはいるが、いったん人間の良心ないし徳性や、人間の真実と善に対する永遠の観念に照らすならば、いつ何どき破り棄ててもかまわないような、あるいは破り棄てることこそが道徳的勇気であるような擬制にすぎなかった」（「昭和の逆説」『日本近代の逆説』所収）

この感覚は今も実は、アジアの子である日本人には宿り続けている感覚ではないだろうか。渡辺はフリッツ・ケルンの言葉を引き、ヨーロッパにおいても前近代社会においては、法とは「倫理的感情、人類秩序全体の精神的基礎、善そのもの」を含むものと考えられていたことを指摘する。ここに言う「法」とは「神」に近いものだ。渡辺京二は、天皇が「神」として、すべての国民と社会矛盾を救済する対象として立ち現れたことの意味を、市民社会の論理を拒絶し、戦争のような極限状態にしか共同体の幻を見ることができなかった基層生活民の情念の反映と考えているのだ。ここには「天皇陛下万歳」を叫んで死地に赴いた兵士たちの心情にも、東京裁判における被告たちが欧米の論理を拒否したことにも通じる、わが日本近代史の根底を底流のように流れてきた「もうひとつのこの世」を求める反近代的ユートピアの精神がある。

大正デモクラシーにおける支配エリートや知識人たちは、軍の弾圧に屈したのではない。基層民の共同性への飢餓感および、政治・外交に法論理を超えた正義の実現を求める声に応えるすべがなかったことから、時代に対し無力にならざるを得なかったのだ。

そして、渡辺京二の日本近代史への読解は、現在において世界史的規模で再び重要な視点を提示している。全世界を覆い始めているポピュリズムに対し、いわゆるリベラル派がなぜ無力なのか。一見排外主義的に見える民衆の欲求に内在している民衆共同体の夢を理解せず、彼らを無知で蒙昧な存在、もしくは「教育・啓蒙」による改造の対象としかみなさないからである。その意味で、今世界は再び、擬制的な「リベラリズム」と市場優先のグローバリズムに対する「反動」的民衆の対立という図式が生まれつつある。

渡辺は「風土と反権力」（『日本近代の逆説』所収）という文章の中で、日本近代史においては「反権力の思想が、その基盤となるべき生活大衆から、文化的な特権とみなされる」「反権力の思想を抱くということが、そのまま民族を裏切ることになる」深刻な分裂を生じてきたと述べた。「反権力」を「リベラリズム」と読み替えれば、この現象が、先進国の多くを覆いつつあるように思える現在、渡辺京二の昭和史論は世界的規模で再読されるべき思想的問題を予言していたと思えてならない。

第十六章　地方の消失と辺境の解体

地方同人誌の読解を通じた状況論

渡辺京二が一連の「右翼」と称された人々の思想の読解を通じて、日本近代史における民衆精神を探求していた一九七〇年代半ば、現実の日本社会では、この国が明治維新以後選択した社会の近代化が極限まで推し進められていた。渡辺が一九七六年四月から一九八〇年七月まで、西日本新聞に連載した同人誌月評をまとめ、巻末に書き下ろし評論を付記、一九八〇年一一月葦書房から刊行された『地方という鏡』には、この過程における生活者意識の変貌が鮮明に記録されている。本書と、『暗河』一九八〇年春号に掲載された「始原と遺制」（後に『荒野に立つ虹』所収）は、この時期に、渡辺がどこに思想の拠点を求めたかを知る上で重要な評論となった。

『地方という鏡』において、渡辺は従来新人発掘か、もしくは採点評に過ぎなかった同人誌評を、戦後市民社会における大衆社会の本質的な変貌の表れとして読み解くとともに、さらには「地方」

という概念の解体と再生というテーマを見出しているのだ。

「文学が戦後市民社会のただなかへ降りて来たということは、即、戦後市民社会がそれだけの成熟に達したということである。『地方』とは何を写す鏡であったのか。正にその成熟を写す鏡であったので、つまり私にとって『地方』とは普遍、基底にみなぎるものの異称だったのである」（「地方という鏡　自注」『五〇冊の本』一九八一年三月号、のちに『渡辺京二論集成Ⅳ　隠れた小径』に収録）

渡辺は地方同人誌を読む中で「かつては想像もされなかったような非常な人数の人びとが、いっせいに小説を書き出している」（『地方という鏡』）ことを見出した。渡辺はこれらの「素人小説」を軽んじているのではない。山中皓尚の『天国』を取り上げ「素人の小説の典型」としながら、この作品には従来の同人誌の秀作が束になってもかなわないような、原基的な小説の面白さがあると認めている。

この小説の粗筋は、古鉄商をやっている「ややぐずな人間」を、腕に入れ墨をしているような「半端ものの土工」たちが盛り立てて、自分たちの「組」を作り上げる物語である。渡辺はこの小説の魅力を「日本人の心奥深くひそんでいるユートピア」が、何の衒いもなく「大人の童話」として描かれていることに見る。主人公には愚図のわりには、他人が思わずかつぎたくなるような人徳があり、彼の周囲には同じどん底仲間が集まってくる。そこには親分子分とは異なる平等な労働集団が作られ、最後には地元の造船所に出入りする人夫の組を結成、主人公は親方に祭り上げられていく。

おそらくこの小説世界は、例えば山本周五郎のそれと近いだろう。だが、周五郎が義理人情あふれる共同体を描くとき、同時に作家の視点はこの世界が「夢」でしかないことを理解している。だがこの作品には、そのような外部からの視点はない。その夢が何の技巧もなく、所与の自然の如く語られていることが「新しさ」であり、それこそが時代の反映なのだ。

「素人小説」のもう一つの例として、渡辺は谷まさこの「吟狂記」を挙げる。この作品では、主人公と作者が全く分離していない。内容は町内の出来事、縁者たちをめぐる小事件、詩吟の会でのてんやわんやが主題となる。詩吟の会は主人公の生きがいなのだが、そこで指導者から悪い評点をつけられた恨みと、その恨みを晴らす経緯を、作家は延々と語り続ける。「作家の個性がその生活人的個性とぴったり等置されるという、由々しい事態」が起きているのだと渡辺は驚きを隠さない。

渡辺は、これを従来の私小説とは全く違うものだとみなした。近代の私小説作家が己の恨みや煩悩を描くときには、人間がここまで裸になれるという誇示や、愚かしい繰り言に仲間の文人や読者が眉をひそめるのを見て快感を覚える、屈折した心理が存在した。そこには生活人とは位相の違う作家の主体があったのである。しかし、この作家には作者的主体など存在しない。彼女は職場での同僚との会話や、井戸端会議と同じ姿勢で小説を書いている。

このことを渡辺京二は、戦後大衆が、文学の世界にはじめて登場したこと、それは「近代文学の聖域の崩壊」であると同時に、大衆のひとりひとりが「中流」化した、この国始まって以来の現象の反映とみた。それは「ふつうの日本人の意識が生活基底から浮上して、文化的に加工された情報の世界に上昇したこと」を意味する。

先駆的な大衆社会論と「地方」の解体

渡辺は、人間の生活を「一つの情報系」とみなす。一次的な情報系とは、今はどんな魚が取れる時期だとか、冠婚葬祭の際はどのようにふるまうべきかといった、生活の基底に属する情報である。二次的な情報とは、それとは直接かかわりのない、文化的に加工された情報である。戦後の資本主義社会、消費文明に向かう社会が無意識のうちに目指したことは、この一次的な情報系の中に生きていた戦前的な大衆を、文化的な二次的情報の中に引き上げることだった。その結果生まれたのは「一次的世界と二次的世界が全面的に混淆した戦後大衆の幻覚的世界」である。渡辺のこの言葉は、日本のいわゆる「大衆社会化」現象についての最も早い段階での批判的考察であった。どこまでが自己の生のリアリティでありどこまでが虚構なのか見分けのつかなくなった人々が、自己の膨れ上がった内面を表出したいという思いに駆られたとき、その手本となったのはテレビドラマと週刊誌、そして中間小説だった。古典的な芸術意識と、個的な表現主体は解体され、市民社会で認知された諸価値をめぐる「ふつうの人間の関心」を表出する戦後的様式が同人誌小説として生まれてきた。

もう一つ重要なことは、この時期、東京（もしくは京都、大阪）対地方という歴史的な対立構造が、全国的な都市化と均質化、そして中流化の中でほぼ解体されたことである。かつて日本の歴史において「都」であった京都、秀吉時代の大阪、そして現在の東京は、単なる政治文化と中心地ではなく、「一国を光被する精神的光源」であった。すでに死語となったかに思える「都と鄙」の関係がそこにはあった。都は価値ある生の発生源であり、ほかのすべての都市と地方は「田舎」として序列化されていく。少なくともそのような幻想が支配していたのが日本の前近代までの歴史であった。しかし、今やそのような構造は存在しない。近代化、さらに言えば資本制市民社会化とは、そのような上下関係を「平等」にし、それによって社会を均質化してしまう。

この流れに抗し「地方的特色」を守ろうとする発想には渡辺は意義を認めない。閉鎖された文化圏が統合されていくことは、人類史の文明の必然である。渡辺は地方と都会の対立を思想めかして語り、「辺境」に日本近代資本制の重積した圧力と矛盾を見出そうとする井上光晴流の視点は、すでに根拠を失ったとみなした。

しかし、渡辺は全く新しい視点から〈地方〉の意味を再構築しようとする。地域的差異による地方、東京との対立における地方が消失したということは、資本制の把握力が完全に地方にいきわたったことを意味する。しかし、だからこそ、資本制が決して支配することができない領域こそが、「地方」として残りうるのだと、渡辺は〈思想としての地方〉を定義する。

「地方を消失させ均質化させた一九八〇年代の日本」という概念は、個々の人間にとっては観念の構成物にすぎない。確かに「そういう世界はひとつの文化的構築としてわれわれの日常に上からかぶさって」いる。しかし、それは決して個々人の生の実質ではない。個にとっての生とは、自分を中心とする自然、家族、友人、同業者などを特定の界域とする小宇宙であると渡辺は言う。人間は、「何々市」という抽象的な概念に住んでいるのではない。家庭、職場、行きつけの店、必ず歩む道路といった、具体的な日常空間の中に生きている。一見あたりまえのことを語っているかにみえるが、これは全国の均質化という時代の必然に対する最後の砦をどこに置くかという問題なのだ。

「ひとりひとりの個の生は、こういう私化された自然とおなじく私化された人間関係の圏として存在している」「そして思想とは文学とはつねに、個的な日常の基底から、そのうえにそびえ立つ文化的観念的構築を批判するいとなみである」（『地方という鏡』）

〈地方〉とは「世界あるいは国家という抽象を解除した時に見えてくる個の日常的生」として再規定される。この地点に立つとき、同人誌の「素人小説」は、現実の彼らの日常を描いてはいるが、ここで言う「世界の基底としての日常」が表出されることはないと渡辺は指摘する。『地方という鏡』は、次の一文で結ばれている。

「生活者は、生活者のままではけっして、そういう基底の表現には到達しないのである。地方の解体は、〈地方〉という課題がじつは〈世界〉の基底を問う課題なのだと私たちに教える。この課題に立ち向かう試みこそ、地方の思想と文学のひとすじの光である」（『地方という鏡』）

この視点は、一九八八年に渡辺京二が自ら翻訳した、イヴァン・イリイチの著書『コンヴィヴィアリティのための道具』に直結するが、そのことは後の章で触れる。『地方という鏡』の同時期に書かれたアレホ・カルペンティエール論にも、この「地方」の問題は別の視点から掘り下げられている。

回帰する人類史的時間

『暗河』第二六号（一九八〇年三月号）に掲載された「始原と遺制―カルペンティエール覚え書」（『荒野に立つ虹』所収）は、この特異な南アメリカ文学者を論じつつ『地方という鏡』のテーマをさらに追求した論考である。渡辺京二は、カルペンティエールの文学としての面白さと、この作家の問題意識を評価した上で、その限界も指摘しているが、それは七〇年代後期から八〇年代にかけ、資本主義化の進む中、日本左翼の一部が最後の基盤としてすがりついた「第三世界民族解放闘争論」「辺境論（世界の辺境にこそ社会変革と革命の基盤があるとする論理）」に対する適切な批判ともなっている。

カルペンティエールは一九〇四年に生まれ、若き日はパリでシュールレアリスム運動の影響を受けるが、後にはそれを否定、ラテン・アメリカの現実の中にこそ「現実の驚異的なもの」が見出せるという、ある種の辺境主義の立場から『消えた足跡』を生み出した。

『消えた足跡』の筋立ては「北米大陸の大都会にすむ音楽家が、原始楽器の探索のためヴェネズエラの奥地に入り込み、そこに遺存するスペイン人植民官の中世的時間や、インディオの古代的時間の中に、現代文明に汚染されない生と芸術的創造の始原を見出す」というものである。カルペンティエールが主人公の情婦ムーチェを通じて描く、芸術的前衛主義への批判は、彼自身の前半生に対する自己批判に根ざしており、強い説得力がある。しかし、前近代の世界観が根付く辺境の文化を称賛する部分には、魅力と同時に作者の思想的限界があらわになっている。主人公は、都市から遠く離れた奥地の人々の間には「ある種のアニミズム、古い伝統に対する意識、彼ら独自の神話」が生き生きと根付いており、それは現代文明よりも優れた精神世界だと感動する。

この種の現代文明批判を、渡辺京二は七〇年代を先取りしたものだと認めた上で、このような議論は人類文明の発生以来、繰り返されて来た古い構図にすぎないと見抜いた。文明とは自然との距離を取ることであり、自然を人間化して作り変えることである。文明はその発展段階に於いて、常に、より自然との距離が近く、また自然がより「非人間的」、つまり自然そのものであった先行の時代を否定し、超えていかざるを得ない。後者の立場から前者の立場を嘆くことはいつの時代でも容易なのだ。

同時に、文明の発展を逆に戻そうとする「自然への回帰」は常に破産することが歴史的に検証済みであり、どんなに困難であろうと、「文明をさらに質的に高度化することによって始原的素樸を実現するほかはない」のだ。それは過去と現在の文明の弁証法的な「止揚」にほかならない。「過去の幻影的な素樸への回帰も現段階の文明の量的な増大の追求も、止揚という課題からそれていることにおいて等しい。そしてこれは人類史という自然史の課題であるから、知を尽くして考え抜くと同時に、時をもちこたえなくてはならぬ」(「始原と遺制」『荒野に立つ虹』所収)

この言葉は、毛沢東の文化大革命、また第三世界「辺境」の文化や民族解放闘争に、現代を乗り越える思想的視点があると夢見た七〇年代反体制派知識人の幻想を暴くものだった。また、現代にまで続くエコロジー思想にしばしば見られる短絡的な反近代主義、またチベット密教などの古代宗教に人間の全体性の回復を安直に求める姿勢などへの根源的な批判として、現在もその力を失っていない。そして渡辺京二は、カルペンティエールの思想的限界を指摘した上で、彼の文学はこれらの群衆左翼理論家と違い、今も魅力を有していることも評価する。

『消えた足跡』における「わたしの旅は過去・現在・未来の概念をつき崩してしまった」という主人公の言葉を、渡辺京二は、南米文学の評者がしばしば誤読するような「前衛文学的技法」ではなく、この作家の現実的な時間・歴史的な時間についての一流の考察として読み取っていく。

『消えた足跡』の主人公は、辺境・周辺における時間のありかたを「ここでは、今西暦何年であるか知っている必要はなく、従って、人間が自分の属する時間に束縛されるという説は虚妄となり、そこでは〈石器時代〉〈中世〉〈ロマン主義時代〉などが依然として同時に存在する「超歴史的な時間」が存在していると説く。渡辺はこの言葉を受けて、柳田國男の「常民」という思想との類似性を次のように説明する。

「カルペンティエールがこの小説で表現したかったのは、必ずしも歴史的時間としての始原への回帰ではない。中央からすれば歴史的な遺制にすぎない時間と見えるものが、じつは生活民の常態的な超歴史的時間なのではないかというのが彼のいわんとするところで、（中略）過去→現在→未来と非可逆的に進歩する時間系列、現代文明の基軸となっている中央的時間構造に対して、過去・現在・未来を自由に溯行しうる周辺的な時間構造を対置し、同時にそれを、柳田学の語彙を借りれば常民的な時間とみなしているわけである」（「始原と遺制」『荒野に立つ虹』所収）

渡辺はカルペンティエールの思想の意義を認めた上で、さらに、決定的な批判を加えていく。周辺に存在する歴史的時間において、石器時代や中世が重層的に遺存しているとしても、それはあくまで現在の中央的時間、現代ならば資本制的時間との構造的な補完関係において周辺に存置される。同時に、周辺に存続している過去の時間とは、必ず「資本制の侵食作用」を受け変質しているのだ。どれほど周辺を探ろうとも、そこにあるものは歴史的古層そのものではない。古層が現在に支配・変形され、その上で存続を許されている階層関係にすぎない。渡辺はこの原則的視点から、地方・周辺的想像力が陥りやすい「歴史を超越した常民的時間」への幻想を否定した。

私達は、〈地方〉に足を踏み入れた時、『消えた足跡』の主人公同様、「自分が生きている世界が中央の現在的時間とともに」「時間の様ざまな古層を共存させている」ことに、呆然とすることもある。確かに人類史においては、時間はただ過去を消去するものではなく、時間は残存し、共在し、重合、つまり重層的に集積されるものであるはずで、それが人類史の豊かさを保証していた。

しかし、近世までは遺制的時間、つまり過去の時間の流れは現在的時間と融和していたが、近代資本制においては、中央の現在的時間が、それ以前の遺存的時間を周辺に追いやり、それを階層的に従属させてしまうのだ。分離され周辺に追放された時間は、凝固し、腐朽することを避けられない。だからこそ、カルペンティエール的にその姿を美化するのではなく、周辺への意識の旅において、私たちはその腐朽した時間を、自己の内面で賦活させ、それを集積として自己に組み入れなければならないのだ。

渡辺はこの論考の最終部で、この集積された時間は、資本制的現在によって支配されていると同時に、逆に現在を規制する力を持ちうる可能性を示唆する。

「人類の時間は回帰する。なぜならそれは人類の本質に根ざしているのだから。ただその回帰はけっして同一平面上では起らない。過去は射影として未来と同一座標に重なるだけである。〈地方〉はそういう射影として、つまり人類の時間的な富としてこの現在の中で生きている」(「始原と遺制」『荒野に立つ虹』所収)

渡辺京二がこのように書いた直後から、時代はポストモダン文化が興隆する八〇年代を迎えた。一切の歴史と価値を相対化するこの思潮に対し、渡辺は人類史の「時間的富」を守り抜こうとする思想家たち、石牟礼道子、ソルジェニーツィン、パステルナーク、ローレンツ、そしてイリイチらとともに戦い続けた。そして同時期、渡辺京二は熊本の真宗寺住職、佐藤秀人と出会う。次章からは八〇年代の渡辺の孤独な思想の歩みが、ポストモダンの陥穽を正確に批判していたかを読み取っていくことになる。

第十七章　なぜいま人類史か（1）——師、佐藤秀人との出会い

時代への拒絶と沈黙への道

一九八一年から、渡辺京二は河合塾福岡校で教え始める。「生涯初めて生活が安定したところだった」と渡辺は語っている。さらに、八二年から熊本短期大学で「日本文化論・西洋文化論」の講座を持ち、そこでの講義は後の諸著作に生かされることになる。だが、この八〇年代という時代は、渡辺にとって、時代に対するどうしようもない拒否感が強まっていた時代だった。八〇年代後半から九〇年代前半までは完全に沈黙を守っている。

渡辺は沈黙の理由を明言してはいないが、一九八三年に出版された『ことばの射程』（葦書房）には、マスメディアやジャーナリズムの場でものを書くことへの嫌悪感が明らかに行間に表われている。本書は、毎日新聞西部版に一九七九年から八二年にかけて月一回連載された文章を中心にまとめられたものだが、大別して二つのテーマが論じられている。

一つは、渡辺がこれまで生活費の為に行なってきた英語塾、そして予備校において接してきた受験生たちとの交流を通じての時代論である。最も印象的なのは、彼らの「小論文」のテーマとして渡辺自身の文章が出題され、その内容を彼らが全く読み取ることができなかったエピソードだ。これは単なる読解力の不足ではなく、日本の近代化が完全に完了し、資本主義の論理と感性が内面にいきわたることによって、前近代的な価値観を全く理解し得ない世代が登場したことを意味していた。渡辺は若者たちの功利主義と快楽主義を、はっきりと「戯画的民主主義」と呼んだ。これこそが、戦後民主主義が最終的に生み出した感性だった。

そして、渡辺はこれを否定的にとらえるだけではなく、ここにこそ「近代の強さ」「資本制システムの強さ」が起ち現れたことを見抜いた。一九八四年、渡辺はそれまではかろうじてかかわりを維持していた水俣病闘争と絶縁する。時代の変化を理解できず、旧態依然の左翼的言説に依存する運動にもはや意義は見いだせなくなった。

もう一つこの連載で強調されたのは、この資本主義化はついに文学の世界をも支配したことである。渡辺は文学の面白さ、エンターテイメント性をむしろ肯定するひとである。しかし、「文学」と「商品」とをはっきり峻別し、作家の譲りがたい個が作品に内在されていない限り、娯楽作品としても決して心に響くものにはならないと信ずる人でもあった。この連載では、文章がコピーライターそのものの五木寛之、また「大家」とされていた松本清張、有吉佐和子、井上靖らの作品が、文学として内実の薄いものとして批判されている。その背景として、文学が商品化し、批評が広告化している現状も「戯画的民主主義」の現れなのだった。

マスメディアの一番の問題は報道の偏向でもなければペンの暴力でもない。このような商品化(そして政治においても、世論という「消費者」向けのポピュリズム化)に対する抵抗能力を、マスメディアが構造的に持ちえない点にある。マスメディア自体が高度資本主義の産物である以上、商品化を拒絶することは自己否定である。もちろん、渡辺にこのような言説を書く場を与えた当時の毎日新聞は、担当編集者とともに評価されてよい。しかし、渡辺京二は、「商品」としてしか文学も批評も存在しなくなった場面でものを書くことに、日々矛盾を感じていたのだ。

これは「師」吉本隆明が、高度資本主義社会の訪れを、大衆に幸福と解放をもたらし、新たなサブカルチャーを生み出すものとして積極的に評価し『マス・イメージ論』を発表、深く状況と文化に好意的にコミットしていたのと真逆の姿勢だった。渡辺京二が、完全に吉本隆明の影響を離れて、独自の思想的道程を歩み始めたのもこの時期だったと思われる。

マルクス共同体論と新たな思想的旅立ち

一九八〇年九月から、渡辺は月一回、福岡にて葦書房主催の公開講義を行っている。約二年間続いた講義のうち、一九八〇年一二月「共同体論の課題」八一年一月「外国人が観た幕末維新」二月「明治維新をめぐる考察」の三回の講演会が、後に講演集『なぜいま人類史か』に収められることになった。渡辺にとって初めての講演集となったこの著作は、後述する同書に収められた表題講演「なぜいま人類史か」を筆頭に、渡辺京二による「反時代的考察」の書である。本章では「共同体論の課題」と「外国人が観た幕末維新」の二つについて触れたい。

「共同体論の課題」は、マルクスの『資本主義に先行する生産の諸形態』についての、渡辺の独自の読み込みによって始まる。

マルクスの言う「アジア的共同体」は、古代中国のいわゆる鼓腹撃壌の社会である。マルクスによれば、この社会では帝王的権力が一切の土地、人民の所有者であるが、実際には土地は共同体が保有するという二重の関係になっており、その共同体においても私有という概念はない。渡辺はマルクスが、アジアでは国家の専制権力とは無関係のところに強固な共同体が存在していることを理解していたことを評価する。「『アジア的共同体』においては、権力を上級に疎外してしまって、下の方ではいわゆる東洋的な『無』という一つの平和協定が提出される」(「共同体論の課題」)のだ。

続いて古典古代的共同体、つまりギリシャ・ローマ的共同体を、マルクスは戦士共同体、軍事共同体として定義していると渡辺は読む。この共同体は、土地を他民族との抗争から守らねばならず、共同体の事業は戦争となる。共同体同士の戦争に勝利すれば、勝者は奪取した土地を占有し、敗北した共同体民を奴隷化する。占有した土地は公有地として共同体民はそれを借り出し、捕虜である奴隷を使って開拓する。

つまり、アジア的共同体は、国家権力は民衆から上級に疎外された形で存在し、ギリシャ・ローマ的共同体では、共同体がそのまま国家を創出する。だからこそ、ギリシャ・ローマにおいては共同体民は共同体を防衛、または拡大するための戦争に出征することが義務付けられ、愛国心が強調され、自らの属する共同体のために命をささげる意識を持つ。

北一輝が、明治維新によって実現した大日本帝国を「国家＝共同体」の戦士共同体とみなした姿勢が、ある意味マルクスの思想と地続きであることがわかる。北は大日本帝国を「公民国家」ととらえ、戦士共同体としての国家を夢見たからこそ、アジア全土を制覇する侵略戦争を目指さねばならなかったのだ。渡辺はこれは北だけの錯誤ではなく、国家即共同体という理念は、欧米帝国主義の正当化にも使われたことを指摘している。北の錯誤は、そのまま近代の錯誤に他ならなかった。

そして最後に定義された「ゲルマン共同体」は、渡辺も指摘するように、マルクスが挙げた三つの共同体論の中でもっとも根拠の弱いものである。マルクスは前二者とは異なり、国家、官僚、常備軍などを必要としない共同体として、古代ゲルマン民族の民会を中心とした共同体を定義しようとしたが、これは歴史的にはおそらく成り立たない。

そして結論部に、渡辺は北一輝とは対照的な右翼思想家、権藤成卿を挙げている。権藤は日本の農村共同体の自治を「社稷」として高く評価し、近代国家や官僚制度を批判した。もちろんその共同体は、マルクスの言うアジア的な専制権力を裏から支える存在でしかない。しかし権力からも政治からもどこまでも遠いところにこそ「平和な世界」「桃源郷」が存在するという意識は、今も私たちをどこか魅惑してやまない。

しかし、もしアジア的共同体や日本の前近代社会が本当に桃源郷であったのなら、私たちはそこに安住していればよかったのだ。西欧近代を知った青年たちが、大挙してその共同体から脱出したのは、そこにどうすることもできない停滞と桎梏を感じたからである。そのような歴史を踏まえて、渡辺は次のように「共同体の終わり」について述べている。

「そしてまた、人類はすでに共同体から離脱したのです。人間というものを宇宙の中に神話的に位置付けて、一つの秩序をもった共同的な関係にしばりつけた、そういう期間はもう過ぎ去ったわけであります」

「かつての共同的な了解の世界というのは、人間の心の中の一つの憧憬として、ある時に血みどろな情念としてなお存在し続けている。そういうものを、どう人間のあり方として再建していけるのか」（「共同体論の課題」『なぜいま人類史か』所収）

そして渡辺京二は、近代的な個を個として持ちこたえつつ「人類史を歴史的につかみ直して、共同性の歴史的根拠をさぐるという仕事」を、これからの思想的課題として示唆して講演を終えている。このテーマは九〇年代から渡辺京二の前近代史をたどる道程を予見したものとなった。

江戸時代と近代の激突

続く講演「外国人が観た幕末維新」は、後の『逝きし世の面影』と同じく、幕末維新時に来日した外国人たちの日本への印象を取り上げている。しかし、ここでは独立した論考として本講演を取り上げる。

ハリス、ゴンチャロフ、オールコックなど、日本を訪れた西欧人はほとんど、日本人の優秀さ、親切さ、清潔さなどを評価している。だが同時に「日本人は嘘つきである」とも批判してもいるのだ。

この言葉を渡辺はさらに考察していく。前近代社会、隣近所がすべて知り合いであるような空間では、相手の申し出を断る時も、直接断るのではなく、様々な遠因を挙げ、言外に相手に悟らせていた。これを江戸幕府の役人は外交交渉の場でも行おうとし、様々な遠回しな理由を述べて交渉を長引かせた。これはハリスのような外交官からすると、嘘をつかれたとしか思えなかった。そして、日本人は物事を決定するときもできるだけ多数決などは取らず、根回しなどで全員一致をはかる。そこには契約の観念などはなく、仮に契約が結ばれても、それは様々な「人情」によりいつでも変更される。ハリス達は、日本では、自立した個人の間で結ばれる友情（つまり、共同体に属さない自由な人間同士の友情や交流）は成立しないと考えられた。

しかしそのハリス達も、日本の民衆が、天下泰平で幸福に暮らしていることを認めていた。ある人は「日本の下層階級は、世界のいずれの国のものよりも、大きな個人的な自由を享受」し「権利を認められている」とまで記している。

渡辺はこの理由を、やはりアジア的共同体の一面として分析する。確かに江戸時代の百姓・町人は、基本的な制約を守りさえすれば、あとは権力からはまったく「放ったらかされて」いる。欧米人は、権利を持つと同時に社会的な義務を負わされるが、そのようなものは全く日本民衆にはない。そこに外国人たちは、自分たちがすでに失ってしまった「幸福」を見出したのだ。

渡辺はここで興味深いエピソードとして、オールコックが幕府の役人に、どこそこに石炭の出る山がある、設備を近代的にしてもっと採掘してはどうかと説いた時の幕府側の反応を挙げている。「これは子々孫々日本人が使う財産であり、今生きている日本人だけのものではない。だから自分たちの時代だけで掘りつくすことは許されない」（「外国人が見た幕末維新」『なぜいま人類史か』所収）。

渡辺はこの思考は「資本制以前の社会の資源というものに対する考え方」であり、現代の環境問題で論じられる持続可能な社会という発想は、前近代社会では社会的常識だったことを指摘する。

「幕末の日本は完成し自足した一つの社会だったばかりではなく、それに適合するような経済観も備わっていた」(『外国人が観た幕末維新』『なぜいま人類史か』所収)。

だが、このような自足した社会は、近代とともに崩れていかざるを得ない。渡辺は、そのことを端的に表している例として、小説「オブローモフ」の著者でもあるゴンチャロフの日本認識を挙げる。ゴンチャロフが、日本人が美しい港である長崎も、その周囲の都市もほとんど開発・開拓しようとしない姿勢を批判している視点には、やはり近代が人類史を推進してきた力をも認めざるを得ない。「人間というのはやはり自分の潜在的な能力、自己の内に収められている能力だけではない、自分を取り巻いている世界の潜在能力というものを全部引っ張り出さなきゃいけない」。こう考えるところに、近代というものの「凄み」がある。これは文学や芸術においても同様で、西欧近代文学に見られる、人間の精神や想像力をどこまでも拡張していくような作品は江戸時代にはなかった。西洋人が、日本の美術品や装飾品を賛美しつつ、真の芸術作品はないと言っているのも、この文脈で理解しなければならないと、渡辺は「近代」の価値を正当に評価する。

にもかかわらず、多くの外国人は、一方で西欧の物質文明に対する日本をはじめアジアからの抵抗は、ヨーロッパ人の物質主義、世俗主義に対する反省を導くことも認めていた。渡辺京二はこの言葉を、まさに戦前の右翼やアジア主義者、さらには軍部が主張していた、ヨーロッパ物質文明への挑戦としてのアジアというスローガンと、全く同一のものだと指摘し評価する。

これは矛盾しているようにも見える。なぜなら、真の芸術や精神はヨーロッパ近代にこそあると思いつつ、同時に西欧は物質文明でありアジアや日本は精神文明であると語るのだから。しかし、渡辺は、これは矛盾ではなく、日本を訪れた外国人たちは十九世紀当時のバルザック文学等に明確に表現されたような、資本制社会の論理によって完全に支配されたヨーロッパの現状を、肌身で感じ取っていたからこその発言なのだと読み解いた。

ヨーロッパ近代は、確かに人間性を共同体から解放した。そこに人間精神の輝かしい開放があったからこそ、日本をはじめ多くのアジアはヨーロッパを憧憬したのだ。しかし、その解放がもたらした社会は、人間が人間にとって狼であるような競争とだましあいの世界、具体的には資本制と法律による、個の利害の調整機関という社会システムをもたらした。

「西欧的近代は光輝に満ちています。その光輝はアジアだって待望したのです。（中略）だが、その近代はいざ跳びついてみれば、光輝とともに、仰天せざるをえないような反人間的論理を内蔵していたわけです」（「外国人が観た幕末維新」『なぜいま人類史か』所収）

人間は近代というシステムに安住できる人間ではない、というテーマは、後に触れる講演「なぜいま人類史か」に明瞭に表れている。そして渡辺は、八〇年代という価値相対化の時代に、信仰者として全力で立ち向かった一人の僧侶と出会うことになった。

修羅の僧侶、佐藤秀人との出会い

佐藤秀人は一九一九年、熊本市に、真宗大谷派真宗寺住職佐藤英之の息子として生まれている。一九四八年、戦後の荒廃の時代に仏教青年会を結成、七〇年代以後、真宗寺は、家庭に問題を抱えた子供、自殺未遂の青年、いじめの被害者、非行少女などの駆け込み寺的存在になっていった。一九七七年、真宗寺が石牟礼道子を講師に招いたことから、渡辺京二も佐藤と縁が生まれ、一九八〇年一〇月から、月二回、日本近代史についての講義を寺で行うことになった。

佐藤の一般的なイメージは、僧侶であり社会教育者としての姿だろう。しかし、一九八八年に佐藤秀人が世を去って五年後の一九九三年、『大海』第五二号に掲載され、後に『未踏の野を過ぎて』に収録された「佐藤先生という人」には、この僧侶のラディカルな宗教者としての姿が描かれている。

佐藤秀人が常に唱えていたのは「己にめざめることが仏法である」ということであり、それは自己が一個の修羅であることを隠さないということだった。そして佐藤は「浄土真宗にはありがたいということはないんだ」と、教団としては異端になりかねない言葉も発している。渡辺は佐藤のこの言葉を、あらゆる安っぽい救済を説くことへの拒否であり、親鸞の本質もここにあるとした。

親鸞にとって、人間は己も含めて「絶対的な孤独と不信の中に生きている」救われない存在だった。絶対的な孤独と虚無に立ちすくみ、救済を求める心の嘆きがきわまった時に、すでにしてそこには救済が現前しているというのが、親鸞の悪人正機説という逆説的な信心のかなめだったと渡辺は述べ、それを佐藤秀人という一人の修羅としての宗教家から学んだと語る。この意味で、佐藤秀人は、渡辺京二にとって師となった。人間は救われない存在だからこそ「もうひとつのこの世」である幻の共同体を求めずにおれないことを、佐藤という信仰者はまさに体現していたのだろう。

「思えば晩年の先生の声明は、この国のなりゆきを憂える祈りの声であったのでしょう。（中略）その本体は生命の根源が涸れようとしている現代文明への深い危機感でもありました」

「この世には法、つまり真実というものはあります。『真実？　そんなものあるわけないだろう』

という風なしたり顔をするのが今日の知的なファッションでありますが、ファッションのレベルで浮き沈みしている輩はどうでもよろしいのです。そして真実がある以上、われわれはそれを求め、それにめざめねばなりません」（「佐藤先生という人」『未踏の野を過ぎて』所収）

この「真実」の存在を否定し、あらゆる価値の相対化を唱えるポストモダン思想に対し、渡辺は様々な「反動的思想家」の同志とともに、徹底した戦いを挑むことになる。

第十八章　なぜいま人類史か（2）——歴史主義の擁護とポストモダンとの闘い

歴史主義の擁護

八〇年代に日本の思想家でもてはやされたポストモダンという言葉も、既に古めかしいものとなっている。だが、渡辺京二にとって、この思想は一向に「新しい」ものではなく、近代から続く資本主義的「発展」の最終段階、もっと言えば近代の解体現象としか映らなかった。だが、渡辺はこのポストモダン思想、さらに言えば価値相対主義に対し、思想的に断固として戦いを挑んだ。

この「後期渡辺京二」の思想展開は、雑誌『暗河』第二七号（一九八〇年九月号）に掲載された「歴史主義の擁護」及び「アジアの子から見たマルクス」（朝日ジャーナル一九八三年三月一一日号、両論とも『荒野に立つ虹』所収）にて提示され、最終的には真宗寺で一九八六年一月二六日及び二月一六日に行なわれた講演「なぜいま人類史か」および八八年に長崎大学で行われた講演「ポストモダンの行方」（『荒野に立つ虹』所収）にて明確な形で結論付けられている。

「歴史主義の擁護」にて、渡辺はまず、英国史家バラクラフの歴史主義批判を引用する。バラクラフは人類史は（挫折を経つつも）「仮借ない論理をもって、より良き状態へ進歩してきた」という歴史主義を全面的に否定した。バラクラフは、世界の様々な文明は、アジアであれヨーロッパであれ、すべては等価であり、また各文明は、古代ギリシャがそうであったように、上昇と発展の後、停滞と下降、そして消滅という循環サイクルを取る。そこには進歩も歴史としての継続性もないと説いた。

渡辺は、このバラクラフの論は、第二次世界大戦により、これまで歴史主義と「進歩史観」を唱えてきたヨーロッパ文明の伝統が深い傷を負い、世界史の主役から転落しつつある現実を反映した、シュペングラー流の「西欧の没落」の現代版にすぎないとする。そしてバラクラフが古代ギリシャを持ち出し、ギリシャは古代の文化的栄光を再び取り戻すことはできず「ギリシャ史は続いてはいても終わった」とし、それを「ヨーロッパの死滅」と結びつける姿勢を、ある種の「天才史観」として明確に批判する。渡辺は「西欧のある種の知性にとっては、文明とは文化創造的な個性」つまり偉大な哲学者や思想家のみを指し「生き働きそして死んで」いく人々である「小さきもの」は目に入らないという、抜きがたい傲慢さを見出した。

渡辺は、当時軍事政権のもとで圧迫され、政治的にも文化的にも矮小な存在であるかに見える現代ギリシャ人は、実は古代人よりも「決定的に分化し展開した社会構造と意識構造に組み込まれ」かつ「数百倍も複雑で高度な生活実態を所有し」ている、その一点において古代人よりはるかに優位にあるのだと断定する。「千数百年のあいだ、〈歴史〉は彼らのあいだでもそれだけの仕事をやり遂げていたのだ」。この点は後のマルクスをめぐる論考で再考察することになる。

古代ギリシャのみならず、パプア人やアフリカ人の文明であれ、様々な文明は価値において等価だと考えるのは一つの見識である。しかし、渡辺は、いかなる文化文明であれ、そこに資本システムが侵入するときは、速やかな解体と同化が必ず起きるという事実を見逃してはならないとする。これは現在もおそらく未来も否定できない歴史の法則である。

渡辺京二は、資本システムの世界支配は、決してヨーロッパの侵略だけによるものではなく、このシステムが共同体から個を自由にしたからだと評価する。渡辺はこのことを的確に指摘する論考として、マルクスの手稿『資本主義的生産に先行する諸形態』を挙げた。

マルクスは、古代社会に代表される資本システムの外にある社会は、ブルジョアが支配し金銭が全てであるかに見える資本主義社会よりも、美しく高尚に映ることを認める。だが、そのブルジョア社会における「富」とは、「普遍的な交換によって作り出される個人の欲望・能力・享楽・生産力などの普遍性」であり、自然に対する人間の支配の発展であり、かつ人間の創造的資質の創出のたまものである。マルクスは人間が共同体から自由になることによって、全く新しい精神の段階に到達することを見抜いたのだ。渡辺はこのことを「アジアの子から見たマルクス」にて緻密に考察していく。

マルクスとアジア

渡辺京二は、今もなおマルクスの思想で有効なのは「人間がよりうまいものをたべ、より贅沢な家屋に住み」などの「自分の五官と自分の四肢を全面的に展開し、環境から最大限を収奪しようとするのは、人間に内蔵された必然の趨勢であるという彼（マルクス）の見地」であると断定した。そして、欲望を実現するための能力を拡大することは、必ずしも倫理的に正しいことをもたらすとは限らない。ヨーロッパの帝国主義支配はその典型である。この現実を超越し、人類史として意味づけるために、マルクスは弁証法を導入したのだと渡辺は考えた。

マルクスは、社会に現存するもの（つまり人間がその能力の拡大と欲望の拡大によって実現させたもの）は「悪あるいは醜と見えようとも、次の展開を準備する省略できぬ階梯」として、将来の自由と解放に向けて設定されていると考えたのだ。マルクスが、イギリスのインド侵略を結果的に肯定したのもこの視点からである。マルクスは、インドの前近代社会が東洋専制政治の基盤であり、人間精神を迷信や因習の奴隷としてきたことから、イギリスの「悪業」は歴史を前進させたとみなした。

ここにマルクスの西欧人的傲慢さを見ることはたやすい。しかし渡辺京二は、マルクスの意見は、人類史の先端をゆくものとして正論でもあることを認めている。それは、私たちが「後には戻せない」歴史をすでに体験してしまったという現実が証明している。

「彼（マルクス）が指弾するアジア人の精神的局限性と隷従性、受動性について、どのような弁護が可能だとしても、今日われわれのうち誰ひとり、ふたたびそのような状態に眠りこんでよいと考えるものはいない」

「マルクスにとって資本制的近代は、それを超える共同社会への省略できぬ階梯だったというにとどまらず、前近代に比して飛躍的な人間精神の跳躍であり、それ自体価値だったのである」（「ア

ジアの子マルクス」『荒野に立つ虹』所収）

渡辺は「歴史主義の擁護」「アジアの子から見たマルクス」の両論で、マルクスが、人間社会の始原に共同体を置き、その共同体が解体されて個人が創出される過程を、二度と後戻りできぬ歴史の自然過程とみなしたことの意義を繰り返し強調する。この過程を経たことにおいて、私たちは古代人の世界を超えているのだ。

渡辺はこの共同体の解体に抗するあらゆる反抗はむなしい敗北に終わったことを、歴史の事実として指摘する。「人類史の自然過程の帰結である資本制的近代」を「古き共同体的規定性の復権の方向で乗り越える」ことは不可能なのだ。しかし同時に渡辺は「アジアの子」である我々が乗り越えるべきマルクスの位置を次の文章で指し示している。

マルクス、そして西欧近代精神においては、自然は人間が対象化し、科学的に支配すべきものだった。しかし、我々アジアの民にとって「自然はそしてその中に生きるほかの生物たちは、人間にとっての操作すべき対象ではない。それはともに在るべきひとつの循環系」であった。自然を対象化した存在としてしまえは、我々の生は充実したものにはならなかったのだ。渡辺は現代においても「われわれの日常の言語化できぬ底部はそのような連続のなかに存在していないだろうか」と問いかける。

ここまで来て、ついに私たちは、渡辺京二の最も重要な二つの講演「なぜいま人類史か」「ポストモダンの行方」を読む地点にたどり着いた。

渡辺京二は講演「なぜいま人類史か」の中で、八〇年代の消費資本主義を、資本主義の最高の発展段階とみなしている。自由放任の資本主義も、またかつての帝国主義も、資本主義の本質ではなく過渡期的な現象に過ぎない。資本主義とは「それまで社会にエンベッドされていた（埋めこまれていた）経済が自立し」「伝統的社会を根こそぎ崩壊させた」のだ。そして資本主義は、社会を個人の恣意的な「自由」な空間に変えた。

これに対し、すでに古い階級闘争論が無効になった当時の左翼文化人は、高度資本主義は管理社会をもたらし、人間の本質的な自由を侵害すると批判した。しかし渡辺はそんな発想は全く的外れだと切り捨てる。管理社会とはとどのつまり経済的合理性が貫徹する社会であり、そこには福祉も含まれる。かつまた「商品のあくことなき生産流通によって駆動される資本制社会」でもある。これは個人の自由度を最大限に拡張するが、その自由の本質とは、かつての伝統社会には存在した道徳や戒律を否定した「法律に違反しない限り何をしてもいい」という自由である。

渡辺は、八〇年代の若者たちはこのような自由を大切なものとして受け入れ、管理体制は「自由のコスト」として割り切っているとみなした。これを渡辺は物理学の用語を借りて「ブラウン運動的自由社会」と呼ぶ。そして、この社会を実現するための地ならしをしてきたのは、一九世紀のフリーシンカー以来の「急進的知識人」たちの潮流である。フリーシンカーたちは、伝統的な制度・慣習・倫理をすべて個人を抑圧するものとみなし、そこからの解放こそが自由であると考えてきた。

だが結局、この思想がもたらしたものは、商品が自由に運動する資本主義的空間の中で、原子のブラウン運動のように個々人が恣意的にふるまう社会だったのである。

この結果、戦後社会に確実に残ったのは、価値相対主義、つまり規範の中性化による「自由」（法律による以外身体や行動を拘束されない自由）と、金銭を尺度にする福祉（戦前に存在したような絶対的な窮乏の喪失）という、完全に計量化しうる二つの概念だけが残ったと渡辺は見た。これは、あらゆる倫理思考的な当為を振り捨てることを意味する。この社会は、テクノロジーに支えられた一種のユートピアであり、渡辺はこれを「テクノトピア状況」と呼んだ。

その上で、渡辺京二は、この現代文明を、最終的には決して人間を幸福にしない文明として否定する。これについては「なぜいま人類史か」と同じテーマを扱った講演「ポストモダンの行方」において、微妙なニュアンスを込めて述べられている個所を引用する。

「どのような長所があろうと、人間の魂に平安あらしめることができないような文明は永続できないということが問題のかなめになってくると思います」

「人間は、自己が生きているということと、自己をして生かしめていく世界のあいだに、意味的な連関をうちたてないでは真に生きることができません。現代文明はどのような長所・能力をもっていようとも、この両者のあいだにもっとも敵対的な関係をもちこんだ文明です」（「なぜいま人類史か」『なぜいま人類史か』所収）

この「魂の平安」という誤解を招きかねない言葉について、渡辺は、かつて前近代の時代、人間は自然界のうちにおのれの生を意味づける物語を読み取ることができたことをまず触れる。近代の啓蒙主義と科学がそのような物語を解体するまで、天空や日月星辰、山河や樹木や草花、森羅万象は人間と共に生きる存在だった。そして、それとの呼応・照応のうちに、人間は一生の意味を納得することができた。

「自然界は人間にとって第一の他者であったのです。そしてこの第一の他者は自分より絶対的に広大深遠であり、その前に頭を垂れねばならぬ存在です」

「このような大いなる実在に照らされ媒介されてこそ、ひとりの修羅である自己は、もうひとりの修羅たる他者と関わることができるのです。それは我も人もともに、実在世界との対話のなかで、人間としてのもっとも崇高な感情を育くむことができたからなのです」（「ポストモダンの行方」『荒野に立つ虹』所収）

このような自然と己をつなぐコスモスを、近代は完全に滅ぼしてしまった。その代りに近代がもたらした価値は、市民的連帯、民族的一体感、階級の団結などのイデオロギーでしかない。それをはぎ取れば、コスモスとの交感を喪った人間は、根本的な他者への不信を抱きつつ、社会的秩序という約束事のうちに、ゲームのように自他の利害・欲求を調整して生きる功利的存在となるほかはない。

渡辺はここで「前近代の価値観や共同体への回帰」などというありがちな言説を持ち出しているのではない。「なぜいま人類史か」の冒頭で、渡辺は国木田独歩の小説『悪魔』を引用し、人間とはあらゆる社会的制約や日常性を離脱して、孤独のうちに自然と一体化する「天地生存」の境地と、政治、宗教、文化などを含むすべての制度の中で生きる「社会生存」としての存在の双方を生きねばならぬ存在であり、その間で引き裂かれることが人間の本質であると語っている。人間は「社会生存」の場である共同体をただ求め安住することのできる存在ではない。渡辺はこれを「人間は群れを求めるくせに、一方では群れから離れたい」という「離群」の強い衝動を持つと表現する。「私たちは『天地生存』的な充足を覚えつつ『社会生存』の実をとげることができないものであろうか。私たちは社会という制度から離れられないことを知っているくせに、離群という衝動にさいなまれずにはおれない。それから離れようとせずにすむ群れの構造というものは、この世にはないものであろうか。（中略）一切の宗教が、哲学が思想が、そして表面は政治的社会的に見える運動さえもが、このような『天地生存』と『社会生存』とが分裂せざるを得ない人の世の構造から発しております」（「なぜいま人類史か」『なぜいま人類史か』所収）

ソシュール批判を通じた文化相対主義批判

このようなコスモスと人間との交感や、共同体への夢といった概念を、根本的に否定する立場をとったのが、ポストモダン思想の先駆者ソシュールと、彼を紹介した丸山圭三郎の思想だった。渡辺はソシュールの言語論に、価値を認めつつ的確な批判を加えている。ソシュールは、人間は言語を持つことによって、世界を概念化し、それによって本能を喪った存在であり、他の生物とまったく違う世界認識を持つ。そして、言語には実在（自然）から自立した自動的な世界組織作用があると考えていた。

この発想からは、人間は言語による、実在に根拠を持たない恣意的な世界認識しか持ちえないのだから、一切の文化も伝統も社会の枠組みも、「かくあらねばならない」という価値観は何もない、総ては差異の自由な遊動、戯れにすぎないという認識がもたらされる。

渡辺は、ソシュールに基礎を置く彼らポストモダンの言説は、人間を言語を得たことによって特別な存在と見ることで、ポストモダンどころか、人間を完全に自然から切り離すウルトラモダニズムに落ち込んでいることを指摘した。人間は言語の牢獄によって、自然と隔てられ本能を喪った動物だ、ゆえに欠陥動物だというのは、実は裏返された人間至上主義である。渡辺は、ビーヴァーがダムをつくることや、サルが群れの中で政治的行為を行なうことなどに触れ、あらゆる自然現象が、ある意味で概念形成であり、生命の作用であることを立証していく。

「人間は言語＝文化を持つ点でほかの動物とは違うのだと、ポストモダニストは言うでしょう。しかし、言語といえども生物進化、よりひろく言って地球進化の産物です。言語をもつことで人間は欠陥動物となったのだとか、実在と距てられたのだというのは大変おかしな話です。DNAの構造、それから蛋白質が作られるメカニズムは言語とよく似た性質を持っています。その構造とメカニズムには、実在によって必然化されるような根拠はありません。つまりそれは言語とおなじく一種の恣意性を持っているのです」（「ポストモダンの行方」『荒野に立つ虹』所収）

渡辺はこう述べた上で、言語が現実と隔離した幻想を生み、実在世界との乖離をもたらすという主張に対しても、それぞれの種は世界の感受するしかたに於いて、固有の幻想を持っており、人間は本能が壊れているが動物には本能があり、言語は裏切るが本能は裏切らないなどというのも、自然科学の世界を見れば過ちであることは明らかだとしている。渡辺が言わんとすることの本質は、コスモスの中では人間は本来他の動植物、あるいは自然そのものと同一の存在だったのであり、人間が修羅で哀しい生き物であるとすれば、それはすべての生物においても、また自然と宇宙そのものにおいても同一であるという真理に他ならない。

そして、この八〇年代、渡辺京二は吉本隆明の思想的影響からある意味離脱したのだ。吉本は高度消費資本主義を、大衆の欲望充足を通じて、社会を解放していくものとして原理的に評価し、その中で生まれる意識の変化を「マス・イメージ論」等の著作で高く評価した。渡辺はこの講演の中でも、共同性のあり方について、吉本と自分の思想の相違点にさりげなく振れている。吉本は共同体への夢が戦前においてファシズムの補強となった体験から、共同幻想の人間精神に対する収奪を生涯をかけて追及した人間である。しかし同時に、吉本は（北一輝同様）前近代の共同体を、基本的に人間への抑圧として否定する一面があった。渡辺はこの八〇年代文化に対する姿勢の違いを認識し、「師」との別れを感じ始めたはずである。

第十九章　パステルナークとソルジェニーツィン
——ロシアにおける小さきものの生

『私の世界文学案内』——作家の内面と時代にこだわる文芸評論

八〇年代の渡辺京二を考える上で、外せない一冊が『私の世界文学案内』（ちくま学芸文庫）である。この本は『看護学生』（メヂカルフレンド社）という雑誌に、一九七八年四月号から八〇年三月号まで連載され『案内　世界の文学』として一九八二年に日本エディタースクールから出版された。渡辺京二自身、もし若者で自分の本を読みたいという人がいるなら、この一冊を差し出せばいい、とあとがきで語っており、著者にとっても愛着のある一冊であるはずだ。

この連載当時の文芸批評においては、蓮實重彦に代表される「ポストモダン文芸批評」、あえて大雑把に分類すれば、文学を作家の人生や時代状況から分離し、作品自体の構造においてのみ分析する「テクスト批評」が試みられていた時代だった。このような新しい文芸批評の在り方に最も正面から異議を申し立てたのが、吉本隆明の『悲劇の解読』だったが、本書も、文学をあくまで作家が人生を通じて抱え込まざるを得なかった思想的テーマ（それは時代状況と不可分である）を読み解き、そのテーマが現代を生きる読者にとってどれだけ普遍的な意味を持つかを探求するという、もっともオーソドックスな文芸批評の在り方を提示している。そして、かつてのポストモダン批評やテクスト論、物語論批判などの言説が、今やごく一部を除いて読むに堪えないのと比べ、渡辺のこの本は今も世界文学への第一級の批評として残っている。

たとえば、渡辺はカフカの『変身』を、二〇世紀の不安や不条理を描いた作品などという従来の図式を排し、これは「家庭小説」であり、カフカは「心の奥底にある家族に対する強烈なわだかまり」をリアルに描いたのだと読む。主人公が朝起きると甲虫になっていたという設定は、家に障碍者が生れる、または家族の一員が精神を病むなどの事例と同じ次元なのだ。もちろん、家族はこの気の毒な一員を受け入れようと努力するが、いつか、その存在を見捨てるしかない時が来る。カフカはそれを見捨てられる「小さきもの」の側から描いたのだ。ここには、水俣病患者が従来の共同体から疎外された事実ともどこか共通するものすらある。同時に、渡辺はここに、カフカが周囲の人間と自分は決して理解しあえないのだという孤絶感を抱き、家族や社会からは虫のように見捨てられるべき存在だと考えていたことの反映を読みとる。

ドストエフスキーの『罪と罰』も、渡辺はラスコーリニコフが、金貸しの老婆と共に、まったくの偶然で、リザヴェータという「うすのろで善良な、自分の身をまもるすべも知らぬ聖なる愚者」を殺害したことに力点を置く。ラスコーリニコフの思想は、正しい理想の実現のためには血を流す権利があるのだという、一九世紀から現代にまで続く革命家たちに共通したものだ。ラスコーリニコフはリザヴェータという「小さきもの」を殺したことによって、実は自分の目指す革命そのものを殺してしまったのだ。だからと言って、ラスコーリニコフ、つまり革命家（渡辺は、知識人も思想家も同様だとする）は、ソーニャのような民衆の素朴な信仰と一体化することもできない。革命も、思想も、知識も「小さきもの」と遠く隔たっている。隔たりながらも、「小さきものという極」を、革命も思想もつねに指しているべきである。ドストエフスキーは民衆への愛を語りつつ、知識人は決して民衆と一体化はできないことを常に認識していた。このことは時代を超えて、普遍的な政治と民衆の関係として、おそらく永遠の課題である。

これ以外にも、フォークナーの『響きと怒り』を南北戦争の結果、「失意とうらみと停滞のうちにとり残された」南部における「過去に呪縛された人々の物語」と読み解き、同時に人はすべて風土的伝統の総和であり「過去を持ちこたえる」ことによって「未来へくぐり抜ける」ことがフォークナー文学の核心だというのは、この作家の本質をもっとも深いところでとらえた言葉だ。フィリップ・ロスやソール・ベロウについての考察は、まさに共同体や物語を失っていく八〇年代に共通するある種の荒廃した文学世界への渡辺の分析が読み取れる。後半で論じられるラテンアメリカ文学についての読み解きは、神話的世界と風土、そして人間が様々な形で交感し、歴史的な時代が現代に蘇る、石牟礼道子の文学との深い共通性（それは世界の辺境であったラテンアメリカと水俣の風土的共通性でもある）を感じさせる。

パステルナークの『ドクトル・ジバゴ』――かくれて、生きよ

そして渡辺は本書において、ソルジェニーツィンの『マトリョーナの家』をとりあげているが、ここには渡辺のこの作者への強い共感が最も率直に表れている。

近代以後、西欧的知性は、個人が共同性からますます分離していく方向性を選んだ。国家も社会もあらゆる共同体の桎梏から自由になるとともに、男女の恋愛においても、個人と個人がむき出しの一対一の関係でしか向き合えない世界に行きついたのだ。

しかし、ロシアにおいては、人間は「社会全部の人間が兄弟であるような、心のかよいあった世界でしか生きられない」という「共同性の思想」が。この現代においても文学者の中に存在する。さらに言えば、ロシアの精神には、分割を拒み、常に統一と総合を欲する根本動向がある。人間の生とはアトム的個人として存在するのではない。個人と個人の交わりも、それを越えた人々の共同体の中でこそ実現する。渡辺は本書で取り上げたソルジェニーツィンと、『ドクトル・ジバゴ』を書いたパステルナークの二人をこのロシアの精神を代表するその代表的な作家とみなした。

パステルナークもソルジェニーツィンも、同じくノーベル文学賞を受賞している。しかし、パステルナークは一九五八年の受賞後、ソ連作家同盟が彼の除名を決定、国外追放が迫る中、賞を辞退、以後は沈黙して死を迎えた。ソルジェニーツィンは国外追放後、ソ連共産主義体制を厳しく批判、西側にもソ連との対決と道徳性の回復を呼び掛ける現代の預言者となった。この二人の作家は、全体主義体制の犠牲者という点を除けば、生き方も文学も全く異なっているように見える。しかし、

渡辺京二は、毎日新聞西部版に一九八四年二月から四月にかけて連載され、後に『荒野に立つ虹』に収録された『パステルナークの圏域』にて、二人の目指すところが「深い森の中で二本の小径が出会うように」同じ一点に収斂しているとみなし、そのことに深い感動を覚えたと記す。

『マトリョーナの家』は、シベリアの収容所生活と、さらに中央アジアで追放の日々を経た主人公が、中部ロシアの森林地帯「ロシアの一番奥深いふところ」に行こうとする場面からはじまる。主人公は「なんとかそこにもぐりこみ、その中に紛れこんでしまいたい」と思うのだ。主人公は、権力や政治から最も遠いところで生きている民が住むロシアの農村、さらに言えば、その村を温かく包んでいるロシアの自然の中に隠れようとしたのであり、それは『ドクトル・ジバゴ』と全く同じテーマなのだ。

ソルジェニーツィンは『マトリョーナの家』で、無学で貧しいが、自己を主張することもなく、社会の片隅でつつましく穏やかな精神を抱いて生きているナロードを「義人」として描き出し、その精神を復活させることがロシア（また、共同体を破壊した現代社会）の再生につながると考えた。これに対し渡辺は「神の王国と呼ばれるところには、ナロードはなくて個の人格があるだけだ」というジバゴの言葉を引いて、パステルナークはナロードの崇拝者ではないことを指摘する。しかし渡辺は続けて「だが私の考えでは、この言葉は『ロシアにおいてナロードとは個としての人格として現れる』」と読み解くのが、よりパステルナークの本質に近いはずだと解釈している。

パステルナークの言う「個」とは、西欧近代の言うそれとは異なり、共同体と決して切り離すことのできない存在である。渡辺は「死すべき者たる人間同志のまじわりは不死である」というパステルナークの言葉を引用する。これはロシアのキリスト教精神と同時に、もう少し別の意味も含まれている。渡辺はパステルナークが『ドクトル・ジバゴ』に、ジバゴの詩編として収録された「三月」という詩に謡われている雪解けの時期の幸福感にあふれた農村風景に触れ、「こういう日常においてのみ、人は『個』としての人格」でありうるとパステルナークは言いたいのだと指摘した。

これはスラブ主義者が、イデオロギーで美化した農村風景とは表層的に似ていても全く違う世界である。人間の生とは、いかなる外部からのイデオロギーにも支配されることも、また社会や国家に露出されることもなく、自然と一体となった世界の中で充足した時に、初めて人格を得るものであり、同時に他者と出会うものなのだ。渡辺はパステルナークの思想の本質をここに見た。

だからこそ『ドクトル・ジバゴ』は、多くの近代小説のように、個々の登場人物をリアルに描きぬくことや、結末に向かって真っすぐに物語が進む形をとっていない。主人公の生のさなかに、日々生起する様々な事象の中で表れる「朝夕出会う樹木や雲や街角、遠望する連嶺の雪、手にするナイフの重みや冷たさ、見知らぬ人の表情やたたずまい」などの何気ない事象が、「啓示のように生起し、そして心にとどまり反復してよみがえる」。一貫したストーリーの中で直線的に進む生というのは、それこそ「歴史的法則」によって結論付けられた世界観であり、実際の人間の生とはそんな単純なものではありえない。私たちの生は、日常に現れる様々な事象によって彩られ、時には慰められ、癒されていく。その事象はそれぞれ関連性はなくても、私たちの心の中に、何度でも時を越えて生起する。これこそが私たちの生の本質であると考えるならば、世界はすべて意味のあるものとして蘇り、自然や事物それ自体も、人間と同じように交感しあい、それは人間の共同体とも共鳴するものとなる。
渡辺は、ラーラがロシア原野の空気を吸うときの感覚を、父や母よりも懐かしく、愛する人よりも素晴らしく、書物よりも知的なものだと感じ、自分がここにいるのは、地上の生の狂おしいばかりの魅力を解き明かし、すべてのものに名前を与えるためだと実感する箇所を引用している。これはまさに、パステルナークの思想そのものの表現だろう。そして、同じ視点から、ジバコとラーラの愛は、単に個々人の男女間に生まれたものではなく、頭上の空、そして樹木、自然、風景のすべてがそれを望んだものであり、二人が「美しい眺望の、全宇宙の一部になっているという感覚、実感」としてあらわされる。さらにパステルナークの文章はこう続く。
「二人はこの一体感のみを呼吸していた。だからこそ、爾余の自然を貶して人間の優越を認め、人間をあまやかし、人間に脆拝しようとする当節流行の風潮は、二人の気に染まなかったのだ。政治に転落したいつわりの社会性の原理は、二人にはみじめな手前味噌としか思えず、二人の理解の外にあった」（パステルナーク『ドクトル・ジバゴ』）
渡辺京二はパステルナークの言葉を受けて次のように語る。
「人間とは風景であり、そして風景はたがいに愛しみあうものであるという思想は、とほうもない詩人の恣意のようにみえる。しかしこの思想には、少なくともロシア的な生活伝統という基礎がある。ロシアの民衆は風景のように生きて来たし、それは個が個たりうる生きかただったとパステルナークはいうのである」（「パステルナークの圏域」『荒野に立つ虹』所収）
渡辺はあえて触れていないが、パステルナークが、ソ連体制に屈したかのような態度をとりつつ、ロシアからの追放だけは免れようとしたことの意味を、日本人としてだれよりも深く理解していたのかもしれない。パステルナークは、たとえ沈黙を強いられ、発表の当てのない草稿を書き続けるしかなくても、ロシアという土地を離れることはできなかった。ロシアを離れること、それはこの生活伝統と、己が生きる風景そのものから引き離されることなのだ。ジバゴが、最後には医師の技量すら捨てて、社会の奥底に沈んで死んでいったように、パステルナークも沈黙のうちに死んだ。その前年に書かれた「有名であることはみにくい」という詩が残されている。

「有名であることはみにくい。高名はなにもたかめはしない。文書を積むな。草稿の中に伏せよ」「だから、無名のうちに身をかくせ。無名のうちに一歩一歩をかくせ。風景が霧の中に身をかくし　どのような痕もとどめぬように」（長田弘「有名であることはみにくい」『アウシュヴィッツへの旅』）

パステルナークは己の信ずるロシアの風景の中に消えていったのだ。

ソルジェニーツィンとラーゲリの囚人

この言葉はそのままソルジェニーツィンの思想にも共通する。ソルジェニーツィンの『イワン・デニーソヴィチの一日』を、渡辺京二は、単なるラーゲリの囚人の告発ではなく「ナロードは本質的に思想がおせっかいを焼く必要がなく、焼くこともできぬ存在だという命題を確立した」（「ソルジェニーツィンの孤独」『荒野に立つ虹』所収）作品だと読み解く。主人公のイワン・デニーソヴィチは囚人として日々の日常を黙々と耐え、その中でのささやかな喜び（シチューが二杯食べられたこと、ブロック積がうまくいったことなど）を見出していく。権力や体制に不満を述べることもほとんどない。しかし、この一見無学でただ沈黙しているだけの囚人に見える彼の内面は、決してソ連共産党の権力やイデオロギーが入り込めない世界があるのだ。権力から遠いところに存在することによって、決して権力に支配されない一線を守り抜いているナロードの姿を、おのれの思想とソ連批判の原点とするところに、他のソ連体制の「民主化」を求める、リベラリズムやヒューマニズムの見地からのソ連反体制派とソルジェニーツィンが明確な違いがあった。

ソルジェニーツィンは、十九世紀のナロードニキから二〇世紀のボルシェヴィキに至る、ナロードに奉仕する、もしくは啓蒙するという美名のもとに、ナロードに外部の思想を注入しようとする姿勢とも、また、良心的知識人として無知な人民に同情や贖罪意識を持つ発想のいずれとも無縁だった。ソルジェニーツィンにとってナロードとは、その日常によって権力から自立した存在にほかならなかった。

「ナロードとは教化的思想の届かぬところにいるものである。思想にもとつく権力がいかに把捉しようとも、日常を最後のとりでとして、権力を無化するものである。そしてそのようなとき、彼は個として在るものである。個のまえに思想的権力は無化されざるをえないのが、ナロードの自立ということの実質的な意味である。（中略）自分が個として在る日常に思想や歴史の名でせっかいを焼かないでほしい。『群島』に登場する膨大なナロードは、みなこのように叫んでいる。いやソルジェニーツィンが叫ばせている」（「ソルジェニーツインの孤独」『荒野に立つ虹』所収）

パステルナークが「政治に転落したいつわりの社会性の原理」という控えめな言葉で語ったものを、ソルジェニーツィンは、イデオロギーに基づく最悪の政治として批判した。それはレーニンとスターリンによってだけではなく、一九世紀の社会主義思想に根源を持ち、さらに一八世紀の合理的批判主義や自由思想家の、理性と設計によって社会は改善可能であり、またそうしなければならないという思想からもたらされた。

これはナロードを「捏ねあげることができるとする思想」「捏ねあげることがナロードの幸福のために必要だとする思想」なのだと渡辺は述べる。まさにここでソルジェニーツィンはドストエフスキーともつながる。ロシアの民衆を全て引っこ抜いて近代的な教育をもたらせば社会は進歩するという、傲慢かつ真の意味で暴力的な「進歩派」の思想をドストエフスキーは憎んだが、それはスターリン時代に完成を見た。スターリンが悪辣な暴君だったからではない。あらゆる共産主義権力は、良心的であれラーゲリを必要とする。それは、すべての人間を合理的、理性的に「改造」するには、教育と、教育を拒否するものに対する「強制と改造」しかないからである。イデオロギーによる政治が行なわれれば、必然的に収容所を必要とする社会の出現を止めることができない。

ソルジェニーツィンは亡命後の著作『クレムリンへの手紙』にて、ソ連体制に対し、マルクス主義イデオロギーを放棄すれば、一党独裁の専制体制そのものは許容しても構わないと述べ、西欧のリベラリストの度肝を抜いた。さらに、西欧の道徳的退廃や拝金主義を批判し、道徳的には専制体制下のロシア民衆は西欧の民衆より上位にあるとすら主張した。さらに政治的にはソ連への封じ込め政策の強化を唱え、反ソ・反共政策を唱える政治家（特にレーガン政権）を支持したため、ついには反動文学者として関心の外に追いやられる。しかし、渡辺京二はソルジェニーツィンの真意は、表層に現れた狭い政治的発言とは全く別の所にあると見抜いた。

「ソ連指導者の専制をひとまず許容して可とするのは、上級権力に於いて専制的な政治システムがとられるか民主的政治システムがとられるかは、ナロードの自立にとって本義的ではないとする判断からである」

「政治はナロードの実存のごく一部分を覆う影にすぎない。そしてその影が吹き払われるとき、ナロードの実存は全き意味をあらわす。その意味とは神である。ソルジェニーツィンはそう考えている」

「ソルジェニーツィンがマルクス主義イデオロギーを放棄せよとソ連国家にすすめるのは、ナロードをナロードの場処へ戻せ、つまりは彼らの自立を認めよと言っているのだ。専制のもとではナロードはなおかつ自立することができる。教化のもとではそれは認められないのだ」（「ソルジェニーツィンの孤独」『荒野に立つ虹』所収）

ソルジェニーツィンの西欧での絶望は、ポストモダン思想を生み出した現代文明が、ソ連とはまた違う次元における精神的荒廃を、経済的豊かさと「法律に反しない限り全てが許される」自由の中で生み出していたからに他ならない。ジバゴとラーラが、専制体制下であれロシアの自然の中で見出したコスモスと一体化した愛も、マトリョーナのような無学でありながらすべての存在をいやすような大らかで優しい「義人」の精神も、消費資本主義文明の中では見出すべくもなかったのだ。

ソルジェニーツインは、ラーゲリの中ですら保たれていた道徳や信仰が、自由なはずの西欧社会では失われ、すべてが相対主義の中に溶解していく様を見た。ソルジェニーツィンにとって西欧社会もまた、経済的豊かさと精神的空虚さの中で人間精神が疎外され、物質的・経済的価値以外を信じられなくなる、もう一つの閉ざされた収容所に見えてきたのかもしれないのだ。

この資本主義的価値観に対し、当初はエコロジスト的視点からの文明批判、管理社会批判の社会改革者として出現し、後期においては近代に対する最もラジカルな批判者となったイヴァン・イリイチであった。

第二十章　ローレンツとイリイチ

ローレンツ――本能と伝統的蓄積

コンラート・ローレンツは、今や忘れられつつある思想家となっている。愛すべき動物たちのユニークな観察記録『ソロモンの指輪』は、これからも末永く読み継がれていくだろう。だが『ソロモンの指輪』の解説で日高敏隆が指摘しているように、ローレンツの打ち立てた動物行動学は、彼の晩年には大きく変貌していた。「動物たちの行動は、ローレンツが考えていたように『種の保存』のためのものではなく、個体のためのものであるとみなされるようになった」。その日高はローレンツの優れた翻訳者であったが、ローレンツの現代文明批判の書『文明化した人間の八つの大罪』を、評価しつつも「老人の思想」つまり伝統や過去に固執するものとみなしている。

しかし、渡辺京二は動物行動学の域を超えて、思想家としてのローレンツを高く評価した数少ない（ほとんど唯一の）思想家だった。残念なことに、渡辺がローレンツを正面から論じた文章は「ローレンツの真価」(『荒野に立つ虹』収録、一九八四年毎日新聞に掲載)しか残されていない。この論考はローレンツ思想の本質に迫るものだが、ローレンツの著書についての一定の知識がなければわかりにくいものとなっている。本章では最低限の補足を行うこととする。

まず渡辺は、ローレンツが動物行動学者として、動物の行動の基本部分は、習得的、つまり後に学習するものではなく、生得的なものであること、動物の行動は遺伝的にプログラミングされていると述べたことをまず評価する。このことから、ローレンツは人間の理性や文化を軽んずる「本能主義者」だという批判を受けた。しかし、渡辺はローレンツの説を、遺伝的プログラムとは、生物が系統発生の過程で獲得した環境についての「情報」であり、個人が自ら集積する知識とは別次元に備わっているという事実を述べたに過ぎないと読み解く。これには人間と動物で違いはない。

さらにローレンツは、代表作の一つである『攻撃』(みすず書房)にて、人間が生物的種として持っている攻撃性は、啓蒙主義者が考えるような偏見や無知によるものではなく、人間の「本能」であり、それを除去するならば、それとともに友情や愛や献身も消滅してしまうことを説いた。これは単なる理性的、人道的な平和主義の蒙昧さを明らかにしただけではなく、人間は自由になれぬ本能という暗部を持つことを、新たな人間学の基礎として見出したと渡辺は評価する。

ローレンツは『攻撃』の第一三章「この人を見よ」で、カントに代表される、理性の認識により、人間は内なる道徳律に従って生きることができるという思想を「浮世離れしたもの」とみなし「理性による認識を命令に変えるためには、理性の要素だけではなく感情の要素」が必要だとする。そして、この感情には、必ず人間性に対する「価値」の感覚が伴わねばならない。「まず価値感覚、まず感情があってこそ」私たちは、同胞への攻撃欲を抑制し、己の行為に命令や禁止を下すことができるのだ。

そして、この命令や禁止（汝殺すなかれ・等）は、理性からは生まれない。本能的なものと学習したものが複雑に組み立てられている、私たちの深層から生まれてくる暗い衝動によって導かれる。

この仕組み（攻撃への抑制）は、人間と高等な動物との間にほとんど差はないと、ローレンツは多くの動物観察を通じて結論付けた。しかし、人間の場合には、文化による伝統が学習した知識に流れ込んでいる点が本質的には異なる。人間の行動とは、理性や意識の下にある本能と経験、そして文化的伝統の要素が網の目のように組み合わされる相互作用の中から生まれてくるのだ。ローレンツは人間性を次のように定義する。

「そこからは愛と友情が、様々な暖かな感情が、美への感覚が、芸術的創造と科学的認識を求める衝動が生まれてくる。いっさいのいわゆる動物的なものを脱却した人間、暗い衝動を奪い去られた人間、純粋な理性的存在としての人間は、けっして天使ではありえまい。それどころか、天使とはまったく反対のものであろう」（『攻撃』）

渡辺は、ローレンツのこの文章を次のように解説している。

「ローレンツは、文化的存在である人間の基底にながい系統発生の結果としての生物的メカニズムがあり、その暗所をのぞきこんでこそ文化の本質も理解されるとする。文化人類学は文化というものを民族固有の運命的フィルターと解し、伝統をふくめての文化を相対論に解消した。ローレンツはむしろ文化に、生物的な生得の性質を見ようとする。それは意識＝理性の独裁から人間が解き

放たれる途を探る新しい科学である」(「ローレンツの真価」『荒野に立つ虹』所収)

渡辺京二は「人間は動物である、それ故にこそ天使である」という一言で、ローレンツ思想の本質を定義してみせた。人間は動物同様、本能に縛られた存在である。しかしそれは機械的運命論ではない。人間が「合理的」と称する理性と意識から自由になり得る可能性の提示であり、人間と動物が共にコスモスの中で同等のものであることを科学の地点から明らかにするものなのだ。

ソシュールは、人間は言葉を持つことによって本能から離れ「欠陥動物」となったとみなしたが、これは逆に、人間は動物とは全く異なる存在であり、意識と言語を持つことによって動物を越えたのだという西欧的知の伝統の極北を示すものだと渡辺は指摘した。その視点からは、ローレンツのこのような思想は人間と動物を同一視するものにしか映らない。ソシュール学派の丸山が、ローレンツを批判するのはその意味では当然であった。また、現代文明が人間の本能を破壊しかねないとするローレンツの警告の書『文明化された人間の八つの大罪』は、人間が累積的伝統を持つ存在であることを強調することで、日本の進歩派ジャーナリズムからは反動的、ロマン的な論理としか受け取られなかった。その際にはローレンツがナチス協力者だった時期があるといった短絡的なレッテル貼りすら行われた。

確かに『文明化された人間の八つの大罪』には、人口増加の過剰が生活空間を狭め、攻撃性を高めているという説をはじめ、自然破壊による生活空間や精神の荒廃を憂うる、俗流保守派やエコロジストに親和性を持つような言葉が多発する。だが、ローレンツの現代文明に対する本質的な批判は「快を求め、不快を避ける本能的な衝動であまりにも成功しすぎるのはけっしてよいことではない」と、この「本能主義者」呼ばわりされた思想家が断定するような箇所においてである。

ローレンツは、原始時代の人間にとって、今日「罪深く」「下品」とみなされていることはほとんどすべて正当だったとみなす。大型動物を手に入れることはめったにできなかったから、もし手に入れたときはできるだけたくさん食べる（飽食）ことは賢明であり美徳だった。そして、一匹の獲物を狩るためには大きなエネルギーを必要としたので、逆にそれ以外の時間は「怠惰」に過ごし、エネルギーの消費を避けるべきだった。いたるところに危険があったからこそ、臆病であり冒険を避けることは生命を守るために正しかった。人間本能にプログラミングされた原理は、あらゆる危険やエネルギー浪費を出来る限り遠ざけることだったのだ。

だからこそ、現代人は「快を求め、不快を避ける」本能的な衝動を持っている。そして近代技術の進歩、特に薬学の発達は、不快を避ける「安楽」をあたりまえのことにしてしまった。人間は、不快に対する不寛容さをまし、芽生えたばかりのあらゆる望みを「ただちに」満足させようとする。ローレンツはこれによって「遠くに置かれた目標を追求する能力の欠如」が生まれ、本能的に組み込まれた行動様式も、また文化的に組み込まれた行動様式もいずれも退行するのだと警告する。

さらにローレンツが、人間社会の伝統的価値観は「不快をもたらすあらゆる刺激を避ければ、危険でしかもおそらくはしばしば文化の衰退に通じる虚弱化が引き起こされる」ことを理解していたと指摘する言葉は、八〇年代消費文明に対する鋭い批判となっている。渡辺は、ローレンツの思想をパステルナークやソルジェニーツィンと結びつけているが、実はより親近性を持つのは、現代西欧の思想家の中で渡辺が最も親近感を覚えたイヴァン・イリイチに他ならなかった。

イリイチの「自立共生」

一九八〇年代、資本主義が世界のすべてを商品化する高度消費社会が生まれていく時代に、最も早い段階から異を唱えたのは思想家イヴァン・イリイチだった。イリイチの唱えた脱学校、脱病院化社会の提唱は、当初、管理社会批判やエコロジーの文脈で読まれ高く評価された。だが、渡辺京二は、イリイチの本質をより深い次元でとらえていた。渡辺はイリイチが一九七三年に発表した著書「Tools for Conviviality」を、一九八八年に娘の渡辺梨佐と共同で翻訳、『コンヴィヴィアリティのための道具』として日本エディタースクールから出版している（渡辺は、同書の日本語訳が余りにも悪文だったため、自ら訳さざるを得なかったと記している）。表題となった「コンヴィヴィアリティ」を渡辺は「自立共生」と訳した。

イリイチは本書で、産業主義＝消費資本主義社会は、いかに豊かになろうと、けっして人間を幸福にしないことを断言していた。これこそまさに、渡辺京二が価値相対主義や消費資本主義社会への違和感として感じていたものだった。

「私は自立共生とは、人間的な相互依存のうちに実現された個的自由であり、またそのようなものとして固有の倫理的価値をなすものであると考える。私の信じるところでは、いかなる社会においても、自立共生が一定の水準以下に落ちこむにつれて、産業主義的生産性はどんなに増大したとしても、自身が社会成員間に生みだす欲求を有効にみたすことができなくなる」（『コンヴィヴィアリティのための道具』）

渡辺はこの言葉を受け、翌一九八九年に熊本日日新聞に掲載した「イリイチ翻訳の弁」として次のように述べている。

「まず彼は、人間は自然と交渉して、自らの生活空間を自力で作り出す能力があると信じる。モノを消費することではなくつくりだすことが、人間の本来の面目なのである。自分のために、自分がその主人でありうるような範囲内にある道具を用いて、自分で必要なモノをつくりだしてこそ、人間は世界をわがものとして理解し把握し、自然や生きものと共存することができる。人間の幸福は、このような世界の主体的な理解と把握にかかっているのである」（「イリイチ翻訳の弁」『荒野に立つ虹』収録）

『コンヴィヴィアリティのための道具』の核心を平易な言葉で説明した文章だ。イリイチが近代的な学校制度や病院制度を批判したのは、人間の「自らの生活空間を自力で作り出す」力をこれらの制度が奪い、世界を主体的に把握することを不可能とするからだった。

イリイチは道具（＝技術・制度）が、自立共生の世界を育むことに役立つ間は、けっしてそれを否定したわけではない。だが、公衆衛生であれ、自動車による移動性の向上であれ、社会における自然な規模というものが存在する。その規模を越えて拡大した時には、必ず、道具は手段から目的に変貌してしまう。

公衆衛生は人々の健康を改善するレベルを超えて、民間による医療行為を否定するとともに、社会全体を「病院化」する。自動車や鉄道の過度な発展による速度の亢進は、それまでの社会における自然に根差した移動手段を破壊する。「学習」の場がすべて学校教育に集約されてしまえば「人間の詩的能力、つまり世界に彼個人の意味を与える能力を麻痺させ」「人間は自然を奪われ、彼自身ですることを奪われ、彼が学ぶように他人が計画したことではなく、自分の欲することを学びたいという彼の深い欲求を奪われる」。道具による「根源的独占」は、人間が一定の道具を使用することなしには生きられない環境を生み出すのだ。その結果、最終的に生み出されるのは次のような社会である。

「成長する諸産業の力学に対して人間の生命の平衡作用が抵抗するのをおさえつけるために、人間に対する操作がますます必要になる。操作は教育的、医療的、行政的な療法(セラピー)の形をとる。教育が競争しあう消費者を生みだし、医療は、消費者が要求するようになった工学化された環境のなかで彼らを生かし続ける。官僚制は、人々に無意味な仕事をさせるには社会的に管理する必要があることの表れである」(『コンヴィヴィアリティのための道具』)

イリイチは「高度に資本主義的な道具は、高度に資本主義的な人間を必要とする」と結論付けた。この社会では「安定と変化と伝統の間のバランスが覆され」「社会は共有された記憶の根」を失い「無制限な速度は、法によって支えられた共同体」を破壊し「過去への架け橋」を断ち切ってしまう。イリイチの資本主義・産業社会批判とは、自立と共生がともに実現するような共同体が破壊され、企業や専門家集団の提供する商品やケアに依存しなければ人間が存在できなくなることにあった。このイリイチの基本認識は、渡辺京二のそれと全く同一のものだったろう。

管理社会批判やエコロジーの視点からイリイチを評価してきた知識人にとって、この「反動的」なイリイチの思想や提言をまともに受け止めることなどできるはずもなかった。さらにイリイチが

『ジェンダー』を発表して以後は、この思想家は家父長制保守反動イデオローグだとみなされるようになった。

しかし、渡辺は、特に後期のイリイチに対する深い共感を隠さない。イリイチは著書『H_2Oと水』においては、かつては生命の根源、あるいは神話的想像力の源であった「水」が、産業社会においては単なる無機的な資源として管理されていくことを指摘した。『ABC』では、歌と結びついていた豊かな音声としての言語が、多様な情感や風土性を脱色され、記号として無機化、抽象化されることを、また『テクストのぶどう畑で』では、音読されるテクストという「いきもの」が、章に分けられ、表題をつけ、索引として分類されることによってばらばらに「情報化」されることを批判した。このイリイチの姿勢に、渡辺は近代が人間から何を奪っていったのかを思索する、反時代的な孤独な思想家としての姿を見出だしたのだ。

そして、イリイチは後期思想において「ヴァナキュラーなもの」という概念を重要なワードとして使用するようになる。「風土、土着」とも訳せるこの概念を、渡辺は次のように説明した。

「彼がヴァナキュラーと呼ぶのは人間が土地であれ海であれ、自然という肉感的具象的実在と関わって一定の地域的・集団的生活を織りなし、そのような生命ある実在と交感・交響する中で、自己の自主的な生産＝消費の全活動を、ほかならぬ個の自由のあかし、おのれがこの地上で生を享けて来たことの意味の表現として了解できるような、そのような人間の存在のしかたであるのです」（「ポストモダンの行方」『荒野に立つ虹』収録）

渡辺はこのような人間存在の上にこそ、コンヴィヴィアル＝自立共生の共同体が成立することを指摘した。さらに、コンヴィヴィアルには「祝祭」という意味もあり（イリイチの弁によれば性的な意味ももつ）「自然界との交渉において織りなされる人びとの共同の関係」、さらに人間の自然界との交流としての労働と消費の生活が、まさに「祝祭」となることを示している。渡辺はこのような世界は、パステルナークが『ドクトル・ジバゴ』の中でも表現したものであり、また、石牟礼道子の文学によって、ほとんど完璧なまでに表現されていることを驚きと共に紹介している。

「石牟礼さんの描きだした世界を見れば、農民や漁民のいとなみは、決して近代的な『労働』という概念でその本質を捉えられるようなものでないことがわかります。それは遊びと区別のつかぬような人間の生命活動そのものなのです」

「農耕や漁撈はなぜコンヴィヴィアルな営みなのでしょうか。それは森羅万象と心身両面で交渉するからです。ただ眺めているだけでは隠れているゆたかな事象のさざ波がひとつひとつ立ち上がって来て、働く者の内部にはいりこみ、そこに多彩で濃密な事象とのうたげが成立するからです」

「イリイチが言わんとすることをこれほどみごとに表現している作家は、世界ひろしといえどこの人しかありません」（「ポストモダンの行方」『荒野に立つ虹』収録）

こうして渡辺は、イリイチの思想を通じ、石牟礼道子を「水俣病の悲劇を訴えた良心的作家」というレッテルから解き放ち、言葉がいまだに「情報化」されず、歌や神話、風土と密着していた時代の豊かな物語の世界を復活させた文学者として論じるようになる。パステルナークとソルジェニーツィン、そしてローレンツとイリイチに渡辺が読み取った様々な思想的可能性が全面的に展開されたのが、八〇年代以後の渡辺の石牟礼道子論だったといってもよい。水俣病という「産業化の病」を全身で受け止めた石牟礼の文学が、八〇年代の価値相対主義と消費資本主義と闘い続けた思想家・文学者たちと作品という場で無意識のうちに交流していたのだ。思想・文学が運命的に持つ時代との共時性は、私たち読者に畏怖の念すら感じさせる。

第二十一章　石牟礼道子と神話の復権

イリイチと石牟礼道子

一九八四年一二月、渡辺京二は、真宗寺における日本近代史連続講座第一〇〇回を記念して、石牟礼文学についての講演を行った。現在「石牟礼道子の時空」と題して、『もうひとつのこの世——石牟礼道子の宇宙』に収録されたこの講演で、渡辺はまず、石牟礼道子の文学には、農村の習俗、農作業の細々した事象、田園風景などが重要な要素として描かれていることを指摘する。

もちろん農村を描いた文学者は他にもいる。日本近代文学で初めて農村を描いたのは、長塚節の『土』である。しかし、この作品では、農作業の辛さや農村の貧しさだけが強調され、農民たちはぎりぎりの生活を強いられるみじめな存在として描かれている。

渡辺によれば、このような農民像は知識人によって作り出されたイメージにすぎない。長塚節は地主として、農村生活の外面的な事実はそれなりに見て彼らに同情を寄せてはいるが、農民の内面に宿る豊かな世界観には気づこうともしない「近代的知識人」なのだ。

一方で、農民のしたたかな土俗性や、生活の哀歓をユーモラスに描く「土俗的」農民文学もあり、渡辺は伊藤永之助をその典型とする。しかし、ここでも作家は、自分が知り尽くしているつもりの「農村の実態」を都市民に向けて説くというスタイルから抜けておらず、その農民像も近代知識人の視点を一歩も出るものではない。

日本の近代文学は、農民をはじめとする前近代の民の精神世界、まさにイリイチの言う「ヴァナキュラー」な世界から離脱していたため、農民の表層の姿しか描けないのだ。彼らが決して描けないのは、まず、農民の信仰と結びついた年中行事や民間伝承の意味が描けない。そして農作業を通じて広がる、自然や宇宙とつながる豊かな感覚がわからない。具体的には、四季をめぐる様相、人間と共に生きる様々な生物との関係がわからない。渡辺京二はここに、近代的な個を追求するあまりに前近代の精神社会を見失ってしまった日本近代文学の宿命的な貧しさを見ている。

石牟礼道子の文学は、農民は農業という営みを通じて、世界の森羅万象を経験しており、その世界は近代的知識人には思いもよらぬ豊かさと深さを持っていることを、日本近代文学において初めて指摘したものだと渡辺は読み解いた。

前章で指摘したように、人間が現実に住み、経験できる世界とは、生きている自己を中心とする同心円的な構造である。家族・友人・隣人といった限られた人々、生活空間の中での建物や街並み、自然、特に樹木や植物、遠くに臨む山脈、空の太陽と星々など、直接感じられる具体的で統合された森羅万象を、私たちは己の世界として体験する。これを渡辺はコスモスと呼ぶ。石牟礼道子の文学は、この前近代の民が甘受していたコスモスの実相を表したものなのだ。

そこに登場する村民、漁民、放浪者などは、いずれも「文字以前の世界」に生きている。つまり、その世界は文字と書物によってではなく、風土と結びついた物象と音声によって作られているのだ。これもイリイチの言う、テクスト以前の音声としての言語という概念と共鳴している。渡辺の次の言葉は、見事にその本質を射抜いている。

「声音《こわね》としてのことばは物象から遊離していないだけではありません。彼ら（石牟礼道子作品の登場人物）はことばでは表現できない事象とのゆたかな関わりを日々生きています。文字以前、言葉以前であるからこそ、コスモスのゆたかな原初のひびきと色が感受できるのでしょう」（「石牟礼道子の時空」『もうひとつのこの世』収録）

ここで渡辺は石牟礼文学についての重要な視点を提示している。しばしば誤解されるのだが、石牟礼道子自身は、前近代的な文字なき民の一員では決してない。その代弁者ですらないと渡辺は言いきる。そして、石牟礼の描く人々は決して前近代共同体の中に安住している存在ではない。彼らは近代社会の周辺に生きているのだ。

前近代社会のコスモスがいかに美しいものであれ、そこには確実に因習や抑圧がはらまれていた。日本の近代文学者は、近代化がコスモスと共同体を解体するとき、そこに生まれた孤絶感を近代的な自我に即して描く道を選んだ。しかし、石牟礼道子の場合は「その孤絶感を、近代と遭遇することによってあてどない魂の流浪に旅立った前近代の民の嘆きと重ね合わせた」のであり、文字なき民のコスモスはこの中から再創造されたのである。石牟礼文学に登場する民謡や神話、いや、方言さえもが、現実の民俗をヒントにしつつも、まったく違うものとして語り直される理由はここにある。『苦海浄土』を渡辺は石牟礼の私小説と呼んだが、同様に、石牟礼文学はすべて私小説と呼べるかもしれない。渡辺はこの視点から、石牟礼の諸作品を論じていく。

『あやとりの記』（一九八三年）は、この石牟礼道子のコスモスが最も美しく表現された作品である。主人公はみっちんという五歳ほどの少女と、祖母のおもかさまというめくらの狂女である。この二人をめぐる様々な人々と自然の精霊たちが織りなす物語が展開するが、それはまさに宇宙のシンフォニーのように、すべての物象と自然が共鳴するような場面が全編にわたって繰り広げられる。そこではみっちんとおもかさまの魂が入れ替わるとともに（双方の魂が一つになるようにも読める）すべてのものが「自分の形から抜け出し、入れ替わりながらそれぞれの物語を囁きあう」のだ。

「魂が脱けだしたり、入れ替わったりしているのは、ふたりだけではありませんでした。雪を被《かず》いているものたちは、自分の形を壊さぬように、しかしどことなく歓ばしげに脱けだして、さまざまな気配となり、そこらあたりは囁き声に満ち満ちていました」

「黄昏に包まれた雪の洞の中は、幾重にも流れ合う気配たちの海流のように感ぜられました。なぜならそのとき、燕や漬物石はおろか、石切りたちが仕事をやめている遠い岩山の小屋の、墨壺や曲り尺や、石を割る大きな重い玄能や、石鑿や、牛から離れて雪の中に憩《やす》んでいる出し五郎たちの橇や、雉色兎《きじいろうさぎ》や、裸になったどんぐりの木やらが、いっせいに粉雪の舞う空にむかって、自分の物語を囁き交わしはじめたのです」（石牟礼道子『あやとりの記』）

まさにこれはイリイチの言う、コンヴィヴィアルな「うたげ」の世界の文学的再現であり、このような世界の中でこそ、確かに人間の個人と共同体は幸福な一致を実現するのではないかと思わせる。だが、石牟礼道子はこのような世界に安住しているのではない。前近代社会を体現し、狂気によってその世界に戻りつつある「おもかさま」は、この世界を「八千万億那由他劫」という異次元のユートピアとして唱えているが、みっちゃんこと石牟礼道子は「はっせんまんのく、泣いたの子ぅ」と、この祝祭の世界の中にも哀しみを見出しているのだ。渡辺京二は、ここに石牟礼文学の一つの極北のイメージを見出している。

「『天と地との、空と海との、この世と前《さき》の世の入れ替わり』が続くうちに、闇の中から一輪の白い水蓮が浮き上り、その葉に裸のやせた赤ちゃんが乗っています。みっちんはそれが生れる前の自分であるように感じます。ここではもちろん、先の『はっせんまんのく　泣いたの子ぅ』が利いていおります。すなわち作者はこの赤子のイメージで、人の存在の絶対的なわびしさを語ろうとしているのです」（「石牟礼道子の時空」）

『あやとりの記』にて、石牟礼道子はみっちんに「迫んたぁま」になりたい、「この世に居ることが辛くて、顔を隠し、肩を隠し、躰を片側隠し、とうとう消えて魂だけになり、空に浮き出ている一本咲きの彼岸花のような、美しい声だけになっている」存在になりたくて「身の細るような思い」をさせている。渡辺京二は、人間であることとの原罪感が、本作で描かれる、物象のすべてが生命の祭りにさんざめいている世界の底にはりつめられていることを指摘する。これは渡辺京二が、歴史に押しつぶされていく「小さきもの」を常に思想の根底に於いていたことと共通するものがある。

『あやとりの記』において登場する人物の多くは、社会的には底辺に属し、共同体の周縁に存在する人たちである。彼らは自然の精霊の声を聴くことができる人々として、前近代社会では差別され忌避されると同時に、畏敬の対象でもあった。彼らは現実社会においては「小さきもの」であると同時に、精霊と神話的世界の中で、大いなる存在に触れる人々でもありえたのだ。

渡辺京二は『あやとりの記』について、この物語はわれわれが日頃接している野や山や川や森には、もうひとつの隠れた相貌があり、それは啓示と予感にみちたゆたかな生命の源泉というべきものであるけれども、そこに主人公を導いてゆくのが「かなしみのはりつめた現世からの剝離感であることを見落としてはならぬと思います」と述べている。この「かなしみのはりつめた現世からの剝離感」は、石牟礼道子が生まれながらに兼ね備えた文学者としての感性であるとともに、前近代の民が近代社会に移り行くとともに、いやおうなしに背負わざるを得ないかなしみでもあった。

『天湖』における時間と空間

「石牟礼道子の時空」以後、渡辺京二は継続的に石牟礼作品を論じていく。『もうひとつのこの世』に収録された『天湖』についての批評では、フォークナーやラテン・アメリカ文学において試みられた、時間や空間の秩序を解体し、過去と現在を組み合わせ、異なる空間を交差させる技法が『天湖』においては無意識のうちに行われていることを指摘している。

『天湖』（一九九七年）はダムの底に水没した「天底村」とそれをめぐる様々な人々の物語だが、渡辺は的確な整理によって（ここには編集者としての渡辺の能力が見事に示されている）この物語の過去と現在の二重性を明らかにしていく。

この小説における現在時点での物語は、ダム湖のほとりで亡夫の供養をしようとしている「おひな」が、東京から、この地で生まれた祖父の遺骨をこの湖に撒きにきた、音楽家志望の柾彦という青年と出会い、さらにおひなの娘のお桃が訪れてくるところから始まる。三人が過ごした一夜、村ではダム推進派の顔役、仁平の家が火事で焼失、火をつけたらしい巫女さゆりが湖に身を投げて遺体としてみつかる。柾彦はさゆりの葬式を手伝ううちに、自分の家がこの村と深いゆかりがあったことを知り、しばし逗留することになる。そして、お桃がさゆりの跡を継いで巫女になるところで物語は終わる。

物語はこれだけであって、劇的な展開はほとんど起こらない。仁平の死とさゆりの自死という、ドラマティックに描こうとすれば一つの山場になるシーンも、挿話のように語られるだけである。しかし、渡辺はこの小説の構造を、次のように分析してみせる。まずこの単純に見える主要な物語を「物語（A）」とすれば、（A）はこの作品の枠組みのようなものであり、そこでの登場人物の記憶に断片的に浮かび上がってくる、過去の記憶によって作られる物語（B）がある。この物語は、湖底に沈んでしまった村についての人々の思いが呼び出す、自然＝コスモスとの全面的な相互作用のうちに生成していた神話的空間、ダムが滅ぼしてしまった民話的生活世界と結びついている。

（B）の中心人物であるお愛とさゆりは、二人とも親を失った娘である。お愛は巡礼の母に連れられて、つり橋である月影橋を渡る際に転落し、母は死んだが、お愛は吊り橋の化身である大蛇により命を救われた。成長した愛は、産婆として、また治癒者として村には欠かせない存在となる。さゆりは、月影橋を渡ってしだれ桜の下で行き倒れた女性が、死の直前に産み落とした娘であり、お愛に育てられ、口はきけないながら、雨乞いの舞で見事に雨を降らせる。この二人だけではなく、物語（B）に描かれた人々は、「橋」を渡って外部から訪れる「客人（マレビト）」として神話的に描かれている。

（B）の舞台であり、今は湖の底に沈んでいる「天底村」も、そのように神話化された存在である。おひなはそこを「あの世とこの世のまじわるところ」「まだ出来上がらんものの、さまざまあるところ」と語る。渡辺京二はこの言葉を受けて、「あの世」とは来世のことではなく、現世、つまり「この世」を支えている存在であり「山河自体が生命であり霊であるような万物照応の世界」「人間が畏怖をもって佇まねばならぬような、混沌として生成し続ける深い淵」であることを指摘する。これもまた、石牟礼文学が描き出すヴァナキュラーな世界に他ならない。このような世界に人々を導けるのは、やはり共同体の外部から訪れ、その周縁に住む客人たちなのだ。

そして、この作品では東京や都会は破滅的な街として描かれ、地方でもダム推進などの「近代化」を目指す人は戯画化される。しかしそのような類型化は、天底村に代表されるコスモスを魅力的に描くための手段であり、柾彦がこの地で神話的世界に触れ、さらにおひなやお桃の歌う「神歌」に感動して再生していくことを明示するための手段にすぎない。

柾彦は「人の声と、ものの音はたぶん、今の時代より呪的に組み合わされて、それが世界の構造だと思われていたのではあるまいか」「初発の頃の呪儀を行う者は、世界を読み解くまなこと、精度の高い聴覚の持ち主だったのかもしれない」と、音楽の初源に意識を降ろしていく。渡辺はおひなやお桃が歌う「神歌」を、柾彦のみならずすべての現代人にとっての、近代以後失われた世界を呼び起こすための詩とみなしている。

「それは歌が天地・鬼神を動かすことのできる世界を描いているのです。そんな世界がまだ生き残っていることを私たちは柾彦を通じて知るのです。もっともそれは湖底に沈んで、歌や夢で呼び出さねばならぬ世界であります。『天湖』とはこの世＝俗世を超越し、人間にほんとうに生きる根拠を与える「もうひとつのこの世」を、秘歌＝悲歌によって呼び返そうとする小説であったことを、私たちはこうしてさとることになるのです」（「『天湖』の構造」『もうひとつのこの世』所収）

『天湖』は、渡辺がかつて論じたカルペンティエールの『失われた足跡』を想起させる。『失われた足跡』の主人公である作曲家は、原始的な共同体の神話的世界を訪れ、その地で豊かな音楽的着想を得るが、それを書き留める紙も演奏する楽団もない現実に直面、ついにその世界から拒まれる。しかし、柾彦は、この神話的世界に触れることで、音楽を通じて神話的なコスモスを復活する道を見出すのだ。

石牟礼道子へのレクイエム

石牟礼道子は二〇一八年二月、世を去った。晩年の石牟礼に対し、渡辺京二が信頼できる医師や介護士と共に献身的に尽くしたことはあえて触れる必要もないだろう。石牟礼の死後出版された『預言の哀しみ　石牟礼道子の宇宙Ⅱ』には、渡辺による『椿の海の記』『十六夜橋』『春の城』三作への評論が、この作家へのレクイエムのように書き下ろされた。

渡辺は『椿の海の記』（一九七六年）を再読し、この作品を石牟礼道子の最高傑作として再認識している（「『椿の海の記』讃」『預言の哀しみ』所収）。この作品では作者自身が三、四歳の幼女として登場するが、渡辺はこの小説全体が「初めて世界が自分の前に開け、自我の中核が形成されていく」時期が、石牟礼道子にとっては「人間以前の森羅万象の世界から『人の世』が立ち顕れる分離過程」として表現されていることだと読み解いたが、これはまさに『椿の梅の記』の本質を突く評論だろう。

そして、この森羅万象の世界とは自然にとどまらない。渡辺は、農村における住民の生活世界がこれほど豊かなものとして描かれたのもはじめてのことだと断言する。近代的知識人が外から「分析・研究」してきたこの国の「基層民」が、私たちはこのようなコスモスに生きているのですよ、と初めて自ら表現して見せたのだ。農作業や村で作られる団子をはじめとした食べ物が、これほど多彩に語られた作品もないと渡辺は言う。それは、農作業が近代的な労働ではなく、コスモスにおける自然との対話としてなされていたからだ。そして、このような森羅万象の世界が文学として成立したのは、石牟礼道子という作家の強烈な自我があってこそである。

この自我がより鮮明に表されているのは『十六夜橋』（一九八二年）だ。この作品では、石牟礼道子は諸作品で重要な登場人物として現れる、祖母の若き日を「志乃」として描いた。石牟礼道子は若き日の祖母のことも、また、発狂した理由も、祖父を憎んだ理由も知らない。石牟礼は「志乃」の姿に「自分自身の存在感覚を重ね」て一人の女性像を作り出したのだ。志乃の夫は社会的には（少なくともこの小説の中では）なかなかの人物として描かれている。だが、志乃はもともと「人遠い」少女であった。志乃にとって他者は「むかしむかしのものたちが、幾代にも重なり合って生れ、ひとりの親になる」存在であり「とても一代やそこらで、あんな生ぐさいような息が吐けるはずがない」（石牟礼道子『十六夜橋』）という嫌悪の対象であった。

志乃は死に別れた恋人「秋人」が、いつかこの生ぐさい世界から「海もお空も樹々の枝も、草花も、人間たちはなお、現し身よりは、上べの色を沈め、いのちの色をまとい直して出て来てくれる」ような幽玄の世界、まさに「もうひとつのこの世」に招いてくれることを夢みつづける。この小説は、石牟礼道子が、前近代社会の共同体そのものの中には決して安住できなかった人間であることを明らかにしている。

天草の乱を描いた『春の城』は、歴史小説であるとともに、水俣病闘争体験が強く反映したものである。「石牟礼道子にとっての島原・天草の乱物語は、民衆が情と信義を貫き通す物語」（「『春の城』評釈」『預言の哀しみ』所収）だと渡辺は読み取った。「これはいき所のなくなった民が、いっしょにどこにもない世へ行きましょう」という物語であり、その「どこでもない世」とは「人が互いの情を信じて生きて行ける」「もうひとつのこの世」なのだ。

この小説に出てくる庄屋の蓮田家は、キリシタンであるとともに、常に隣人に食料をわかち、住民たちの信望を集める人物として描かれる。下人たちも主人と深い信頼感で結びつき、かつその一人は仏教徒、しかもキリシタンによって仏像を破壊された経験を持つ女性「うめ」である。そして「うめ」は、マリア様と観音様は必ず仲良くなれるはずだと信じ、かつ自然や大地のコスモスとも深くつながっている存在として描かれ、蓮見家の当主は、原城での最後の夜、むしろ自分たちよりもうめのほうが深い信仰に根差していたとまで語る。これはまさに愛の共同体である。渡辺はこの作品を晩年に書き上げた石牟礼に対し、次のような美しい言葉をかけている。

「『苦界浄土』は故なき苦患を負わされた人びとが、人びととの間に成り立つ情愛を、ともにとり戻したいと願う物語であった。原城の乱はこの作品が書かれたとき、作者が自覚したかどうかにかかわらず、すでに主題として屹立していたのである。彼女はこの大作で、自分自身への約束を果たした。まことに幸せな作家というべきである」（「『春の城』評釈」『預言の哀しみ』所収）

さらに『春の城』の世界は、最晩年の能作品『沖宮』に引き継がれていく。これは人身御供をテーマにしている。『春の城』のラストシーンでは、蓮田家の孫娘「あや」が、天草の新代官に任命された鈴木重成と海岸で偶然出会う。重成は一揆軍の、武士よりも潔い最期に深い感銘を受けていた。重成はあやから、拾った貝殻を手に乗せられる。重成は天草の民衆救済のために年貢半減を主張、退けられると腹を切ったと伝えられる武士である。

能の『沖宮』では、同じ名前の「あや」という少女、そして天草四郎、その乳母と夫の三人の幽霊が登場する。あやは乳母の娘であり、両親は原城で戦死、あやは親戚のいる村に引き取られたが、この村は一揆には参加していない。そしてあやは、竜神様への人柱として海に送られていく。

石牟礼道子は、この「人柱」というテーマに深く魅入られていたと渡辺は言う。人柱とは両義性を持つものである。「一つは村共同体のために犠牲になるという美しい面で、娘は覚悟して村のために命を捧げるのだし、一方村人は犠牲になってくれる娘に感謝するという面」がある。しかし同時に「自分たちが餓死しないためには一人の少女の命を犠牲にしてもかまわない」という共同体のエゴイズムの表れでもある。実際、このような人柱は、村共同体の中で疎外され、下層にある人が犠牲となった。このあやという少女も、反乱者の娘であり、両親もいない、人柱には都合のいい存在だった。まさに「小さきもの」が犠牲となるのだ。

渡辺京二は、この作品ではあやはもともと竜神の娘であり、人柱となるのは故郷である海の底に帰還することだという設定があることをまず指摘する。そして、この『沖宮』とは単に竜神が住まうだけではなく、命と自然の大いなる親、グレートマザーの象徴としても描かれており、かつまた、一揆の指導者天草四郎が、あやと道行をすることが美しく描かれてもいることを指摘する。

「原城で死んだ人びと、その象徴としての四郎は、『沖宮』へ赴くあやの同行者、つまりあやを救済する案内者なんだね。お兄さんたちはもう美しい世界へ行ってるんだよ、そこへ連れて行ってあげようね、もともとあやはその世界の人だったものねというわけなの」

「石牟礼さんは、全文集をもって、この国の古きよき民たちと心中なさろうとした作家です。自分は今はもう亡きこの古い民たちと、妣神の待つ美しい世界へと道行きなさるつもりだった。だから『沖宮』という作品は、彼女の深いところにあるコンプレックスとか衝動とか、オブセッションとか、深いところにある思いが出ている作品なんですよ」（「『沖宮』の謎」『預言の哀しみ』所収）

「小さきもの」を見つめ続ける姿勢において、渡辺京二と石牟礼道子は生涯その視点を共にしていた。そして、石牟礼は決して現世で救われることのない小さきものの魂と共に「妣神の待つ美しい国」、古事記の、いやそれ以前の神話的世界、この世を越えた世界に旅立とうとした。そして、渡辺京二は石牟礼道子が文学の形で描いた、前近代社会に存在していたコスモスと神話的世界を、江戸時代やそれ以前の様々な文献から具体的に明らかにする著作を発表していく。これは単なる前近代社会の再評価にはとどまらず、その作業を通じて、石牟礼同様「もうひとつのこの世」のありかを探る精神の旅路でもあった。

Ⅲ

第二十二章　逝きし世の面影――滅び去った文明

滅び去った文明

雑誌『週刊エコノミスト』に一九九五年から翌年にかけて連載され、その後加筆・再構成されたのちに、一九九八年、出版された『逝きし世の面影』は、渡辺京二の著書の中で、最も広い層に受け入れられた作品となった。

しかし、同時に本書は、著者の意図とはかけ離れた読み方をされてきた一面もあった。江戸時代の日本がいかに素晴らしい文明と伝統を有していたかを明らかにした書物として、主として保守派の知識人から称賛されたのである。だが、渡辺京二は明確に書いている。「私の関心は日本論や日本人論にはない。ましてや日本人のアイデンティティなどに、私は興味はない。私の関心は近代が滅ぼしたある文明の様態にあり、その個性にある」。

『逝きし世の面影』は、江戸時代の日本文明、近代以前の日本社会を目の当たりにした外国人たちの記録を通じて、日本が近代化によって、確実にある「文明」を失ったことを明らかにした著作なのだ。

本書は次のように始まる。

「私はいま、日本近代を主人公とする長い物語の発端に立っている。物語はまず、ひとつの文明の滅亡から始まる」（『逝きし世の面影』）

文明の滅亡という言葉は重い。江戸時代の一八世紀初頭に確立し、一九世紀を通じて存続した日本人の生活様式、価値観、社会構造、そして自然や生き物との関係などは、明治末期にはほとんど滅亡し、昭和初期には微かな残影を残したに過ぎない。日本近代とは、そのような犠牲の上に成り立ったものなのだ。

このことを認識していたのは、当時の日本人以上に来日外国人たちだった。砲艦外交の象徴にも見える米国のハリスですら、一八五六年九月四日、下田港での日記にこう記している。「厳粛な反省―変化の前兆―疑いもなく新しい時代が始まる。あえて問う。日本の真の幸福となるだろうか」。この言葉は、次のウォルター・ウエストンの言葉につながる。

「明日の日本が、外面的な物質的進歩と革新の分野において、今日の日本よりはるかに富んだ、おそらくある点ではよりよい国になるのは確かなことだろう。しかし、昨日の日本がそうであったように、昔のように素朴で絵のように美しい国になることはけっしてあるまい」。そしてイギリス人の日本研究家チェンバレンは「古い日本は妖精の棲む小さくてかわいらしい不思議の国であった」と書いた。

しかし、外国人が江戸時代の文明を懐かしむ姿勢を、封建時代の美化、異邦人の感傷にすぎないという反論は、すでに明治時代の日本人から挙がっていた。チェンバレン自身こう書いている。「教育ある日本人は彼らの過去を捨ててしまっている。彼らは過去の日本人とは別の人間、別のものになろうとしている」。しかし、チェンバレンはこれに対しても理解を示している。

「西洋が中国に対してとった行為は偉大なる教訓であった。もし日本人が、長く国家を保全し成功するための最上策は、強国になろうとする決意と、諸外国民とあまり違わない人間になろうとする努力にあるということを見抜かなかったとしたら、日本人は本当に盲目であるといってよいだろう」

幕末から明治の日本が、西欧の侵略に対抗し近代国民国家を形成するためには、己の過去を否定せざるを得なかったのだ。

しかし、現代の日本知識人の多くも、日本を讃美する西欧人の言動に対し、しばしば嫌悪感を覚える傾向がある。その理由は、その言動は日本の民族的一体感や自負心、簡単に言えばナショナリズムの助長につながると警戒するからだ。渡辺は、その際よく援用されるのが、パレスチナの思想家エドワード・E・サイードが確立した「オリエンタリズム」という概念だと指摘する。

オリエンタリズム批判の矛盾と

サイードはいわゆる西洋人の東洋への視点を「オリエンタリズム」と定義し、それは現実の「民族主義、階級闘争、人間的営為」には全く関心を持たず、単に「ロマンスやエキゾティック」の舞台としてしかみなさない、差別的、西洋中心主義的な思想に基づくものとした。確かに「アラビアン・ナイト」的エキゾティズムや、現在も続くアラブ・イスラムに対する西欧の偏見を考えるとき、サイードの批判には正当な面がある。しかし、サイードの論理をそのまま利用して、西欧人の日本賛美を否定する現代日本知識人の姿勢は、渡辺の指摘するように欺瞞そのものである。

なぜなら、彼ら知識人は、欧米人の古き日本への賛美は否定していながら、日本社会の欠点についての批判はごもっともと受け入れるのだ。彼らは『大君の都』を書いた英国公使オールコックが、日本を東洋的専制国家と見なしたことには何の反論もないどころか共感すら覚える。「東洋的専制」という概念は、アジアの後進性としてマルクスやマックス・ウエーバーが提起したものであり、その「オリエンタリズム」的概念を日本知識人は無批判に受容しているのだ。さらに渡辺は、西洋中心主義であるオリエンタリズムを徹底的に批判するならば、戦後の米軍占領下における、日本の徹底的な改造をも否認しなければならないと述べているが、これも全く正しい指摘である。

その上で、渡辺はサイード自身の思想にも批判意識を向ける。サイードは「西洋」「東洋」といった区別そのものが西洋の側から押し付けられたものだとし、同時に、民族、文化、宗教などによる区別も有害な虚偽概念として退け「個々人の人間的現実に基づく」相互理解を目指すという。しかし、このような八〇年代に流行した「脱構築」理論を引き継ぐサイードの姿勢は、西洋近代主義への反動に過ぎず、しかもその価値観から自由になってもいない。

東洋は西洋に比べて迷妄であり停滞しているとみなすオリエンタリズムをサイードが批判するとき、そこには、進歩や合理主義は原則的に正しいという西洋的価値観が密輸入されている。同時に、サイードが、「個々人の人間的現実」と呼ぶものは、民族主義や階級闘争、植民地支配への抵抗などの政治・経済的諸関係そのものである。政治的・経済的諸関係こそが人間の生の本質だとみなす姿勢こそが、西洋近代の発想であると渡辺は指摘し、サイード批判を超えて、自らの思想的立場を明確に打ち出している。

「われわれの実存的な生とは、そしてそれが生きる現実とは、けっして政治や経済を主要な実質とはしていない。それは自分が生きるコスモスと社会を含む広い意味での他者との交渉を実質としており、そのコスモスと社会を規定するのが宗教も含めた文化なのである」(『逝きし世の面影』)

人間は、その生きる空間において、他者との関係、そして日常のささやかな出来事や文物を通じてコスモスとの一体感を感じるときに、初めて生を現実として捉えることができる。渡辺は、一八六七年に来日した二一歳のフランス人、リュドヴィグ・ボーヴォワルの言葉を引用している。この時期、フランス公使ロッシュは江戸幕府を支持し、薩長に対する徹底抗戦を説いていた。しかしボーヴォワルは、政治論議よりもはるかに、日本の街並みや家屋の美しさ、提灯の柔らかな色合い、火打石や煙草入れの洒落た道具などに魅せられていた。渡辺京二はこの青年に共感を隠さない。

「人間にとって政治経済的諸関係はたしかに、その中で生きねばならぬ切実な所与であるだろう。しかしそれに劣らず、いやあるいはそれ以上に、煙草入れや提灯やこまごまとした飾りものは、一個の人間にとって生の実質をみたす重要な現実なのだ」(『逝きし世の面影』)

そして、パリに世界有数の東洋美術館を建てたエミール・ギメは、一八七六年に来日し、わずか三か月ほどの訪日で日本の印象記を書いている。わずか数か月で日本の何が分かるのか、という批判に対して、ギメは、外国を語るときには二種類の方法があると答えた。一つは、統計的な数字、法律、産業などについて詳しく調査して情報を提供するやり方である。もう一つは、どんな短い時間であれ、最初に受けた印象を率直に伝える「芸術的」な方法である。「そして、この最初の印象が、最も生き生きした印象である」更に相手が、貴方はフランス人だし日本よりはるかにフランスについて詳しいのだから、自国のことを書いたらどうかとからかわれると、ギメは堂々と答えたという。「私はそんなことはしません。フランスが何であるかを知りたくなれば、私は日本人の旅行記を読むでしょう」。渡辺はこの姿勢を、まさに文化人類学の先駆者というべきものだと高く評価する。

「ある文明の特質はそれを異文化として経験するものにしか見えてこないとギメは語っているのだ。第一印象にすべてをかけるという彼の方法論はこの自覚に由来する。（中略）錯覚や誤解は織りこみずみだ。要は第一印象こそが、異質なものへのもっとも鮮やかな感受であるということだ」（『逝きし世の面影』）

そしてギメにとって日本の第一印象とは「すべてが魅力に満ちている」ものだった。ギメは日本人の風貌を古代ギリシャ人にたとえ「白い、バラ色の美しい娘たち」と呼び、輝くばかりの豊かで秩序だった田園風景に驚嘆する。そして何よりも感動したのは、日本にあふれる様々な「音」の体験だった。漕ぎ手たちや荷車を引く車夫たちの掛け声から、女性たちの会話、「サイナラ」という言葉の何とも言えぬ響きに至るまでギメは心地よく感じているが、何よりも印象に残ったのは、鎌倉の八幡宮や大仏を見学した後の旅館での体験だった。

ギメは旅館で過ごした夜に、様々な音に包まれて眠るどころではない感銘を覚えた。波の音を

「海が震えている」、木々を揺らす風の興す音は「山が震え唸っている」と感じた。星がきらめく夜空の下で、山が海に応え、陸と海とが二重奏を歌っている、とギメは日本の自然との出会いを語る。渡辺はこれを「おそらく彼は、日本の夜には様々の霊や精が呼吸していて、人びとはその息吹きに包まれて眠るのだと感じて、ある感銘を覚えずにはおれなかったのだ。なぜなら彼が暮らしていたリヨンの夜には、こうしたものの息吹きは既に死に絶えて久しかっただろうから」と解説する。フランスにおいても、前近代の時代には、陸と海は二重奏を歌い、妖精たちは森を飛び交っていただろう。

ギメに同行した画家、フェリクス・レガメもまた、日本に魅せられた一人だった。彼にとって日本の最も美しい思い出は古い木橋だった。日本に着いたその日の夜に見た、金具の目立つ木造の橋は、その優美なカーブで彼を感動させ、かつ橋の下を裸の船頭の漕ぐ船が行き、水浴する人々の水沫に月光が銀色に映り、「王妃のような装いの美しい娘」が、赤子をおぶいながら橋の上で子守唄をやさしく歌っていた。この時の感動をレガメは「それ以来、私の靴の底にくっついたままなのだ」という印象的な言葉で語る。彼が日本を再訪した時、この橋は既に取り壊されていた。

アジアと西欧、進歩と安息

日本を訪れた外国人たちが出会ったのは「蒸気の力や機械の助けによらずに到達」した、高度で豊かな農業と手工業の文明、さらに外国人との接触を制限することによって独特な完成度に達した「前工業社会」の性格と特質だったのだ。外国人たちは日本という異文化、近代以前の人間の生活様式と遭遇し、自分たちの社会がすでにこの世界を失っていることに気づかされたのだ。

もちろん、彼らは西欧近代文明がアジアの文明より優れたものであることを確信していた。しかし同時に、オールコックは次のようにも述べていた。

「アジアがしばしば天上のものに霊感をもとめたのに反して」西欧近代は現世の物質的利益（経済発展や近代国家建設）を求めることを目的としてきた。アジアが安息と瞑想を生活の最上の要素と考えてきたのに対し、ヨーロッパはどうあっても「進歩」を追求し、他者にもそれを求める。ここに、アジア人の生活に不調和と混乱が生じ「この世の苦労が押し付けられ」アジア人は生きるために闘わねばならなくなる。これほど、アジア人にとって忌まわしいことはない。ここまで考察したうえで、オールコックは次のような結論をアジアの可能性として引き出している。

「アジアは、世界の活動の中のヨーロッパの進歩のはずみ車の不足をおぎなうものとして、そしてまたより徹底的に世俗的・合理的な生存を夢中になって追求することへの無言の厳粛な抗議として、この下界の制度の中で、ひとつの矯正物となるかも知れぬ」（『逝きし世の面影』）

渡辺はこれが「粗大な議論」であることは認めたうえで、文明史的に重要な問題が提示されていることを見逃さない。近代工業文明への懐疑や批判は、その文明が完成した十九世紀の時点ですでに起きていたのだ。日本を訪問した西欧近代人のテクストは、この視点から読み直されねばならない。渡辺京二がこれまで論じてきたドストエフスキイ、明治初期に玉砕した神風連、戦前の日本右翼思想家やアジア主義者たちの思想は、オールコックと同じテーマを訴えている。渡辺京二が本書で描き出した世界は、西郷隆盛、北一輝、宮崎滔天、岡倉天心などが、ひいては二・二六事件の青年将校たちが夢見た日本の姿でもあるのだ。

そして、渡辺は第一章の最終部に『支那のユーモア』の著者である林語堂の言葉を引用している。林は西欧文明の進歩や力を認めたうえで、人生において重要なのは進歩などではなく「よき家庭、苦労のない平和な心、寒い朝の一杯の熱い粥」だと述べるが、これはいかにも中国人らしい（渡辺が引き上げ時に触れた中国の「大人」の態度とはこのようなものであったろう）言葉である。さらに林語堂は、前近代と近代との重要な思想的分岐点を付け加えている。

「あなた方は同時に精神的であり、また物質的であることはできない。しかし吾々にはそれはできるし、何らそこに衝突しなければならないものを感じない。あなた方の精神の故郷は天上にあるが、吾々のそれは地上にある」（『逝きし世の面影』）

渡辺はこの林の言葉を受け、精神と物質、天上と地上を分裂させたものこそ西洋近代文明であり、アジアの諸文明は、物質的安楽と魂の平安がまだ分離していない段階に「まどろんで」いたことを指摘する。「幕末の日本では、精神の安息と物質的安楽が、一つの完成し充溢した生活様式の中で溶け合っていた」からこそ、日本人は「幸福」で「充足」しているように見えたのだ。

江戸時代の「豊かさ」

『逝きし世の面影』には、幕末から明治にかけての日本人の「無償の親切」の実例が数限りなく紹介されている。第二章「陽気な人びと」における、旅行者イザベラ・バードが書き残したエピソードなどはその好例だろう。バードは女性の一人旅というのに、無礼な目にあうこともなく法外な料金を要求されたこともなく、馬子も人力車夫も、常に礼儀正しく親切にふるまった。宿についたときに荷物の一つがなくなっていることがわかると、夜にもかかわらず探しに引き返し、バードがお礼を払おうとしても、目的地まできちんと送り届けるのが自分の仕事だと受け取ろうとはしなかった。

このような親切や礼節は、民衆の生活がゆたかで幸福であったことの反映に他ならない。渡辺が第三章で速水融の学説を引用して証明しているように、江戸時代は産業革命とは別次元の「勤勉革命」が農業において実施されていた。家畜を使わず、人間の労働力を集約し、家族全体で除草や工作に励むことで「平地から団丘に至るまで作物で覆われた景観」と、前工業化段階としては高い水準の農業生産をもたらしていた。

同時に、江戸時代の農村は過酷な年貢で苦しめられていたという従来の説も、実は現実は逆で、むしろ検地が一七〇〇年以後はほとんど実施されず、年貢は据え置かれていたことから、農民の負担はむしろ軽くなった。当時の農民がゆたかで幸福に見えたのは不思議なことではなかったのだ。

同時に、この「ゆたかさ」は、簡素な生活をその背景にしていた。外国人たちは、日本人の家庭に「家具」というものがほとんどないことに驚かされている。畳と布団、衣装箱、あとは食器とたらいなどがあれば用は足りるのだ。外交官のハリスは、民衆だけではなく、幕府の将軍家ですら同様であることを記している。ハリスは日本人の生活は、将軍から庶民に至るまで、シンプルで「富者も貧者もいない」簡素な姿であり、そこには「本当の幸福」があるように感じたのだ。

当時西欧で起きていたのは、産業革命以後の貧困階層の出現と、ブルジョア階級との社会的分断だった。彼らが見た日本は「貧乏人は存在するが、貧困なるものは存在しない」国であり「野卑と不潔と犯罪」の象徴であるような貧困と無気力の階層、つまり初期工業化社会が生み出した都市のスラム街が存在しなかったのだ。

だからこそ、日本における「労働」は、産業革命以後のそれとは全く異なっていた。アメリカ人イライザ・シッドモアは、鎌倉の海村に、大人も子供も一緒になって海辺で働き、男女がそれぞれの仕事をまるで海と戯れるように行い、子供たちはその場で遊ぶ、喜びにあふれた風景を記述している。「鎌倉の生活は、歓喜と豊潤から成り立っているかのように」見えた。

また英国公使フレイザーの妻メアリも、同様の風景を、地引網と思われる漁が終われば、子供たちと共に、漁に出る夫のいない後家や、身寄りのない年寄りたちも漁師の周りに集まり、市場に回せないような魚は彼らの手にわたる。「物乞いたちも、砂丘の灰色の雑草のごとく貧しいとはいえ、絶望や汚穢や不幸の様相はないのです」。

渡辺京二は、ここに当時の日本社会の特質、「幸福」の本質をみる。

「衆目が認めた日本人の表情に浮かぶ幸福感は、当時の日本が自然環境との交わり、人びと相互の交わりという点で自由と自立を保証する社会だったことに由来する。浜辺は彼ら自身の浜辺であり、海のもたらす恵は寡婦も老人も含めて彼ら共同のものであった。イヴァン・イリイチのいう社会的な『共有地』、すなわち人びとが自立した生を共に生きるための交わりの空間は、貧しいものを含めて、地域のすべての人ひとに開かれていたのである」(『逝きし世の面影』)

イヴァン・イリイチが強調する「コンヴィヴィアリティ」の社会が、この時期の日本には存在していた。そしてこの社会では、人間は共同体に所属することによって相互扶助を受けることができた。

そして、従来は身分制社会としてとらえられてきた江戸時代は、あらゆる人々に、分割された職分と、その職分を表示する特有の衣装と道具、そして生きるための場所を提供する社会でもあった。近代社会が人々を一様に「大衆」として統合し、「階級」にしてしまうのと違って、この社会では職分的個性が多様であり、また豊かだった。障碍者であれ、施設に収容され「福祉」に管理されるのではなく、例えば盲人は按摩として生きていくことができた。

渡辺京二はイザベラ・バードの著作における、江戸の店の多様さを驚きをこめて紹介する。「髪を結うためのかたい詰めモノを売る店、下駄屋、紙傘の店、日笠雨笠の店、紙の雨合羽や包み紙の店、人馬のためのわらじを売る店」さらには、羽織の紐や硯箱だけを売る店もある。このように細分化すれば店の規模は小さくなるが、微細かつ多様な「棲み分け」が可能になる。さらに「特定の一品種のみ商う」ことにより「その商品に対する特殊な愛着と精通」を育み「商品はいわば人格化する」。江戸時代、人間の営みは多種多様な職分に分割され、その職分と個性は手仕事と商品という形で具体的に表された。

江戸時代の「自由」

そして江戸時代には、近代とは違う意味の「自由」具体的に言えば「権力からの自由」が存在した。カッテンディーケは、日本の下層階級（武士以外の階級を指す）は、どの国のそれよりも大きな自由を享有しており、また権利を保障されていると述べ、その理由を端的に語っている。日本では武士以外の階級は、ほとんど「上層民」つまり権力と関係を持たないからなのだ。

幕府権力は年貢徴収、キリシタン禁圧などの国政的レベルの領域外では、民衆の日常生活や共同体の自治には干渉しない方針を貫いた。これは近代的な意味での自由や自治ではない。「村や町の共同体の一員であることによって、あるいは身分や職業による社会的共同体に所属することによって得られる自由なのだ」(『逝きし世の面影』)。

ここで、渡辺京二はさらに重要な日本近代の「自由」の概念が、日本の歴史や共同体とは断絶していることを指摘している。「日本の前近代的共同団体の伝統的な自治権は明治の革命によって断絶し、その結果、わが国の近代市民的自由は(中略)生活の中でなく知識人の頭脳の中で培養された」この視点からも「江戸期の民衆の自由の基盤となった前近代的共同団体の自治権は、再検討と再評価を求められている」(『逝きし世の面影』)。

そして、江戸時代を語る上で、しばしば問題にされるものが女性への抑圧である。しかしここでも渡辺は興味深い分析を行っている。外国人たちは、日本の女性は娘時代は自由気ままな生活を満喫していても、結婚すると妻や母親の仕事に献身することになり、その際には眉を落とし、お歯黒をつけ、また顔を必要以上に白く塗りたくることを記している。この習慣を渡辺は、東アフリカのマサイ族に見られる。生涯をいくつかの段階に区切り、それぞれに独自の役割を与えることによって、人生を共同体のシステムに結び付ける年齢階層制と同様のものとみなした。

女性が、娘という階梯から、妻や母という次の階梯に進む際に見られる一つの儀式がお歯黒であり眉そりなのだ。そして結婚後、嫁が夫や姑に対する「服従」も、ある意味では人生のサイクルであり、妻は前半では辛苦をしのぶが、子供が成長して嫁をとり、隠居する立場になれば、幸福な老年が訪れ、若いころは許されなかった外出も自由になり、芝居見物や寺社巡りなど安楽な日々が訪れると、アメリカ人女性アリス・ベーコンも記している。

このような女性の姿を、男性支配に好都合なものだと批判するフェミニストに対して、渡辺は「前近代特質を、ウルトラ近代的立場から否定抹殺することをもって正義かつ進歩と信じる幸せな人々」と嘲笑する。これは江戸時代をやれ個人の抑圧だの人権侵害だのと言ったレベルで批判したがるすべての知識人に対する批判とも言えるだろう。

「明治になって立身出世とか立志とかが男の課題となるまでは、男たちはやはり己の家の圏内で、しあわせなあるいは不幸な一生を送ったのである。そしてそれがしあわせか不幸かを決定するのは女たちだった」。渡辺京二のこの言葉は、江戸時代の民衆の最も深い心情に触れている。そして女性の忍従と自己犠牲は、その家を幸福な共同体とするためのものであり、それは女性に静かな尊厳を与えたのだ。

自然との一体感と信仰

そして、外国人たちを驚かせたのは、江戸という都市の特殊性だった。江戸は都市と自然が一体になるような空間だった。ヨーロッパや、あるいは中国の大都市にあるはずの巨大な建築物などはほとんど見られない。かわりに緑と田畑が街を彩っていた。渡辺京二は本書で、江戸を「ユニークな田園都市」と呼ぶ。江戸の独自性は都市が田園によって浸透され、気づかぬうちに都市から田園へ、田園から都市へと風景が移り変わることだった。これは当時ヨーロッパにも中国にも存在しなかった都市の形態であり、これもまた江戸文明の象徴だった。

だからこそ、都市部の自然は慎重に管理されていた。住宅に面した部分の庭園は樹木や灌木が刈り込まれて様々な造形にかたどられ、美しく整備された砂利道に盆栽や花鉢が置かれ、金魚のいる池や人工の小川には苔むした岩が突き出す。このような風景とそこに暮らす人々を見て、先に紹介したギメはこう賞賛した。

「日本人は何と自然を熱愛しているのだろう。何と自然の美を利用することをよく知っているのだろう。安楽で静かで幸福な生活、大それた欲望を持たず、競争もせず、穏やかな感覚と慎ましやかな物質的満足感に満ちた生活を何と上手に組み立てることを知っているのだろう」

この感覚は、日本人が四季折々の行楽を楽しむことにも現れていた。上江戸時代後期から幕末にかけて生きた歌人井関隆子は、旧暦十五夜の月を待ちかねるように、天保一一年八月一三日にこのように記している。

「夕されば待ほどもなくさしのぼる月影、いと花やかなり。むかしより月の盛には、寐られぬものいひ置しも、げにことわりなり。夕月の程はかのいぶせきもみの木をとくこえぬれば、程なき住居にさしいる光り、昼よりもげにまばゆう、床のわたりもあらはに、はしたなきまで照らせる影、いと涼しうたぐひなし」(『井関隆子日記』)

現代の私達が月を見て美しさと神秘を感じる心を失ったとは言わない。しかし、このような官能的なまでの月見の夜の美しさと、それを味わう心の動きを描く文章を読むとき、やはり失われたものの大きさを感じずにはおれない。渡辺はこの時代の「十五夜」とは、生活のリズムを生み出す、生きているということの同義語だったのではないかと記す。

渡辺は同時に、このような自然への感覚は、花鳥風月という言葉に集約されるような「文明によって飼いならされた自然」であることを認めている。だが、人間は裸形の自然そのものを把握することはできない。「人間は自然＝世界を必ず一つの意味あるコスモスとして、人間化して生きるのである。そして、混沌たる世界に一つの意味ある枠組みを与える作用こそ、われわれは文明と呼ぶ」（『逝きし世の面影』）。

江戸時代の文明は、四季折々の景物の循環の中に、人々の生を組み入れ、その中で生の喜びを、あるいは断念や抑制を自覚させ、生の完結へと導くものだった。人生の意義を、名声や栄達以上に、四季の景物と循環する生命のコスモスのうちに一体化することに置く、そのような文明があったことを、渡辺は感動をもって記していく。

人々はそのコスモスの中で、人間だけが特別のものだとは思わなかった。第一二章「生類とコスモス」において描かれるように、日本の民衆は、町中の犬から牛馬に至るまで、動物たちをきわめて自由にさせ、わがまま放題にさせていた。鶏から卵は取るが、食べるために殺すことは嫌がった。家畜は確かに人間のためのものだったが、彼らはまた人間と苦楽を共にする生き物であって、動物たちにもまた幸福であってほしかったのだ。人間は神より霊魂を与えられた存在であり、人間にはかけがいのない価値があるなどという、人間至上主義的発想はなかった。人間はそれほど大したものではなく、いい加減なものであり、それを理解してお互いを許し認めることが「人情」であった。

このような文明における信仰とは、キリスト教を信仰する外国人には理解しがたいものだった。スイス領事のリンダウは、日本では沢山の寺社があるにもかかわらず、僧侶はいかなる尊敬も受けていない、彼らの教義もはっきりせず、仏教と神道の差も不明瞭だと述べている。民衆は「宗派の区別なく、通りすがりの寺院のどこでも祈りをささげる」が、その行為は祈りではなく「神聖とされる場所への礼儀」に過ぎないように見えた。

儀式の上に成立する信仰様式

しかし、このような視点はやはり一面的だった。その中で、アリス・ベーコンは、日本民衆の信仰について、より深いものを体験していた一人である。明治三三年から二年間日本に滞在した彼女は、ある山間の湯治場に二週間ほどを過ごした際、村はずれの茶屋を営む夫婦と親しくなった。夫は木の根で天狗などを制作する「芸術家」だったとアリスは言うが、おそらく簡単な民芸品を湯治客の土産用に作っていたのだろう。妻の老女は、アリスに様々な民話を語り聞かせてくれた。天狗の風穴と称する所に連れて行ってくれたのだが、老女が言うのは、天狗はもうこの森から去ってしまったという。その他にも、老女は森の守り神の黒蛇の話や、マムシを捕えてマムシ酒にする話なども語っていた。アリスはこう記している。

「いとしき小さな老女よ、（中略）神秘で不可思議な事物に対する彼女のかたい信念は、かしこい人々はとっくに脱ぎすてているものだけれど、わが民族の幼年時代に立ち会うような気持に私たちを誘なってくれたし、さらに、すべての自然が深遠な神秘に包まれている文化のありかたへの共感を、私たちの心に湧きあがらせてくれた」（『逝きし世の面影』）

渡辺京二は、西洋人たちがしばしば陥りがちだった過ちは、仏教や神道の教義の中や、現実の寺院などの宗教組織の活動実態の中に日本人の信仰のありかたを探ろうとしたことだと分析する。この時代の日本人の宗教感情の真髄は、欧米人や、あるいは近代化を急ぐ明治日本知識人が、迷信や娯楽にしか見えなかったものの中にあった。

それを典型的に表す行事の一つが、盆行事である。杉本鉞《えつ》子『武士の娘』によれば、盆の準備は数日前から行われ、家中は屋根の上から床下まですべて清められ、当日には、仏壇には茄子や胡瓜で作った牛馬が供えられ、蓮の葉に野菜が盛られた。女中が盆燈籠を高々と掲げ灯を灯すと、中の切紙が小鳥の群がはばたくように揺れ動く。黄昏時になれば、一家そろって大門の所に、召使も含め皆新しい服装に着替え、二列でこうべを垂れて、祖先の精霊が来るのを待つ。

「街中が暗く静まりかえり、門毎に焚く迎え火ばかり、小さくあかあかと燃えておりました。低く頭をたれていますと、まちわびていた父の魂が身に迫るのを覚え、遙か彼方から、蹄の音が聞こえて、白馬が近づいてくるのが判るようでございました」（杉本鉞子『武士の娘』）

そして、迎え火が消えると仏前に戻り、それから続く二日は、ご先祖さまを迎えた喜びに満ち溢れた時間が続く。精霊が家を去るときは、送り出す舟を作って夜の明けぬうちに川べりへ行く。そして、朝日が昇り山の端が光ると共に、人々は船を川に流し、静かに、しかし深いつぶやきが起きるのだった。「さようなら、お精霊さま、また来年も御出でなさいませ。おまち申しております」。この言葉は、宮沢賢治や石牟礼道子の文学世界にそのままつながって行くように感じられよう。

渡辺京二はこのような儀式を、単なる先祖崇拝とは見ない。それは先祖崇拝の概念を超えて、魂の永劫不滅と、現世を越え、しかも現世とつながっている霊的世界の存在を体感している人々の姿を現したものだと読み解くのだ。

だが、渡辺京二は本書の最終章において、このような文明がなぜ滅びなければならなかったか、どこに本質的な問題を抱えていたかを、残酷なまでに分析してもいる。その考察は、次章『江戸という幻景』についての論考の中で改めて紹介したい。本書は今後も近代とは何かを考える上で最も重要な著書の一つとして読み継がれることだろう。

第二十三章　パックス・トクガワーナの多彩な人々

「むぞらしい人々」の群れ

『逝きし世の面影』が、幕末・明治に日本を訪れた外国人の記録を中心とした江戸文明への考察であるとするなら、二〇〇四年に発行された『江戸という幻景』は、江戸時代の文献そのものから江戸文明の豊かさを描き出した著作である。渡辺京二の著作は何から読んだらいいでしょうか、と問われた時、私は常に本書を薦めている。本書は江戸時代に書かれた文献、特に随筆や紀行文を中心に構成されているため、『面影』以上に直截的に江戸時代の精神世界が読者に伝わり、かつて日本にはこれほど「幸福」な時代があったのだという感銘を与えてくれる。

本書はまず、渡辺京二に「なにか茫然としてしまう」と言わしめた記述で始まる。

「摂津の国に富豪でありながら儒学に長じ、しばしば世に陰徳を施した男がいた。この男が死んだとき、遠近から男女群れ集って泣き悲しむこと、ちょうどお釈迦様の入滅なさった時もこうだったかと思わせるほどだったが、ここに一人の無知な老婆がいて、その言うことには、『これほど学問なさってさえも善い人であったのに、もし学問さならなかったら、どれほど善い人であったかなあ』」（『江戸という幻景』）

伴蒿蹊『近世畸人伝』（一七九〇年）に記された逸話だ。渡辺はこの逸話を「学問が何であるか、彼女はまったくわかっていない」「そのわからなさの具合が、私には無限におもしろい」と読む。

これは近代以後は全く失われた感性だ。近代社会とは「教育社会」である。どんな庶民であれ、自分の息子が学校で優秀な成績を修め、社会で成功することを望まない人はいない。庶民が学問を非実用的なものとして否定するときも、無意識のうちにそこには知識へのコンプレックスが潜む。だが、この老婆にはまったくそれがない。学問や知識などと全く無縁で、理解どころか近づきもせずに、しかも幸福に生きることが可能だった、そんな時代が確かにあったのだ。

渡辺が次に紹介する和尚の逸話も、ただ微笑ましいと言うだけのものではない。法眼・円通という二人の僧侶は、茶屋というところがどのようなものか知らず、一度探訪してみようということになった。立派な構えの店にあがりこんで名を名乗り、あるじはなんと申されると説いただし、さらには若い娘が当然のことながら沢山いるので「あるじは娘御を大勢お持ちのようだ、ここへ呼びなさい」と言い、遊女たちを前にして「さてさて、よう育たれた。親の身としてさぞ嬉しかろう。これも因縁じゃによって、三帰依文を授けよう」。かくして、あるじと遊女は経文を授かってしまった。

渡辺は、江戸という時代は、このような「かわいらしい人物」に格別の好意を抱き、その世間離れした言動を愛した時代だったことに感嘆する。

今の世にも無邪気な人、世間に疎い人はいる。だが、そのような人間は、現代社会ではどこか軽蔑の対象となる。学問同様、社会は「情報」を多く持つことを価値とする時代になってしまったからだ。この和尚のような人間の浮世離れした言動を「むぞらしい人と感じ」「俗気を払うさわやかさと、心なごむ慰めを見いだす心性」は私たちから失われている。そして、江戸時代とは、このような申請を豊かにはぐくむ時代であった。ここでの「むぞらしい」とは「かわいらしい」を意味する肥後弁である。ここで肥後弁を使わずにはおれないところに、渡辺がこのような人たちに、水俣漁民をはじめとする、かろうじて六十年代までは存在していた「民」への哀惜を込めた思いを感ぜずにはおれない。

江戸時代も、幕府開闢以来一七世紀末までは、戦国時代の殺伐した空気は残っていた。しかし、一八世紀の後半には「泰平の世」が確立していた。この時期の、無邪気で一生を夢の内にすごしたかのような人々の姿を渡辺は生き生きと描き出す。

成田狸庵という新橋に住む易者は、狸を飼うことに喜びを見出し、本職の易も一日百文を超えると閉じ、後は狸と遊び暮らした。妻女もまた狸好きで、一時は六、七匹の狸と同居していた。ここで渡辺が引用する成田狸庵の作った今様が素晴らしい。

「静けき御代の楽しみは　市の中なるわが宿に、幾とせとなく古狸、いつか深山《みやま》を忘れけむ、我は深山の心地して　汝《なれ》よりほかに友ぞなき」「われもむかしはもののふの、数にも入りし身なれども、世にすてられしはかなさは、狸のほかに友ぞなき」(『江戸という幻景』)

人々はこの成田を愛した。一度彼の狸が皆病死し、家も火事で焼けた時、地主は大家に話をつけて以前よりも立派な家を作り、人々は寄付を集めて狸を購入してきた。この狸易者は、新橋という街になくてはならぬ風景となっていたのだ。成田は夢日記を残し、そこに記された夢にはいつも狸の姿が現れ、しかも念の入ったことに妻の見る夢の中にも狸たちは出没したという。

また、江戸時代の学者は、子供のように純真率直の人が多かった。

本草学者松岡恕庵は稲生若水の門に学び、質素な暮らしをしたが書物には惜しみなく金を散じ、弟子たちにも自由に利用させた。かねてからケマンという名の花草のことを知りたいと思っていたが、東福寺に蔵された漢籍にその花を謡った詩があることが分かるとたいそう喜んだ。「これは稲生先生もご存知なかった、お知らせせねば」。そして、師の墓前にてその詩を三度まで吟じたのである。

このような逸話は、単に彼らの人格を表しているというだけではない。このような純粋さが通用し、それが素直に受け止められる社会だったのだ。近代人は、このような行為や発言の裏に偽善や演技を見ずにはいられない。しかし、この時代は、人間とは心のままにこのような行為ができることを信じられる時代だったのである。

これは庶民に至るまで同様だった。ある僧が山道を馬に乗って旅した時、馬子は険しい道に至るたびに、馬の背の荷に肩を入れて少しでも支えようとした。僧がわけを問うと「己や親子四人、この馬に助けられて露の命を支えそうらえば、馬とは思わず、親方と思いていたわるなり」と答え、清水の沸くところで、自分は手を清め、馬にも口を漱がせて、僧に十念（南無阿弥陀仏を十編唱える）

を馬と共に受けた。渡辺はこのような民衆のありように「なにか溜息のようなものが出る」と記している（『江戸という幻景』）。

本書で最も美しく描かれているのは、第九章「隠されたゆたかさ」における、江戸時代後期の旅行者で、数多くの著作を残した菅江真澄の描く下北半島や東北地方の情景である。菅江は各地の風俗批評などは全くしなかった。「その土地の暮らしがたとえ外見貧しいものであっても、その貧しさをただちに悲惨さと解さず、むしろそのうらに含まれる何らかのゆたかさや充満を読み取ろうとするまなざしの持ち主だった」。菅江はいかなる僻地や寒村であれ、祭りや人々の慣習や年中行事、様々な神々や武将についての旧蹟や伝説を、余計な批評を加えることなくそのまま記録した。世に知られた名所旧蹟ではなく、その地に住む者たちだけが知る旧蹟と、それにまつわる物語の数々がこうして書き留められたのだ。

津軽の村には、源義経の脛巻（脛に巻いて足を歩きやすくする）が収められている小さな祠があった。その由来を語る村人の声とともに、ほととぎすが盛んに鳴くのが聞こえていた。また、岩手の村では、神祭りの鼓笛の音色に浮かれて、鹿が放牧の馬と共に踊ったという。このような物語を記す真澄の筆は、まるで柳田国男や宮沢賢治を思わせる。「彼は知っていたというべきである。このような神々や旧蹟が、里人の暮しに歴史という厚みを加え、品位と風雅とゆたかさを添えていることを」（『江戸という幻景』）。

能吏たる自覚、ノーブレス・オブリージュ

このパックス・トクガワーナの時代を支えていたのは、武士としての「家業」を、責任を持って果たした能吏たちだった。本書で紹介される川路聖謨はその代表的人物である。

川路は、武士は「人殺し奉公」だとはっきり日記に記していた。財務、行政、司法の職に就いたが、奉公の主眼は武にあるという自覚を心に刻みつけ、老境に至るまで厳しい訓練を欠かさなかった。

もう一つは、川路家は将軍家に取り立てられた御恩を受けているという自覚だった。彼の父親は浪人であり、伝手を得て最下級の幕臣となった。川路聖謨は一二歳の時、川路家に養子に入り、その家も下級の御家人であった。だからこそ、川路家は将軍家の御恩にむくいなければならない。

その上で、川路は、あくまで、百姓の苦労あってこその侍であるという自覚をも抱いていた。自分たちがいただく世禄米の一粒一粒が、百姓の辛苦の所業ならざるはなく、栄華やおごりに耽れば天罰は免れがたい。それを回避するには、武士の本分である武芸と学問を怠らず、御用に精励し、いざという時には討ち死にする覚悟を持たねばならない。これはまさにノーブレス・オブリージュというべき公的な責任意識である。

川路が奈良奉行を務めた時には名奉行として称され、大坂町奉行に転じた時には、特に川路の仕置きで困窮を救われた町人数百人が、一里から三里も見送った。二年後、川路が役目を帯びて長崎に向かう途上、草津宿に泊まると、被差別部落民の長たちが出迎えた。川路が彼らと分け隔てなく交流し、武具や鞍の試作をしていたことを覚えていたのだ。もちろんこれは当時の人々の情愛の深

さであるが、彼が優れた能吏であり、人々の福利に努めたことの証である。

しかし、このような立派な人物であれば、さぞかし厳格で家庭も堅苦しいものだったと思われるのに、「彼の言動は洒落っ気にいろどられ、その家庭生活は情愛と笑いに溢れ」ていた。渡辺の紹介する川路の家庭は、まさに戯作者の作品に出てきそうな家である。川路は母を溺愛していたが、妻との性交の回数をわざわざ母に知らせ、会話には健康的でユーモアに満ちたエロティシズムが溢れている。妻、おさとへの情愛も深く、ある奉行所にて、情人が殺された事件を裁くとき、その原因となった女性がいかにも醜女だったので、帰宅するやおさとの前に平伏し大いにうやまった。渡辺が引用する川路の言葉は、読者も吹き出さずにはいられない。

「かかる女に命捨つる者もあるかと思えば、今までわが婆のまんじゅうの干もの、鮪のすきみなどと言いしはいともかしこく、あらありがたや、もったいなやと、天にも地にもあらずかかを貴く思えば、かくうやまうなり」

この川路聖謨は、幕府瓦解の時、ピストル自殺を遂げた。徳川家に殉じたとされるが、この最後の武士というべき人物は、むしろ江戸という文明に殉じたように思う。

いつでも死ねる心、江戸文明の限界とは何か

江戸時代にどのような美点があろうとも、平均寿命はわずか三〇代だったではないかという批判はしばしば言われる。それ自体は何ら江戸文明の批判にはなっていないが、児童一〇人のうち、一六歳まで生きるのは五、六人に過ぎず、人間いつ死ぬかわからぬというのが当時の実感だったこと

は事実である。

しかしそれは同時に「いつでも死ねる」という諦観、それもあっけらかんとした明るい諦観をもたらした。その典型として、渡辺は博多の名物男で、夢野久作が『近世快人伝』で紹介した篠崎仁三郎の例を挙げている。

「仁三郎によれば博多っ子たる資格は五つあって、一に十六歳にならぬうちに柳町の花魁《おいらん》を買うこと、二に身代構わずに博奕《ばくち》を打つこと、三に、生命《いのち》構わずに山笠《やま》をかつぐこと、四に、出会い放題に××すること、五に死ぬまで鰒《ふく》を食うことである。××はご想像に任せる。(中略)要するにこの連中は、たかをくくって自分の短い一生を笑いのめし、しゃれのめし、騒ぎまくろうというのである」(『江戸という幻景』)

仁三郎は「私どもの一生は南京花火のようなもの」と述懐した。仁三郎の人生は確かに爽快である。しかし、現代の我々はとてもこのように考えることはできない。現代人は、人生には鰒を喰うとか山笠を担ぐとか、出合い頭に女を抱くことよりも、もっと有意義な生きがいがあると考えてしまうからだ。もしくは、どのような地味で平凡な人生であれ、それに耐えて生活者として生きることは、鰒のひと時のうまさよりも重要だと考えるからである。

渡辺はここに江戸という文明の美点と共に、その限界、少なくとも現代の私たちが決してこの価値観に戻れない理由を指摘している。江戸時代の社会の雰囲気は、自我を徹底して突き詰めることや、共同体やコスモスの外部に抽象的、普遍的な理想を求めるような発想はなかった。仁三郎のような破天荒な生き方ではなく、志をたて克苦勉励した人も沢山いる。しかしその人たちも含めて、死を前に慌てることはなかった点では同じだった。江戸時代後半、人々の意識は、自分の人生と社会並びに自然との調和的呼応という点では、ある極点に達していた。次章で触れる、戦国乱世の時代の親鸞思想に代表される、生と死を徹底して見据えるような視線は消失した。江戸の面白さは徹底を回避して、とことんはぐらかすところに生まれた。

渡辺はその好例として、一七世紀末の俳人小西来山の「来山はうまれた咎で死ぬるなりそれでうらみも何もかもなし」という狂歌を紹介し、確かにこれは一つの境地だとする。なぜ死なねばならぬとか、人は何のために生きるのかなどと考えるのは野暮の極みであり、考えてもしようのないことを考えるのは無意味なこだわりであり、こだわりを捨ててこそ「粋」なのだ。しかし渡辺は、江戸の思考の根本的な問題点がここにあることもまた見逃さない。

生まれたから死んでいくのだと、ただ黙々と日常を引き受け、そして無言のうちに死んでいく老農夫、つまり生活者の姿は、現代の我々から見ても羨望に値する。いや、そのような姿こそ、最も普遍的な生のありかたに他ならない。しかし、それはあくまで、無言の民としての在り方である。その覚悟を知識人が「文学」として表出するとき、それは「はぐらかし」つまり思考の停止・放棄に他ならない。

「なぜなら文は思考であり認識であって、死には理屈もなければ子細もないと言っている来山は、たしかに突き抜けた覚悟は表白しているとしているものの、思考と認識はその時点で閉ざされるからである」

「私はいま、何がゆえに在りし日の文明が滅び、近代にとってかわられねばならなかったかという問題のとば口に立っている。この巨大な問題にひとつの切り口で答えることはできない。だがさわやかな切り口をひとつ示せば、人間はいつまでもはぐらかしを続けるわけにはゆかぬのである。（中略）さわやかに南京花火的生涯を駆け抜けた仁三郎は、同時に人生にははぐらかすことのできぬものがあるという事実から、ひたすら逃げまくっていたのではあるまいか」（『江戸という幻景』）

渡辺を単なる江戸時代の讃美者、前近代社会幻想の美化などという俗説で批判することが、いかに的外れであるかを示した文章である。『逝きし世の面影』第一四章「心の垣根」において、すでにこの視点は提示されている。まさに仁三郎的な野放図な価値観の文学的結晶というべき『東海道中膝栗毛』は「明るいニヒリズム」が支配する世界である。この世界も人間もたかが知れているのであり、万事こだわらず、この世を茶にしながら短い一生を気楽に送ればよいのだ。確かにここには透徹したニヒリズムがある。だが、私たちは、この爽快な世界にあこがれたとしても、決してそこに戻ろうとは思わない。近代を通過した私たちは、人間を「たかが知れた存在」とみなすのは、個を共同体に埋没させ、自己と他者との間に垣根を設けない世界の発想であることを知ってしまったからだ。

渡辺は、江戸時代の豊かな生と、近代とは異なった意味での「自由」とは、基本、共同体内の存在として自らを規定することから生まれたことを明らかにしている。私たちは西欧近代との出会いによって、個としての確かな自覚と、共同体からの自立を求めるようになった。江戸という時代、人々の心の垣根はほとんどないに等しかった。それはお互いが親愛の情を持っていただけではなく、人間と人間はしょせんは同じ「たかが知れた」存在だという共通認識があったからだ。近代は、確かに個々人を疎外し、心の垣根によって人々を隔てた。だがそれは同時に「個であることによって、感情と思考と表現を、人間の能力に許される限度まで深め拡大して飛躍させうるということだった」（『逝きし世の面影』）。

渡辺京二が、ポスト・モダンの時代に江戸文明に着目したのは、吉本隆明が「大衆の現像」という言葉で表したものを、歴史的な視点でさらに発展させ、近代以後の価値観を常に相対化するものとしての前近代的「日本の現像」を提示したことにほかならない。私たちは前近代の世界に戻ることはできない。できないからこそ、渡辺京二の描いた江戸という文明は、常に近代を相対化し、私たちの現代の基盤の脆弱さと共に、譲り渡せぬ達成をもまた自覚させてくれるのだ。

第二十四章　戦国乱世と徳川の平和——「中世の自由」の虚妄を撃つ

弱肉強食の過酷な社会

二〇〇四年に出版された『日本近世の起源——戦国乱世から徳川の平和へ』のあとがきで、渡辺京二はこう記している。戦国末期の時代を描くことは一九九六年の段階ですでに予定していた。しかし、そのためには戦国時代を論じたこれまでの研究業績に目を通さねばならない。「読めば読むほど、書けば書くほど腹が立つことが多く、もうこんな思いは二度としたくない」。渡辺にここまで言わしめたのは何か。それは戦国時代＝日本中世を「民衆の自由や自治」の可能性が拡大した時代として美化した論者たちのあまりに恣意的な論考への怒りである。

本書の思想的主題は、第六章「中世の自由とは何か」の冒頭部分における「そもそも日本中世における『自由』とは何だったのだろうか」という文章にあらわれている。日本中世、鎌倉幕府末期から南北朝を越えて戦国時代に至る「乱世」の時代は、網野善彦をはじめとする一連の史家たちによって、民衆による「自由」で「自立」した空間が「無縁」社会として存在していたと評価されてきた。網野によれば、豊臣政権から徳川幕府に至る乱世の終焉と統一国家の出現は、この自由を抑圧し、自立した空間を「悪所」に封じ込める抑圧体制の実現に他ならなかった。しかし、この網野の歴史観が、戦後左翼の単純な自由礼賛・反権力思考に根差した錯誤であることを、本書ほど的確に暴き出したものはない。

戦国時代を民衆の自由自治の実現として評価し、堺を自由都市、各地の土一揆を民衆の覚醒の表れとする史観は、すでに大正時代、歴史家三浦周行によって説かれ、戦後左翼史観はそれを引き継いでいる。彼らの史観では、戦国時代は覚醒した民衆と、それを弾圧する領主、最終的には天下を武力統一し民衆の自由を抑圧した織田・豊臣・徳川政権との対立なのだ。網野善彦はこの歴史観に、新たな視点を付け加えたに過ぎない。だが、その中世社会の「自由」の実相とは何だったのか。

本書第二章「乱妨狼藉の実相」によれば、戦国時代の戦争は、非戦闘員の「捕獲」と捕虜の人身売買を伴っていた。「捕虜はそれを捕獲した兵士の分捕り分である。二束三文で捕虜達をたたき売ったのは、その所有者たる雑兵たちだったのだ」。この「雑兵」の実体は農民であり、中世期の民衆は戦争への「能動的参加者」だった。捕虜の中には、当時来航していたポルトガル船に「輸出」されたものすらいた。戦場の掠奪・放火・破壊行為は、民衆自身が率先して行なった。

現在の視点からこれを道徳的に指弾することは無意味である。だが「戦乱に伴う暴行は支配者・被支配者が矛盾・対立を含みながら一体となって作り出した『乱世』的現象であった。この乱世が新しい秩序を生み出すための陣痛であったとしても、ひとはそのような状態に安住することはできない。乱世は誰かが終息させねばならなかったのである」と書く渡辺は、戦乱の中で踏みにじられる人々の悲しき運命を直視し、中世の「自由」が「弱肉強食の自由」だったことを鋭く指摘している。

さらに、第四章「山論・水論の界域」第五章「自力救済の世界」で明らかにされるように、日本中世社会は、まるで現代の「新自由主義」をさらに推し進めた、徹底的な「自力救済原理」「当事者原理」に貫かれていた。しかも、そこには現代社会の「法治」も「個人」の概念もない。武装した農村が互いに用水や山林の権益を巡って衝突し、敵対する相手には暴力的に攻撃を加えても罪とされないのが、中世農村の「自律」だった。

また、中世の法制度は、「訴えがあれば取りあげぬわけにはゆかぬけれども、もともとは殺すのも殺されるのも当人の責任で政府は関知しない」という「当事者主義」に根ざしていた。これは「守護・地頭は勿論、惣村までが死刑を含む裁判権を保有」し、日本全体を司る「公権力」が解体していた時代の必然的な姿なのである。だからこそ、人々は自らの生を守るためにも、惣村を初めとする共同体に属し、その保護を受け、共同体の利益を守るためには生死をかけて戦わざるを得なかった。

渡辺は「さまざまな社会集団が、集団自体の『自己決定権』にしたがって、おのれの権利を排他的かつ暴力的に主張しあうというのは、けっして夢見るに値する自由なのではない」と記し、豊臣以後の統一政権がこのような各集団の暴力紛争を禁止し、犯罪者を処罰したことを評価している。社会における各集団、各共同体の「自由」とは、公的権力による一定の統制がなければ簡単に暴走し衝突する危険性を持つ。各集団の統制をすべて権力による抑圧とみなすのは、反国家主義の情念に骨がらみになっている戦後左翼史観に特有の倒錯にすぎない。

「無縁」社会の実態

先述した網野善彦は、このような共同体を脱出した人々が、寺社、楽市、そして自由都市等で、一切の社会的束縛から解放されて自由に生きる空間、すなわち「無縁」社会が存在したことを、中世社会のダイナミズムとして魅力的に描き出した。しかし、『日本近世の起源』第六章「中世の自由とは何か」にて、渡辺はこの「無縁」もまた、戦後左翼の反国家主義やアナーキズム幻想に過ぎないことを完膚なきまでに暴露している。

網野が「自由な空間」と見たものは、各共同体・集団の武装衝突が激発する中で、犯罪者が復讐を恐れて逃げ込む「縁切り寺」、「商売のために手打ちして生まれた休戦地域」としての「楽市」、そして大商人に寡頭支配され、針鼠の様に武装した「自由都市」に過ぎなかった。

同時に渡辺は、この社会を不当に貶めてはいない。「主権的存在である武士団や町村が入り乱れておのれの固有の権利を主張してたたかう中世的光景は、苛烈な状況のなかで放射される生の輝きという点では、ある種の魅力をたたえていた」のだ。確かに、本書で描かれる中世社会は、ヤーコプ・ブルクハルトが『イタリア・ルネッサンスの世界』で描き出したような、人間の生が一切の偽善を越えて光り輝くような世界である。

渡辺は、悪しき自力救済の象徴とされる、南戸北嶺（延暦寺・興福寺）の僧兵による強訴についても、衆人・神人たちにとっては「神聖な正義を実現する誇り高い行為」と認識されていたことに触れる。その要求自体は手前勝手なものにすぎなくとも、決起した衆人にとっては、昂揚し凝縮された議論ののちに、日常生活を越えた連帯に基づく「一味同心」による「神慮」であった（かつ、衆人たちの多くは民衆の出身である）。ここに渡辺は、水俣病闘争における、川本輝夫ら未認定患者たちによる一九七一年のチッソ本社占拠闘争を、この中世における強訴と共通する一面を持ち、かつ思想的にそれを乗り越えた運動として取り上げている。

川本らは政府機関による未認定患者だったが、だからといって裁判所への出訴の道が閉ざされていたわけではない。未認定患者たちは敢えて国家機関による裁定を拒否し、自力で加害企業から血債を取り立てようとした。これこそ自力救済の論理である。

西欧においても、中世においては、個人あるいは団体が侵害された権利や名誉を回復しようとするとき、武力を使用することは合法かつ正当とみなされていた。

しかし、その行為が単なる個人や組織の利害に基づく以上、それは単なる暴力とかわらない。自力救済が利己的な暴力に堕するか、一つの理念たりうるかは、それが掲げる正義の内実によって決定される。未認定患者たちが求めたのは、裁判における法的言語ではなく、会社からの「人間の言葉」であり「自主交渉とは、彼らにとって人間の言葉がやりとりできるはずの場」だった。このような理念に根ざしていたからこそ、水俣病患者の闘争は、単なる自力救済を超える正義の名実を備えていたのである。水俣病患者たちは、日本の近代化とともに生み出された犠牲者であるとともに、当時の農村・漁村共同体からも疎外された人々だった。彼らが選び取った近代との闘争手段が、中世の自力救済の論理と共通するものでありながら、それを乗り越えた近代とはまた別の普遍性を勝ち得ていたことに、私たち読者は歴史の逆説と共に人間への希望を見出すことができよう。

そして、渡辺は中世の「自由」とは、近代的な自由の概念とも平等思想とも無縁の、むしろ主従関係、上下関係と矛盾することなく両立するものだったことを明らかにする。中世に於ける「仕え甲斐のある主人」とは「この人についてゆけば近隣に覇を唱えることができる」、そして「天下を取ることができると期待できる主人」だった。武将としての力量と共に、従者への公的な慈悲心と、私的な情愛関係を持ちうるような主人に対し、自立した従者として、自らの尊厳をかけて仕え奮闘することが、主人と従者の暗黙の合意関係だったのだ。こう書くとき、渡辺は、「この人に天下を取らせたい」と思わせずにはいられない魅力を備えていた谷川雁との若き日の出会いを重ね合わせているかのようだ。

親鸞思想と吉本隆明との別れ

そして、ルターの宗教改革がルネッサンスという「乱世」の中から現れたように、親鸞の浄土真宗が日本中世に出現する。親鸞の思想は、人間には徹底して救いがないことをまず原点にする。これは、貧苦や病苦、老いや死をまぬがれないといった一般論的な教えではない。これまで述べてきたような乱世の現実を、宗教者、かつ思想家として正面から引き受けたところに生まれてきた理念である。すべての人間が、日常的に他者に対し加害者であり同時に被害者でもあるような時代に、救済などはあり得ない。親鸞は「われわれ人間はどんなに努力精進しても自力では救われぬ」と絶望の果てで呟いた人だと渡辺は読み解く。

だが、親鸞は思想家ではなく宗教者である。だからこそ親鸞は、人間は救いなき存在であるからこそ、救いはすでに現れていると説いたのだ。人間が、そもそも自らの努力や修行で救済されるのならば、そもそも信仰も救済も必要ない。親鸞は「絶望のないところに救済の要請があるはずはない。救われぬからこそ救われねばならぬのである。他力とはこのこと以外を意味しない」という「特異な救済の自覚」を導き出したのだ。

そして渡辺は、親鸞にとって、救済の象徴である阿弥陀仏は「かならずや、山河の姿をとって現れただろうと信じる。また、人間の生きる姿の悲しさとして現れただろうと信じる」と、祈りにも似た言葉で記す。宗教者として、この世に絶望しか見いだせなくなった時にこそ、初めて神仏を見出すことができる。それは修行や教学などの「自力」で得られる悟りとは縁の遠いものだ。そのようなすべての行為が無意味と知ったとき、はじめて宗教者と非宗教者の垣根は取り払われ、乱世を生き抜くしかない人々の苛烈な生にやどる哀しみと苦悩に、真の救いと信が、彼らを包み込む山河の美しさと共に現れるのだ。

そして、この親鸞をめぐる論考に、私は渡辺京二と吉本隆明の思想的な「決別」を読みとる。吉本隆明が生涯を通じてこだわり続けた思想家の一人は親鸞である。だが、吉本にとって親鸞は、「信仰」をどこまでもラディカルに解体していく「知識人」「思想家」として存在していた。国家からイデオロギーに至るあらゆる共同幻想の解体を思想家として追及した吉本にとって、親鸞は同じく、「救済」を目的とする信仰の解体者として受け止められた。

吉本の親鸞論には、解体はあっても救済は描かれない。おそらく吉本は、それは信仰の世界であり、外部からは論じるべきではないものとされたのだろう。一方吉本は、親鸞の教えをさらに過激な形で解釈した「一言芳談」に象徴される宗教者たちを、思想の突き詰め方において評価した。だが、彼らの多くは現世の絶望の果てに救済を見るのではなく「早く死なばや」という、現世否定の思考に走った。吉本隆明がこのような人々を評価したのは彼の思想を考える上で興味深いことではあるが、やはりこれは親鸞思想の曲解でしかない。

これに対し、渡辺にとって親鸞は、あくまで宗教者、つまり「神を感受する」ことのできる人であった。現実が絶望に満たされているからこそ、逆にすでに救済されているもう一つの救済の世界を感知することができる人、ドストエフスキー風に言うならば「夢見る人」であった。そして親鸞が見ていたものは、そして何よりも石牟礼道子が常に水俣病患者という絶望のかなたに、水俣の美しい自然と太古から息づく精霊たちが行き交う「もう一つのこの世」を見出した姿勢にも通じる境地にほかなるまい。それはこの現世＝人類史においては決して救済されることのない「小さきもの」たちの姿と、彼らが救済されうる世界でもあったはずだ。渡辺京二のこの視点は、もちろん僧侶佐藤秀人との出会いからも影響を受けている。

ここに、徹底した解体者であらんとした吉本隆明と「夢見る人」であった渡辺京二との別れがあった。

新たな時代の乱世へ

渡辺京二は、現実に成立した浄土真宗教団と、教団が事実上指導した一向一揆について厳しい批判を下している。これも左翼史家がしばしば唱える、一向一揆を「農民戦争」「信仰を守るための戦い」などという俗説を、渡辺は様々な先行研究を駆使して否定し、一向一揆も、また織田信長に対する石山合戦も、信仰を守るための戦いでもなければ民衆の自治実現ともかかわりない、権力化した本願寺の勢力拡張や織田信長への政治的対抗意識から生まれたものに過ぎないことを論証している。

そしてしばしば渡辺が怒りすら感じさせる文章で批判するのが、その戦いを信仰の名のもとに美化して信者たちに「敵の方へ懸る足は極楽浄土へ参ると思え、引退く足は無間地獄の底に沈むと思いて」退却などするな、と扇動した僧侶たち、また、その戦いをまるで民衆の解放戦争、領主や織田信長から自らの権利を守るための戦争であるかのように美化する現代の研究者に対してである。

渡辺は、浄土真宗の門徒たちが純粋な信仰のもと闘ったことを評価するなら、天皇の恩徳への報謝として戦場で倒れた死者も同時に評価すべきだと断言する。それと同じように、「純粋な信仰」「現体制権力の抑圧との闘い」という理由で一向一揆を評価するならば、イスラム原理主義を含むあらゆる宗教テロリズムをも評価せねばなるまい。ここには、オウム真理教をも含む現代社会の宗教によるテロリズム批判、また思想的にはニーチェによるキリスト教批判に通じる、根源的な宗教批判が展開されている。

このような戦国乱世の時代に、人々は長く耐えることはできない。乱世は誰かが終わらせなければならなかったのであり、織田信長から徳川家康に至る「平和」の実現は、民衆にも求められていたからこそ実現したのだ。

ロシアによるウクライナ戦争の勃発は、世界が「戦国乱世」に向かっていることを露呈した。プーチンやロシアにおける民族主義イデオローグの論理は、一九世紀におけるスラブ主義者の聖戦論への先祖返りであり、偉大なるロシア帝国の復興を求めるものだ。中国の習近平体制も、同様にナショナリズムの亢進による大中華帝国建設という面では共通の構図を持つ。

一方、アメリカを始め、日本や西欧などいわゆる「先進国」の自由民主主義は、一方では新自由主義に象徴される「経済における乱世」による格差に悩まされるとともに、あらゆる伝統的価値観や共同体を「自由な個人」を抑圧するものとして否定してきたことによって、社会の公的な価値観を見失い、道徳的規範なき価値相対主義に陥った。その反動として現れてきたのが、ポピュリズムを掲げる政治家たちによる、心情的かつ排他的な、国家と共同体を同一視する言説である。

今や世界は、伝統的な共同体を内部に失い、何らかの「敵」を外部もしくは内部に置くことでしか国民を統制しえない「乱世型国家」による対決に向かいつつある。この時代に、賢い公的権力による、乱世に秩序回復をもたらす努力が実を結び、かつ、親鸞のような真に世界を救済し得る思想的営為を行う思想家や宗教者が生まれなければ、人類史は大きな危機に直面するだろう。そして私たちは渡辺京二が本書に書きつけた次の言葉の意味を、近代という時代が崩壊しつつある今こそ、想起し深慮しなければなるまい。

「さらに言うならば、自由とはそれほど結構なもので、これからも人間を呪縛し続ける規範であらねばならぬのだろうか」（『日本近世の起源』）

この問いは、現在、世界のあらゆるところで「乱世」を生きる人々に突き付けられている。

第二十五章　黒船前夜――ありえたかもしれないもうひとつの「開国」

ロシアのシベリア征服から始まる日露交流

熊本日日新聞夕刊に、二〇〇八年七月から二〇〇九年九月まで連載され、二〇〇九年に発行された『黒船前夜』は、日本に、ありえたかもしれない「もう一つの開国と近代」を幻視した作品である。ペリー来航以前に、日本との交易を求めたのは、シベリアからカムチャツカまでの大地を征服したロシア帝国だった。そして蝦夷地は、当時の幕藩体制下において特異な存在である松前藩と、国家という意識をついに持たなかったアイヌ人が住んでいた。本書の副題「ロシア・アイヌ・日本の三国志」は、このような状況を反映している。

第二章「シベリアの謝肉祭」は、ロシアのシベリア征服における、凄まじいばかりの侵略と略奪の有様を明らかにしたものだ。シベリアを闊歩するコサックは、各地で住民に「毛皮税」を課し、抵抗するものは殺害した。コサック同士も権益をめぐって血みどろの争いを繰り広げた。シベリア全土は殺戮と強奪のカーニバルと化した。女性は奴隷に売られ、飲酒癖と性病が蔓延し、悪辣極まりない知事や軍政官が横行した。

このロシアの意識を大きく変えたのは、一八一二年のナポレオンとの戦争と、それによるヨーロッパ近代との出会いである。一八一七年、アレクサンドル一世の信任篤いスペランスキーがシベリア総督に派遣されてから、無秩序と悪行は収束に向かう。略奪者の一人ペステリの息子が、ロシアの民主改革を求めるデカブリストの乱の指導者となったことは、偶然とは思えぬ歴史の逆説だ。ただし、コサックの侵略は、他の西欧諸国に見られるキリスト教布教を全く伴っていない。コサックは征服した民族の信仰には無関心で、また自分たちの行為をキリスト教布教で正当化する発想もなかった。

逆に、ヨーロッパ近代を体験して以後のロシアは「聖なるロシア」による「ヨーロッパ近代への挑戦」を、聖戦意識として謳うようになる。この意識はスターリンにも、現代のプーチンにすら見いだせる。ロシア思想が近代的価値観を批判し、信仰に根差した地点から、人間性の深淵を徹底的に思考する姿勢と、その反近代意識が専制支配や侵略戦争を聖化する危険性、この両面を、ロシアを語るときには忘れてはならない。

ロシアと日本との出会いは、日本人漂流民から始まった。ペテルブルグ日本語学校の起源は、カムチャッカの部落に住み着いた漂流民伝兵衛がロシア側に発見され、伝兵衛がピョートル一世に引見の後、ペテルブルグで日本語を教えたことに始まるとされる。ピョートルは日本との交易に積極的だった。一七三八年、ロシアの海軍将校シュパンベルクが、日本探索の船出を行い、南千島に足を踏み入れた。翌年にも、シュパンベルクは牡鹿半島を、別船を指揮した副隊長のウォルトンは下田を訪れている。しかし、ピョートル大帝没後、エカチェリーナ女帝の時代は、ブガチョフの乱勃発や露土戦争などが相次ぎ、極東への関心は絶たれた。

ただし、東シベリアやカムチャツカの地方政庁は、日本との交易に積極的だった。一七七八年六月、イルクーツクの商人シャパリンが蝦夷地に上陸し、松前藩に交易を求めた。松前藩は、我が国の交易は長崎以外では行わないことを婉曲に伝え、また、幕府にはロシア船が来たこと自体も隠そうとした。ロシア側は成果なく引き上げている。

商人領邦としての松前藩と近代ナショナリズムの対立

この松前藩は、江戸幕府体制下で、唯一石高制ではなく、アイヌとの交易経済によって成立している特異な存在だった。渡辺京二は「蝦夷大王」と呼ばれた松前藩を「異形の商人領邦国家」とみなしている。そして、江戸幕府も松前藩も、蝦夷地全体の征服に乗り出す発想は全くなかった。渡辺は同時代の西欧諸国や清帝国と比して、十八世紀の日本国に、植民地版図拡大という衝動が全く欠けていたことに注目している。松前藩はアイヌ社会に対しても基本的に不干渉であり、ただ交易のみを目的とした。

従来アイヌの民族的決起として語られていたシャクシャインの乱も、実はアイヌ部族同士の漁場をめぐる対立に端を発していた。もしもアイヌ民族全体が蜂起すれば、松前藩の軍事力で鎮圧できるはずもない。アイヌの側も日本との交易を断つ意志などはなかった。アイヌの不満は、江戸や大坂からやってきた商人たちが、河口で大網を使って鮭を取り、豊富な資金で塩漬けにして保存して、アイヌの生活資源を脅かしたことに由来していた。ここにも、松前藩の、徹底した商業優位の政策が見られる。

この松前藩と蝦夷地に対し、一七八五年から翌年にかけて、江戸幕府による蝦夷地見分という「現地調査」が徹底的に行われた。幕府官吏たちは、松前藩が蝦夷地の経営を請負商人に任せ、ロシアの脅威にも無防備なこと、そしてアイヌを未開のままに放置していることを批判した。最上徳内をはじめ当時の優秀な幕吏たちは、これ以後松前藩を信用せず、蝦夷地の幕府直轄とアイヌ人の「国民化」を目指していく。

「彼らの報告で注目すべきなのは、アイヌを日本国民と認定し、千島・樺太を固有の領土と見なした点である。近代ナショナリズムはすでに彼らの胸中に芽生えていたのである」（『黒船前夜』）

官吏たちは、新井白石がアイヌを禽獣に近いと侮蔑したことに憤激し、「至って正直なるものにて、おのずから慈敬、仁愛・礼儀等も厚く、別して女は貞実にあい見え、すべて神を尊信仕り候」とアイヌを弁護している。そして幕吏は、松前藩とは異なり、アイヌを「日本国民として教化すべき存在」と見なした。幕吏から見れば、松前藩がアイヌを日本の国風に同化させずに放置しているのは「その方が『掠め安きため』であり、松前藩と悪徳商人の結託」による収奪のためだと考えたのだ。「アイヌを救い出さねばならない」と決意した幕吏たちは、松前藩のアイヌ愚民化政策を糾弾し、商人の不正、特に密貿易の証拠を摘発しようとした。渡辺は、現代の松前藩の悪評は、この幕吏たちの報告による影響が大きい指摘する。幕吏たちが「良心的」で「愛国者」であり、アイヌに同情していたことは明らかだ。しかし、これは近代的なナショナリズムが、辺境の民を中央の価値観に同化・教化させていくことの表れでもあった。

そしてこの時期、ロシアは再び蝦夷地を訪れた。一七九二年、漂流民大黒屋光太夫らを伴い使節ラスクマンが根室港に入ったのだ。松前藩は直ちに江戸に知らせた。当時の老中は松平定信である。ロシア側の申し出は二つ、漂流民の帰還と国交樹立であった。前者は問題はないが、国交を安易に受け入れるわけにはいかない。結局、鎖国の国法という原則を解き、交易の件は長崎にて交渉することとなった。ラスクマン達は長崎入港の許可証をもらい、根室を去り帰還した。

しかし、ナポレオンの台頭と欧州での戦争により、ロシア宮廷は再び東への関心を失い、長崎への来航は起こらなかった。渡辺は、仮にロシアがこの時直ちに長崎を訪れたら、定信はロシアとの交易を認めた可能性があることを、井野辺茂雄の研究をもとに指摘している。

幕閣はこれらの事態を受けて、蝦夷地の防衛を松前藩に任せることに強い懸念を抱き、ついに一八〇七年、この地を直轄とする。渡辺はこれを植民地化ではなく、近世ナショナリズムの現れと見た。江戸時代における「近代国家」建設の一途であった。

レザーノフの挫折と日露の緊張

一九世紀、ロシアは再び日本との通商を求める。全権大使レザーノフ、指揮官クルーゼンシュテルンの率いる二隻の船が、今回も漂流民四名を載せて一八〇三年出港した。この時、商工大臣ルミャンツェフからレザーノフに与えられた訓令を、渡辺は後のペリー来航時の姿勢とは全く異なる、平和的交渉を求めるものとして紹介している。その内容の趣旨は次のようなものだった。「長崎入港後、国書と献上品は将軍と謁見するまでは渡さぬこと。皇帝は平和を愛する国であることを伝える。上陸を許されたのち、居などに決して不満を漏らしてはならない。奉行の言うことは忠実に従え。日本人には礼儀正しく穏やかに対応し、ヨーロッパの文化習慣と相反するときも、彼らの助言に従うこと。そして、日本とロシアの交易は双方にとって有効であることを説得すること」

しかし、現実の交渉はうまくいかなかった。一八〇四年九月、長崎に入港したレザーノフは、その後半年間も出島にとどめ置かれ、何度交渉しても暖簾に腕押しの状態が続いた。翌年、遂に通商は拒否するという報告が届く。レザーノフはこの屈辱に、一時は武力を以て日本に圧力をかけようと考えるが、最終的にはその試みを放棄し、一八〇七年病死した。

しかし、彼の部下であったフヴォストフは、一八〇六年十月、樺太のクシュンコタンの松前藩運上所を襲撃、略奪と放火を行い、翌年四月にはエトロフのナイボを襲撃、二十九日にはシャナを襲った。シャナには幕吏が駐在し南部・津軽の藩兵もいたが、幕府側は完全に油断しており、二三〇名の兵員を擁しながら、わずか七〇名ほどのロシア水兵によってシャナの幕府兵はあっけなく敗走した。この敗戦は幕閣にも強いショックを与えた。だが、この危機の最中に展開されたのは、江戸時代の精神が、民族を超えて普遍的な価値観にはばたいた思想と外交のドラマだった。

ありえたかもしれぬ主体的開国

敗戦後、日露の通商を開くべきだという意見が幕府内にも表れた。中には、大国ロシアとの通商と友好関係を結んでおけば諸外国も日本に手を出しにくくなるという、一種の安全保障論まで語られたことを渡辺は指摘している。杉田玄白も、現在の日本の武力ではロシアには対抗できず、戦争になれば、お上の恥辱と共に民の不幸を招く、交易を開き、国力の充実を図るべきだと述べた。

函館奉行河尻春之、荒尾成章らが、老中に充てての意見書はさらに見事なものだった。まず、文化五年二月に出された意見書では、ロシア側が今回の暴行（フヴォストフ事件）を謝罪するならば、交易を許してはどうかと提案している。河尻も荒尾も、ロシアが望んでいるのは戦争ではなく、交易であるという原則をおさえていた。そして交渉の場では、先方の「不束」をとがめると共に、長崎でのレザーノフの扱いについても、日本側の落ち度を認めた上で交渉に入ることを基本原則とする。この意見書に対し、老中たちは、これでは和議の提案だけで、武威を如何に示すかも問わねばならぬとした。二人は再び、三月に上申書を提出する。

彼ら（ロシア）に今回の罪を詫びさせると言っても、彼らは交易を実現することが目的なのだから、交易を許可しないのなら、彼等も詫びはせぬだろう。武威を言うのならば「狼藉を働かずわびてくるとなれば、畢竟お備えが万全だから神妙な態度で出てくるわけで、武威はそれで立っているのではなかろうか」。外交交渉の原則は双方の名誉を尊重することだという、驚くほど近代的な感覚がここにある。

さらに「ロシアなど恐れるに足りぬ」というのは民命に関わる浅見である。蝦夷地全域の防衛には二万、三万人を動員しても足りない。兵にも多くの犠牲をだし、課役人夫も家を離れ妻を捨て路頭に斃れるものが続出し、かえって不慮の変を引き出したらどうするのか。渡辺はこの言葉をひき、

「これだけのことを内閣に向かって直言できる官僚、今日ありやなしや」と慨嘆する。

「よって今日に至って、心を平にいたし、彼（ロシア）と我（日本）とを理非如何と糺し、彼にあらばもっとも責むべく候、我においてはいささかも非なる処これあり候わば、明白にその理を尽すべく候。もし非なる処これありと存じ候ても、これを取りかざりて理を尽さず、命にかかわり候に及び候ては、国の大事を挙げ候とも、天より何と評判申すべきや」（『黒船前夜』）

渡辺はここに、道義とリアル・ポリティクスの外交交渉を共に実現せんとする外交官の信念を読み取っている。

渡辺は、このような外交に基づいて欧米諸国に門戸を開いていれば、幕府は主体的な姿勢のまま開国と画期的な内政改革に踏み出せたかもしれないと記す。これは決して空想ではない。事実、島津斉彬は西郷隆盛らを登用して、藩政改革を成し遂げたのだ。だが幕府はこの道をとらず、その機会は永遠に失われることになった。

この優秀な幕吏たちの姿勢と信念は、最終章「ゴローヴニンの幽囚」における、高田屋嘉兵衛の姿とも深く共通する。一八一一年、軍艦ディアナ号で千島列島の測量を行なっていたヴァーシリー・ゴローヴニンは、クナシリ島に入港した後給水を求めて上陸、交渉中に捕らわれた。これは必ずしも不当な拘束とは言えない。フヴォストフ事件についてのロシア側からの正式な謝罪はこの段階ではない。戦争行為が継続中と判断してもあながち間違いではなかった。

ディアナ号副艦長のリコルドは、その場で抗戦してもかえってゴローヴニンを危険にさらすとして撤退、翌年一八一二年八月四日、再びクナシリ島を訪れた。ところが松前奉行所の役人太田彦助は、ゴローヴニンらはすでに処刑されたと伝えた。これこそ小役人の浅知恵で、こう言えばリコルド等は撤退すると思ったのだろう。もしここで戦端が開かれたら、日本に大きな危機が訪れたかもしれない。

幸いリコルドはゴローヴニンの処刑を信じず、同島沖で日本船を拿捕して、確実な情報を乗務員から得ようとした。八月十四日、クナシリ島沖で高田屋嘉兵衛の船・観世丸を拿捕する。嘉兵衛は、ゴローヴニンらは生存していることを告げた。

リコルドは嘉兵衛をなかなかの人物と見抜き、カムチャツカに連行、ゴローヴニン救出のためのさらなる情報を得ようとした。嘉兵衛は驚くほどの沈着ぶりで「結構です、用意はできています」と答えた。嘉兵衛はこの時、弟に手紙を書いて船員に託したが、その内容も又素晴らしいものである。

「自分はお上から愛顧を給わった人間だから、向こうに参ったらよき通詞を得て、蝦夷地がおだやかになるように掛け合うつもりだ。蝦夷地でいつまでも騒ぎが続いてはお国のためにもならぬのだから、囚われとなっても命惜しむことなく掛け合ってみる。（中略）日本のため悪しき事は致さず、ただ天下のためとばかりに考えている」（『黒船前夜』）

渡辺はこの手紙において「日本」と「天下」が分けられているのを重要な点としている。「天下という普遍的な国際社会が彼の眼には見えていた。日本のためにもロシアのためにも、この紛争を解決してみせるというのだから、この商人の見識は見るべきものがある」（同前）。

そして嘉兵衛は、江戸時代の庶民意識である「いつでも死ねる」覚悟を持っていた。この後交渉の進まぬのに焦ったリコルドが、嘉兵衛を留置してオホーツクに連れてゆき、日本との戦争に至ると述べた時に、嘉兵衛は、それならば自分は、船員全員と闘って後切腹すると告げた。

「本来は去年捕われた時斬り死にすべきところ、大勢の命にもかかわることゆえすすんでカムチャツカへ参ったのだ。それなのにまたオホーツクに連行されることになると、嘉兵衛は命惜しさにロシア人の言いなりになったのだと、わが国の人びとに思われるのも口惜しい」

この覚悟に感銘を受けたリコルドは、嘉兵衛に許しを請い、日本側との交渉をまかせることになる。リコルドがフヴォストフ事件についての謝罪文を嘉兵衛に託し、事件は解決に向かった。一八一三年八月、ゴローヴニンは釈放され、九月にはリコルドとともにディアナ号で箱館港を出た。日露双方が、お互いの「拉致事件」を平和裏に解決したのである。

一方、ゴローヴニンが一時、絶望して脱走を図ったときに、彼らを罰しなかった幕臣荒尾但馬守の言葉もまた、江戸文明が普遍的な近代につながる可能性を示していた。「日本の罪人が脱走したのであれば罰するべきだが、その方共は、異国人であり（中略）日本人を害する意思もなく、ただ故国に帰ろうとしただけである。何人にとっても、祖国は世界で最も愛すべき場所であるから、その方に対する余の好意は変わることはない」。渡辺は、この但馬守の姿勢を「ゴローヴニンの背後に世界を見ていた」「日本からのメッセージを世界に送」ったものとみなしている。人間性や道義心は、民族や国境を越えうるものだという意識を、江戸文明ははぐくんでいたのだ。

本書では、渡辺はアイヌ人の精神文明についても、その美点をいくつも指摘している。だが、アイヌは「国家」を決してつくろうとしない存在でもあった。これ以後の日本は、いやおうなく「国家」として国際社会に立ち上がらざるを得ない時代を迎えることになる。その意味では、アイヌ人及びアイヌ文化は、そのいかなる美点をもってしても、衰亡する宿命を持っていた。

現代の私たちは、すでに引き返すことのできぬ、国家間、民族間の苛烈な対立の時代に生きている。しかし、だからこそ、国家や政治の外にある小さきものたちの精神を、私たちの内面にとどめておかねばならない。渡辺京二はさりげなく『黒船前夜』最終部に、アイヌは日本国民の顔をしながら、あくまでアイヌとして生きている、というアイヌ学者藤村久和の言葉を引用している。これはアイヌに限らない。もうひとつの近代、道義と礼節、領土拡大ではなく平和と交流を求めた江戸時代の人々の精神もまた、私たちは今も内面に秘めているはずである。

第二十六章　バテレンの世紀

理念と二元的価値観の暴力

雑誌『選択』の二〇〇六年四月号から、一〇年を超える連載として書かれた『バテレンの世紀』は、二〇一七年に出版された。本作は『日本近世の起源』の時代である戦国時代に起きた、日本と西洋との「ファースト・コンタクト」を、キリスト教伝来という視点から、ある種の「文明の衝突」として描いたものである。『日本近世の起源』は、戦後歴史学が「中世の自由」を一面的に美化することへの批判をモチーフの一つとしていたが、『バテレンの世紀』はさらに、「鎖国」の歴史的な意義を定義し、豊臣秀吉に始まり徳川幕府で完成するキリシタン禁制を、従来の弾圧政策としてではなく「文明の防衛」「流動化した世界の秩序回復」の視点から再評価するものとなった。

『バテレンの世紀』は、一三八三年から八五年にかけて行われたポルトガルの「革命」から始まる。宮廷クーデターと下からの民衆反乱によって人望なき旧王朝が倒され、新興のアヴィス王朝が成立、ジョアン一世が国王となり、中小貴族と新興富裕層による身分制議会が成立。この革命が生んだ国家的団結が、海外進出への大きな基盤となったのだ。

そして、ポルトガル船をアフリカ西岸に南下させ、アジアに渡る経路を開拓したのが、ジョアン一世の息子で「航海王子」の名を持つエンリケだった。エンリケはこれまで、しばしば新世界発見の夢を抱く啓蒙的君主と見なされてきた。しかし渡辺は、この航海の目的は、イスラムに対する聖戦とキリスト教「布教」、そして金と奴隷の獲得だったことを見逃さない。事実、アフリカ西岸では、むごたらしい奴隷狩りが行われた。

「航海者たちは住民を求めて上陸し、彼らを視認するや追跡して捕獲し、集落のありかを白状させると、部隊を編成して襲撃した」ポルトガル人は奴隷狩りを「異教徒の魂の救済」と見なし、何の疑問も持たなかった。「アフリカのサヴァンナで原始的な暮らしをするよりも、ラゴスやリスボンで、たとえその身は奴隷であろうとも、文明的な生活を送るほうがどれほどましだろうか」とこの侵略者たちは本気で考えていたのだ。「大航海時代の幕あけを導いたのが、このような『文明化』の論理だったことは明記されねばなるまい」(『バテレンの世紀』)。

渡辺はここで、革命によるナショナリズムの発露が対外侵略につながること、さらに、キリスト教に限らず、一元的な価値観の絶対視がいかに人間を残酷なものにするかを明らかにしている。「アフリカ西岸のプラヴァを攻撃したとき、ポルトガル兵は住民の女性がつけている銀の腕輪が抜き取れぬというので腕ごと切断した。その数八百に近かった」。西欧文明と信仰の価値を絶対視した人々は、このような非道な強欲をも兼ね備えていた。

ポルトガルのヴァスコ・ダ・ガマがインドを訪れ、喜望峰回りの東インド航路が開かれたのは一四九七年のことである。この時、すでにインド洋には、民族や宗教、そして国家とも無関係の、自由な交易の世界がアジア諸民族により確立していた。これは、中国（明）とインドという二大国が、当時、海上支配に無関心だったことにもよる。明は外国交易を入貢のみに限定し、民間人の海外渡航を許さなかった。だからこそ、広東や福建省の貿易業者は密貿易を行うしかなく、ポルトガル人は当初、彼らに迎えられた。中国の海商は、もちろん日本にも訪れていた。ポルトガルは、この密貿易の過程で偶然日本を「発見」したのだった。

ポルトガルにとって、日本との貿易は何よりも、日本の銀と中国の絹との交換の仲介役による利益をもたらすものだった。このファースト・コンタクトにおいて、経済的にも優位だったのは実はアジアであり、ポルトガルは「新参者」であったのである。

しかし同時に、彼らの目的は貿易のみならず、キリスト教の日本での布教だった。いや、布教というよりも、キリスト教による「征服」であった。

「イエズス会」の正体

日本とヨーロッパの最初の出会いは、まず、スペイン・ポルトガルが勝手に地球を「分割統治」することを決めた一四九四年のトルデシーリャス条約を発端とする。これによって、ポルトガルはローマ教皇庁から、西経四六度三七分以東の新発見の土地の領有と、住民のキリスト教化を命じられた。そして、キリスト教布教のため日本に向かった宣教師は、イエズス会という「戦闘的布教組織」に属していた。

イエズス会とはスペインのバスク地方出身の修道士、イグナチオ・ロヨラによって創立された修道会である。ロヨラは有名なフランシスコ・ザビエル（彼もバスク地方出身）らとともに、一五三八年、イエズス会を結成した。ロヨラの特異な信仰は著書「霊操」に表れている。ここに書かれているのは、高度の精神集中のもと、人間が各自の罪の意識に目覚め、キリストの生涯と受難、そして復活と、来たるべき理想の世界をまるで実態のように心中で復元し、それによって、自らをキリストの神意を実現する「神の道具」に作り替えることだった。「神意」とは、世界の諸民族を全てキリスト教化することであり、イエズス会はそのための実働部隊なのだ。その目的のためにはあらゆる手段が正当化され、会士は自己を会のために捧げ尽くすことが義務付けられる。

イエズス会士は、日本人の信じている寺社仏閣を破壊すべき異教としかみなかった。一五五七年、ポルトガル船の入港地であり、当時は松浦隆信が治めていた九州・平戸にて、ある過激な神父が寺社仏閣から仏像や書物を持ち出して火を放つという事件が起きた。隆信は、貿易のためのポルトガル船入港は望んでいたのだが、これをきっかけに教会閉鎖と宣教師追放を決定する。渡辺はこの事例を紹介したのちにこう付け加えている。

「ひところまでキリシタン史の叙述者は、宣教師に好意的だったり入信したものを好意的に扱い」、批判的な領主を悪玉扱いする傾向があった。しかし「日本の仏教ミッションがヨーロッパの一角に上陸し、教会堂からイエス像や聖書を持ち出して焼いたならば、騒ぎはこの時の平戸の比ではあるまい」。そう考えれば、隆信の反応は極めて妥当で穏当なものなのだ。キリシタン大名・大友宗麟は、領地に理想のキリシタン王国を作り上げようとし、神社仏閣を徹底的に破壊した。高名な医師でキリシタンでもあった曲直瀬道三は、日本の神仏を悪魔呼ばわりすることは控えるよう諫め、穏健な形での宣教を忠告したが、宣教師たちは耳を貸さなかった。他にも、宣教師たちが信徒や改宗した大名を扇動し、寺社仏閣を破壊、しかもそのことを誇らしげに語る記録を渡辺はいくつも紹介している。

一五八二年の天正少年使節団も、イエズス会の宣伝戦略の一つである。使節派遣を企画した宣教師ヴァリニャーノ自ら、目的は日本におけるイエズス会の布教が成果を上げていることの宣伝と、日本の少年にヨーロッパ諸国の強大さと教会の栄華を見せつけることで、帰国後の日本での布教をより強力にすることだと語っていた。そのために、常に少年たちに監視をつけ、外部の人物との接触は徹底的に禁じた。

「ヴァリニャーノが少年たちにヨーロッパのよい点だけを印象付けるように細心の注意を払ったことは、一九五〇・六〇年代にソ連や中国を訪ねた日本人が、目かくしされてよいところばかり見せられた例を想起させる。総じてイエズス会が二〇世紀の共産主義政党と性格・手段において一致していることはおどろくほどである。実現すべき目的の超越的絶対性、組織の大目的への献身、そのための自己改造、目的のためには強弁も嘘も辞さぬ点において、イエズス会は共産主義前衛党のまぎれもない先蹤《せんしょう》といわねばならぬ」（『バテレンの世紀』）

最初の国際人・信長と秀吉のバテレン追放

このような時代に、織田信長、豊臣秀吉、徳川家康という、当時の傑出した指導者（「天下人」）はどう応じたのだろうか。まず信長は、一五六九年、築城中の二条城の壕に架かる橋の上で、自ら工事を指揮しつつ、宣教師ルイス・フロイスに面会し、約二時間にわたって矢継ぎ早に質問を発した。様々な世界についての知識や、フロイスの示す西欧の物品を信長は興味深く受け入れた。

この時、フロイスは京都に在住する許可を求めた。もし許していただければ殿下の名声はヨーロッパのキリスト教諸国に広がるだろうと述べると、信長は喜んだが、その場での即答は控えた。のちにフロイスは庇護者の武将和田惟政を通じて、改めて宣教師の京都在住の允許状を求め、同時に銀の延べ棒を進物として贈った。しかし信長は「異国人から金銭を受けて允許状を出したとすれば、インドやヨーロッパで自分の評判はどうなることか」と答えて受け取らず、允許状の作成・許可を惟政に一任した。これは見事な国際感覚である。

信長にとって宣教師とは、国際社会に開かれた窓口の役割を持っていた。信長の構想する新しい日本とは、新たな情報や技術、文物を積極的に取りいれ、かつ国際社会のプレイヤーとして堂々と参加する存在であるべきだった。しかし同時に、信長は一向一揆に対する態度でも明らかなように、宗教が政治活動化し、天下統一の妨げになることは許さなかった。仮に信長が九州までを制覇し、宣教師たちの行動やキリシタン大名領地での実態を知ったならば、おそらく信長は秀吉と同じ政策に転じたと思われる。

豊臣秀吉は当初は好意的に接していた宣教師たちに対し、一五八七年、急遽、「バテレン追放令」を発している。この経緯を渡辺は、時系列をたどりつつ秀吉の真意を探っていく。まず、一五八六年五月、大坂城にて宣教師たちの訪問を受けた秀吉は、朝鮮・明への大陸遠征のために、大型帆船や航海士の提供を求めた。これに対してフロイスは、殿下がシナ征服のために九州に来るのならばイエズス会に相談するのがよい、九州全域をイエズス会は影響下に置いており、帆船も航海士も提供できる、と自らの勢力を誇示するように応えた。

豊臣秀吉にとって、これは傲慢なだけではなく、キリシタンが現実の政治勢力として日本に基盤を持ちつつある危険性を示唆するものだった。一五八七年七月、九州を統治した直後、秀吉は配下のキリシタン大名高山右近に棄教を迫り、右近が拒否すると直ちに領地剝奪と追放を宣告した。その後、宣教師たちに詰問状が下され、二十日以内の日本退去が命じられた。

秀吉は、一般人が自発的にキリシタンになることは、仏教を信仰するのと同様、一向にかまわなかった。秀吉が問題にしたのは、キリシタンを信仰する領主が、領民に同じ信仰を強要し、領地内での寺社仏閣の破壊を行うことだった。秀吉は九州のキリシタン大名の姿勢やイエズス会の態度、そして高山右近の棄教拒否などから、イエズス会がその影響を駆使して、日本国内にある種の教会国家を作り出す危険性を感じたのだ。

秀吉の危機意識は、決して的外れなものではなかった。一五八九年、イエズス会のなかには、九州のキリシタン大名に武器弾薬を供与して秀吉に反抗させる計画、またフィリピンやヨーロッパから軍事援助を求め、長崎を要塞化して抵抗する計画すらあった。「この国を征服するだけの武力を持ちたいと切に祈る」というのは、少年使節団を企画実現したヴァリニャーノの正直な言葉である。秀吉は、キリシタン禁制に抗議するイエズス会の声に反論している。

「彼らは約束を破って法を説き、国内の秩序を乱したるが故に、誅したまでのことである。もし貴国において日本人が、貴国の法に背き神道を説くものがあったならば、貴国はいかにそれを処置せんとするや」。この言葉もまた、信長とは違う意味で、各国の法律や価値観の相互尊重を主張する「国際的」感覚に基づく発言といえよう。

世界普遍性とはなにか

秀吉の死後、徳川家康は一時的に宣教師たちの活動を黙認した。布教と交易を切り離しさえすれば、宣教師の存在や静かな信仰には目をつぶるつもりもあったのだ。しかし、一七世紀最初の一〇年で、信者は三七万人に達した。徳川家康が、まず天領においてキリシタン禁教に踏み切るのは一六一二年のことである。このきっかけは、家康の寵臣、本多正純の家臣・岡本大八が、同じキリシタンだった有馬晴信に、いまは鍋島領となっている有馬の旧領地を返還させることを持ち掛け、多額の金品を受け取っていたことが発覚した事件である。

大八は処刑、晴信は切腹を命じられたが、彼はキリシタンとして自殺はできない、と家臣に自らを斬首させた。家康はこれを受けて天領における禁教を決定するが、各大名のほとんどは、形だけ棄教を求めるに留まった。

しかし、この事件の直接の舞台である日野江藩(島原藩)だけはそうもいかない。晴信の息子、有馬直純は、家臣中の主だったキリシタンに、一日だけでもいいから棄教を示せ、それで幕府も納得すると懇願したが、家臣たちのうち三名はついに受け入れず、家族もろとも火刑に処せられた。ところが、その火刑場には二万人もの群衆が詰めかけ、家臣とその家族が炎のなか殉教すると、群衆は刑場に雪崩打ち、遺体や灰を聖遺物として持ち去った。このような事態もまた、家康にとっては許しがたいものだった。一六一四年には全国禁教令が出された。これ以外にも、たとえ犯罪による処罰であれ、犯人がキリシタンであれば信者が刑場に集まって祈る姿が見られ、幕府はますますこの宗教は秩序を破壊するものだという危惧の念を抱いた。

おそらく家康には、このキリスト教信仰には、日本とはあまりにも異質で、しかも強烈な侵略性を持つという認識があったことを渡辺京二は推察する。

「カトリック信仰はローマ教皇組織を頂点とする階層組織であるから、それを世界に普及するのは世界をローマ教皇への忠誠によって一元化することを意味する。家康はこのような世界一元化のダイナミクスを、日本における宣教活動のうちに認めて、嫌悪しかつ恐れたのではなかったか。（中略）家康が、日本は神仏の国という時、もっと広い意味で、キリスト教という頑固な一神教との違い、コスモロジーから自然観、人間観に至る違いを意識していたことは想像に難くない」（『バテレンの世紀』）

徳川家康の路線は、家光の鎖国によって完成し、日本は安定した文明の成熟する時代を迎える。それは世界の一元化による文明の破壊から自らを守ることでもあった。共産主義であれ、無国籍的な消費資本主義であれ、またはヒューマニズムや「人権」「民主主義」であれ、ある理念やシステムが一元的に社会を支配し、その価値観に人々の精神を従属させる時、個人の内面もそれを支える共同体も破壊されてしまう。鎖国とはその意味で、グローバリズムに対する最初の政治的・思想的闘争でもあったのだ。

世界が単一の価値によって支配されることへの恐怖と嫌悪、これは各民族や共同体固有の文化伝統の維持のための、人間精神の最も根源的な自己防衛の意識である。しかし、その意識は、ドストエフスキイのような偉大な文豪の場合でも、きわめて偏狭な民族主義や伝統への無原則な礼賛、時には、文化防衛や国民の団結のための対外戦争礼賛の形で現れる。現在はネット陰謀論や排外主義の形をとることすらある。幕府の役人たちが、江戸時代のキリシタン弾圧に向ける激しい情熱と、逆に、死をもおそれず、拷問にも耐えて殉教する宣教師たちの姿には、キリスト教こそが世界の普遍であるという理念と、その理念を拒絶する側との衝突が凄惨なまでに現れている。

だが同時に、宣教師たちにいかに偏見があったにせよ、彼らの宗教的情熱と、この世には唯一神が存在し、その神は救世主であるという理念が、過酷な戦国乱世の時代、三〇数万の信徒を生み出したという事実もまた無視することはできない。『バテレンの世紀』末尾で論じられた島原の乱（これが宗教一揆であったことは、具体的な年貢半減などの要求がほとんどなされず、天草四郎という、幼きカリスマを中心としていたことから明らかである）における一揆衆の精神は、彼らの信仰の思想としての到達点の一つを示している。

一揆衆は原城籠城後、攻め手に矢文で、我々は（過酷な年貢を取り立てていた）藩主にも今は恨みなどない、自分たちの信仰さえ認めてくれればよい。また、今生のこと（現実の政治）については天下（幕府）様に一命をかけてご奉公するつもりだが「後生の一大事においては天使の御下知に随い退き申さず候」と伝えていた。渡辺はこれを「一揆衆の中核においては、現世のことは権力者に任せても、こと信仰に関われば絶対に譲らぬ信念が確立していた。領主に怨みはないというのも、最早そんな次元は超えたと言いたいのだと思う。この二分法はそれなりの思想的達成と言うべきである」と評価している。ここには確かに、戦国乱世における「小さきもの」たちが、キリスト教を彼らなりの「もうひとつのこの世」への導き手として、あらゆる権力も、また宣教師たちの偏狭さも乗り越えて受け止めていたことを明らかにしている。

第二十七章　小さきものの近代——もうひとつの「近代」

江戸時代における「個人の自立」

渡辺京二の遺作となった『小さきものの近代（1）（2）』（全二巻）は、熊本日日新聞に二〇二一年四月から、週一回のペースで掲載され、まず『小さきものの近代（1）』が二〇二二年七月に発行された。その後も連載は休むことなく続いたが、二〇二二年一二月二五日、渡辺京二は自宅で静かに九二年の生を閉じた。前日まで何ら変わることなく執筆をつづけており、書斎の卓上には最後の原稿がクリアファイルに整理されておかれていた。編集担当だった浪床敬子（熊本日日新聞社文化部）は、残された原稿を校正、編集して連載を続け、二〇二三年一二月一日に未完のまま連載は終わる。二〇二四年二月、『小さきものの近代（2）』が発行された。

渡辺は『小さきものの近代（1）』の緒言及び第一章にて、明治維新とその後の近代化は、国際社会で日本が生き延びるための「緊急避難」であったことを強調する。しかし、一人一人の民衆は

「小さきもの」として、精神と身体で「近代」を受け止めた。近代との葛藤の中で破滅した人もいれば、己の精神を拡大し、内面の「維新」を成し遂げた人もいた。もちろん、ほとんどの民衆は何一つその軌跡を書き残すことなく死んでいったのであり、渡辺が本書において試みたのは、彼らの声を資料の背後から聞き取り浮かびあがらせることだった。

この「小さきもの」の物語は、幕末の百姓たちの思想的覚醒から始まる。『小さきものの近代（1）』第二章「徳川社会」第三章「自覚の底流」には、江戸時代の農村が自治団体としての性格を有しており、一八世紀後半からは、民衆が「訴願」「訴訟」の形で藩政に意見を言うことが認められていた。江戸時代の民衆は強烈な権利意識を持っていたのだ。そして、長き平和は武士を戦士ではなく官僚化し、各藩は小さな中央集権国家となり、そこから「仁政」の概念が生み出された。

同時に、各藩の交易や技術発展が、自由経済と市場の拡張、そして「新興ブルジョワジー」を生み出していく。この「資本主義」の拡大が、旧来の石高中心の藩経済を揺るがし、また百姓が借金に苦しみ、土地を金貸しに取られて小作人に転落するような事態も現れた。百姓たちは「仁政」による保護を求めて、しばしば一揆をおこし領主に訴えたことを渡辺は指摘している。攻撃の対象となったのは新事業を起こし、百姓を小作人化する豪商や金貸したちだった。

だが、渡辺は一揆の主張が旧秩序への復帰であるからと言って、一揆を「春闘における条件闘争」であるかのように論じてはならないと強調する。「誰が春闘で斬首されるだろうか。死罪を覚悟してことを起こす以上、徒党・強訴は百姓の生存の最低線を防衛する命を懸けた行動としか言いようがない」（『小さきものの近代（1）』）。この地点から生まれた百姓たちの「思想」の目覚めを渡辺は解き明かしてゆく。

群馬県前橋出身の八右衛門は、年貢増収に抗する願書を提出しただけで、永牢という不当な罪を課せられたが、獄中で『勧農教訓録』という論考を書き残した。そこには次のようなくだりがある。

「ソレ人ハ則チ天下ノ霊ナリト、天照皇大神モノタマワク。然レバ上御一人ヨリ下方人ニ至ルマデ、人ハ人ニシテ、人ト云フ時ニハ別ナカルベシ。モットモ貴賤上下ノ差別有リトイエドモ、是政道ノ道具ニシテ、天下ヲ平ラカニ成サシメンガ為ナルベシ」(『勧農教訓録』)

この言葉は一見、社会秩序のために「貴賤上下の差別」を肯定しているかに見えて実は違う。身分制度は社会システム(政道)のために必要なだけであり、人間の本質はそこにはないと八右衛門は言っているのだ。これは近代的な自由平等の思想とはちがう。八右衛門はさらに、百姓には武士のような上下の格式もなく、商人のような「営業」も必要ない。年貢さえ納めればそれ以上に要求されることもなく、あらゆる支配権力の外部に存在するからこそ自由なのだと考えた。

また、ペリー来航の年、南部藩三閉伊郡地方にて、藩の過剰な課税に抗議し、百姓が集団で村を脱出、最終的には一万八〇〇〇人が釜石に到着し、そのうち半数が越境、三閉伊地方を仙台藩に編入するか、もしくは公儀領にすることを求めるという事件が起きた。指導者の一人、命助もまた獄中記を残し、そこで「人間ト田畑ヲくらぶれバ、人間は三千年に一度さくうどん花《げ》なり。田畑ハ石川らのごとし」という、時代を超える思想的覚醒の一言を残した。

「人間が三千年に一度咲く優曇華の花だというのは、武士・農民・町人・学者僧侶など、徳川期の人間達の誰でもが言い得た言葉ではない。(中略)これは人間の一般論をしているのではなく、己がそういう貴重な存在だと主張するものだからだ。命助は『まいあさ、我玉しいを拝し奉るべく候』とさえ言っている。この自覚は深い」（『小さきものの近代（1）』）

八右衛門は、百姓こそこの社会の外で自由に生きていけるのだと考えた。しかし、それはあくまで村落共同体の中で生きていくことである。命助にとって、すでに「我玉しい（魂）」、つまり個人の価値は、田畑という農村基盤よりも高いものとみなされている。命助は、西欧近代とは全く違うところから、共同体を超えた自我の存在に目覚めつつあるのだ。田畑を石礫と同じだという言葉は、農村共同体からは簡単に出てこない。藩を超え、自らの農村を一時とはいえ家族とともに捨て、領主や藩制度の変更を民衆の側から求めた「変革への意志」がこのような思想を生み出したのだ。

この第三章には他にも、特異な実践者、大原幽学の思想と生涯が記されているが、これほど悲劇的な理想主義者のドラマは日本史上にも少ない。幽学もまた、現実の農村共同体を超え、さらには家族をも超えた純粋な農民コミューンを目指していた。彼らは己の生きた生活空間から思想を生み出し、時代を乗り越える自立した個人と新たな共同体のありかを夢見ていたのだ。

幕末を生きた様々な人間像

『小さきものの近代（1）』の第四章以後は、幕末から明治を生きた様々な人々が登場する。ペリー来航時の幕府の対応を、無能無策のまま不平等条約を受け入れたとする従来の学説は、近年の研究によって既に否定されている。当時の幕臣たちは理性的に外交交渉を進め、平和裏の開国を実現したのだ。渡辺京二も、第六章「幕臣たち」にて、当時は江戸時代の最後を飾る夕映えのような精神の輝きを示した幕臣たちがいたことを描いている。対米交渉で見事な外交手腕を見せた岩瀬忠震をはじめ、すでに文久二（一八六二）年段階で大政奉還を、しかも徳川家の領地返納まで提言していた大久保忠寛、『江戸という幻景』でもふれた川路聖謨など、国益と民心を共に重んじる優れた政治家たちが現れている。彼らは観念的な神国理念を振りかざす矯激な尊王攘夷の志士たちより、はるかに優れた識見と国家に対する責任感を持っていた。しかし、幕府はすでにこのような人々を生かす力を失っていた。

しかし、尊王攘夷の志士たちの中でも、幕末の時代を狂気のように暴力と共に生き、桜田門外の変で斬死にした佐野竹之助、同じく桜田門外の変に参加した水戸藩士のうち生き残った海後磋磯之介などの、自己の存在をかけて行動し砕け散った人たちには、渡辺は哀切な共感を示している。特に海後は、維新後は事件については一切沈黙を守った。渡辺は「本当はこういう人こそ、何を考えていたのか知りたい人なのである。明治という大河の底には、こういう物言わぬ小石がいくつも転がっている」と記す。

漂流者として異国を体験したジョン万次郎、ジョゼフ・ヒコらも、彼らはその心中に秘めた本音を決して語ることなく時代を過ごしていった。万次郎は、彼なりにアメリカの最も良き精神として学んだ「万民平等」の姿勢は生涯を通じて変わらなかった。それは言論ではなく、外食の際は常に食べ残しを持ち帰って乞食に施す行為となって現れた。明治政府への意見も己の人生の回顧も何一つ語らなかったのは、万次郎なりの時代への拒絶だったのだろう。

幕末の異国体験の中では、慶応元（一八六五）年の薩摩藩十五名の留学生の軌跡が興味深い。彼らの何人かは、留学先で、神秘主義的宗教家トマス・レイク・ハリスに出会った。ハリスは当時のキリスト教文明の偽善性を批判する群小思想家の一人に過ぎなかったろうが、留学生の中に強い影響を与えたようである。薩摩藩留学生は、帰国後、官職についたのちに突然僧侶となり世を去った町田久成や村橋久成、生野銀山にて坑夫と寝食を共にし、山が宮内省管轄になるとともに姿を消した田中静州など、数奇な人生を送ったものが多い。その逆に、徹底した欧米文明崇拝者となった森有礼もいる。渡辺は「彼らは留学中何か余計なものを背負い込んだようだ。その余計なものとは、おのがじし内面化するべく促された『近代』ではなかったろうか」とさりげなく記している。他の多くの留学生たちがその体験や知識を生かして社会的に成功したのに対し、この人たちは、近代化とは日本人の「魂」を大きく変えかねないほどの衝撃であることを悟っていたからこそ、「成功者」への道を歩めなかったのだ。

反動的抵抗の中にある真実

そして本書『小さきものの近代（2）』第十章「草莽たち」第十一章「明治初期農民騒擾」は、幕末期から明治初期における、西郷隆盛らの士族反乱に先駆けて、維新政府に「小さきもの」の立場から抵抗した人たちが登場する。

まず文久三年（一八六三）一一月、楠音次郎を首領とする浪士たちが「真忠組」を名乗り、近辺の名主、豪農、網元に『軍用金』を強要し、集めた数千両の金と六、七百俵の米の大部分を、当地の窮民に放出した。むろん民衆は感動して真忠組に参加し、危機感を感じた幕府は翌年一月、軍を派遣して真忠組を攻撃、楠以下幹部は戦死する。渡辺は、いわゆる「草莽」の中で、幕末農民一揆に共通する「世直し」の意識を示したのは、この真忠組と赤報隊しかいなかったと指摘している。

赤報隊の相楽総三は、江戸の富裕な家に生まれ、幕末に志士として覚醒、西郷隆盛、大久保利通の江戸騒擾計画の実行者の一人となる。これは単なる江戸市内の放火にとどまらず、志士たちを動員し、野州、甲州、相州など三か所における決起と、江戸市内での挑発を同時に行う大規模な作戦が計画されていたのだ。その背後には、高騰した米価の引き下げを求める米一揆の勃発と、村々で塾を開いて尊攘思想を鼓舞していた豪農、村役人たち「在村知識人」の存在があった。蜂起は失敗に終わったが、相楽は農民一揆と草莽の変革の意志を結び付けようとしたのだ。

この後、相楽ら浪士隊は「赤報隊」に再編され、新政府に、人心をつかむためにも租税を軽くすることを求める。しかし、新政府は一度は年貢半減令を出したが、実行する気は全くなかった。赤報隊が新政府にいかに無残に裏切られたかは、第十章「草莽たち」に明らかである。年貢半減を民衆に説きながら前進する赤報隊は、最後には「偽官軍」とされ、相楽他指導者は処刑された。新政府にとって「討幕を自らの夢の実現として願望するような草莽など、もはや無用の存在なのだった」。

第十一章「明治初期農民騒擾」には、明治初期に頻発した一揆の複雑な姿が描かれている。日本において、いや、ロシアを含むアジア的世界において、しばしば「進歩的」「近代的」なイデオロギーは常に民衆から遊離し、時には民衆を蔑視する形で現れる。明治維新の始まりとともに起きた様々な近代的改革が、直ちに農民騒擾を引き起こしたのは、政府が農村共同体に介入し、上からの近代化を押し付けることへの農民側の強烈な抵抗だった。

農民たちは竹槍で武装し、打ちこわしだけではなく放火を行った。これは江戸時代にはいずれも決してみられなかったことだ。さらに農民たちは新政府の姿を全く誤解していた。彼らは、政府がキリスト教の影響下にある、女子供や家畜を異人に売り飛ばそうとしている、さらには「太政官は異人が政治を取り扱ふ所」とまで考えていたのだ。しかし渡辺が言うように「民の方にも根拠はあった。新政府の方針が洋化一本槍なら、異人とことならぬからである」。新政府にとって、国際社会で西洋列強と対等に渡り合うために絶対必要な近代化政策、具体的には義務教育、徴兵制、そして地租改正などの政策は、民衆にとって、江戸時代は守られていた自分たちのコスモス、つまり農村共同体が破壊され政府が介入してくることを意味した。

「徴兵も学校も民衆にとって異物であった。なぜなら軍事的義務に関しては、侍というものがいる以上、彼らが果たすべきであり、学校も藩の官吏を育成する機関であって、自分たちは寺子屋や、民間に流布されていた通俗教本で十分だったからである」(『小さきものの近代〈2〉』)

決定的なのは土地私有化と、それに続く地租改正だった。これによって農村は「商人社会における孤立した取引主体に転化」、つまり資本主義社会に投げ込まれることになる。前述したように、幕府時代、豪商や金貸しが農村を疲弊させたことはしばしば一揆のきっかけとなったが、それでも領主たちは商人を積極的に支配層に組み入れることは自制した。新政府が「自由」と「経済的合理性」の名のもとに共同体を解体していくことを、農民たちは恐怖とともに感じ取った。

しかし「かれらは、そのような到来しつつある新社会を指弾する言葉を知らなかった。言葉で言うとすれば、これまでの古いしきたり通りにしてくれというしかなかった」。一揆の掲げた要求や抗議内容が誤解や蒙昧に満ちていたのはそのためである。コレラなど伝染病の隔離や治療にすら反抗がおきたし、旧藩主の復活を求めるようなアナクロニズムも現れた。そして、新政府による被差別部落の解放に対しても激しい抵抗がなされた。「新平民集落」はしばしば襲撃を受け多くの殺傷者を出している。明治時代の民衆抵抗を、進歩派的側面からだけ評価する歴史観はあまりに単純なものと言わざるを得ないだろう。近代化から疎外された民衆の抵抗の意志は、時として最も蒙昧な反動でしか現れないことがあるのだ。

このような民衆の意識を理解しうる維新の指導者は、西郷隆盛しかいなかった。西郷が新政府を追われたのも、また薩摩で、西郷が帰郷した兵士たちとともに藩政改革を試みたのも（士族間の差別を撤廃するとともに、武士が農村で耕作に従事することを薦めた）新政府の近代化への違和感があったからだ。渡辺は毛利敏彦の先行研究を参照しつつ、西郷隆盛が征韓論（いわゆる朝鮮への武力侵攻）を主張したために政府を追われたという説を否定し、西郷が行おうとしたのはあくまで朝鮮への平和交渉であったこと、大久保利通と西郷との関係は従来言われているような友情とは程遠いことなどを明らかにしていく。

だが、第十五章「明治十年戦役」に書かれた西郷隆盛の姿はいまだに多くの謎を秘めている。渡辺が引用する西郷の断片的な言葉には、宗教家のような高い境地と、死を想い隠遁を目指す面とともに、明治九年の士族反乱に期待を示し、新政府打倒のために政治的な役割を引き受けようとする面とが同時に表れており、西郷という人は戦死するまで矛盾の中におり、それがこの人の人間的振幅と魅力だったことを感じさせる。

明治の自由民権運動も、幾多のユニークな思想家や実践者を生んだ。特に興味深いのは、独自の自我意識によるアナーキズムを、この時代に、しかも海外の思想の影響を感じさせずに確立した植木枝盛である。ただし、この自由民権運動は、近代化を目指す方向性においては実は明治政府とそう異なってはいなかった。第十九章の「県令三島通庸」で描かれた、自由党激派による爆弾闘争、加波山事件はある意味その悲劇的な現れである。ここで描かれる三島は、典型的な「開発独裁型」政治家だ。彼は確かに民衆や民権運動家は弾圧したが、それは近代的な改革のためには強力な権力による上からの土地開発やインフラ整備が不可欠だという信念であり、事実、三島の治世はそれなりの成果を上げている。これに反抗した自由党激派もまた、革命によって急激な近代改革を実現するという点では実は方向性は変わらない。三島に真に対峙しえたのは、農民の立場から近代的な改革そのものを疑った田中正造のような人たちだった。

本書が未完となったことで最も惜しまれるのは、おそらくこの農民の反近代決起の、最後の、かつ最大のものであった秩父困民党を描く直前で筆が断たれてしまったことである。しかし、意図せぬ最終回となった第二十章には、あまりにも哀しい、近代と前近代の徹底的な対立を意味するエピソードが記されている。熊本県の富裕な医師の息子で、小説家であるとともに農村の研究者でもあった小山勝清の著『或村の近世史』（大正一四年刊）から渡辺が紹介しているものだ。

ある村に若い女乞食がいた。彼女は幼い時の火傷で手足が不自由で、父は病死、息子は酒色におぼれてトラブルを起こし獄に送られ、弟は日露戦争で戦死、母は不幸の中気が狂った。この女は乞食をするしか母を養い自分が生きていく術はなかった。勝清は村祭りの最中、村人たちがこの女乞食をからかい、唾を吐きかけ、棒を投げつけてはやし立てている様を見た。

勝清は憤然と、村人たちを叱り「皆さん、何をするんです。この人は皆さんのきょうだいです」と彼女をかばって人込みから逃れさせた。もちろん勝清は善意とヒューマニズムから、蒙昧な村人の差別に憤り、女乞食を救ったつもりだった。ところが数日後、同じ女乞食にあった時、彼女は「私は今日で三日御飯をいただきません」と言った。あの日に旦那様に助けてもらってからは、乞食の自分にものをくれる人はいなくなったというのだ。

女乞食は、これまで村の人達は私にいたずらをして、泣いたりわめいたりするのを楽しんでいた。これは私が憎いからではなく、ただ私の姿が面白いからだ。だから、私は村の人達を怨んだことはない。しかし今では、だれも私にいたずらをする人はいないけれど、めぐんでくれる人もいなくなったと語った。「勝清は初めて村人の心の在り方を知った。同時に自分の近代的知性から、〝遅れた〟農村を批判する愚も知ったのである」。

中世の説教節や浄瑠璃の世界では、弱者に対する残酷な扱いがしばしば見られる。この女乞食や障碍者などは、かつての村共同体では確かに社会から差別的な扱いを受けていた。しかし同時に、彼らは差別されつつも共同体の中に生きる場を見出していたのである。近代はこのような存在を「平等」であるとし、差別や迫害を禁じた。しかしそのことによって果たして彼らは「解放」されたのだろうか。逆に共同体からの疎外と、最終的には「保護」という形での隔離がなされていくのではないか。

この女乞食の訴えているものこそ、まさしく「小さきもの」の叫びだ。「小さきものの近代」という題名から、渡辺京二の読者は、渡辺の原点となった最初期の文章「小さきものの死」を想起しただろう。いかなる歴史の進歩も、小さきものを踏みにじらずに進むことはない。ただ一人の少女の涙がそのために流されるなら、神の王国など自分は否定する、と断定したイヴァン・カラマーゾフの言葉を、渡辺京二ほど深く受け止めた思想史家はいなかった。その思想の歩みはここで途絶えたのだが、この文章が絶筆となったことに、私は何か運命的なものすら感じてしまう。

そして、連載以前に書かれていた「お鯉物語」が本書末尾に収録されたのも、この遺作の価値を高めている。渡辺京二の女性に対する敬意と愛情がこれほど素直に表れた文章は少ない。そして、このお鯉という芸子であり桂太郎の愛人だった女性は、ただひたすら自由に、権力も世間も関わりなく個を貫いて近代を生き抜いている。桂の死後、井上馨からの、死者の名誉のために貞操を守るようにという言い渡しを昂然と拒否した姿には「欲も得も考えない」自立した女性の姿がある。

本書を通じて聞こえてくる近代という激動に耐えた小さきもののかすかな声を、今や、近代のどん詰まりというべき現代社会の荒野に生きている私たちがどう聞きとり、今後、状況がいかなる運命を我々に課そうとも、獄中で覚醒した一揆の指導者のように「それの徹底的な否認、それとの休みのない戦いによってその理不尽さを超え」(「小さきものの死」)てゆくことができるか、それは読者一人一人に問われていることである。

◉渡辺京二著作一覧（初版の発行年順）

『熊本県人　日本人国記』（一九七三年・新人物往来社、二〇一二年・言視舎版）

『小さきものの死　渡辺京二評論集』（一九七五年・葦書房）

『評伝　宮崎滔天』（一九七六・大和書房、一九八五年・大和選書、二〇〇六年・書肆心水）

『神風連とその時代』（一九七七・葦書房、二〇〇六年・洋泉社MC新書、二〇一一年・洋泉社新書y）

『北一輝』（一九七八年・朝日新聞社、一九八五年・朝日選書、二〇〇七年・ちくま学芸文庫）＊毎日出版文化賞

『日本コミューン主義の系譜　渡辺京二評論集』（一九八〇年・葦書房）

『地方という鏡』（一九八〇年・葦書房）

『案内　世界の文学』（一九八二・日本エディタースクール出版部）

※『娘への読書案内　世界文学23篇』（一九八九年・朝日新聞社）、『私の世界文学案内　物語の隠れた小径へ』（二〇一二年・ちくま学芸文庫）

『ことばの射程』（一九八三年・葦書房）

『なぜいま人類史か』（一九八六年・葦書房、二〇〇七年・洋泉社MC新書、二〇一一年・洋泉社新書y）

『御代志野——吾妹子のかたみに』（一九八九年・私家版）

『逝きし世の面影』（一九九八年・葦書房、二〇〇五年・平凡社ライブラリー）＊和辻哲郎文化賞・熊日出版文化賞

『日本近代の逆説　渡辺京二評論集成Ⅰ』（一九九九年・葦書房）
『荒野に立つ虹　渡辺京二評論集成Ⅲ』（一九九九年・葦書房）
『新編小さきものの死　渡辺京二評論集成Ⅱ』（二〇〇〇年・葦書房）
『隠れた小径　渡辺京二評論集成Ⅳ』（二〇〇〇年・葦書房）
『日本近世の起源　戦国乱世から徳川の平和へ』（二〇〇四年・弓立社、二〇〇八年・洋泉社MC新書、
二〇一一年・洋泉社新書y）
※『新装版　日本近世の起源　戦国乱世から徳川の平和へ』（二〇二四年・弦書房）
『江戸という幻景』（二〇〇四年・弦書房）
※『新装版　江戸という幻景』（二〇二三年・弦書房）
『アーリイモダンの夢』（二〇〇八年・弦書房）
『黒船前夜　ロシア・アイヌ・日本の三国志』（二〇一〇年・洋泉社、二〇一九年・洋泉社新書y）
※『新装版　黒船前夜　ロシア・アイヌ・日本の三国志』（二〇二三年・弦書房）＊大佛次郎賞
『渡辺京二コレクション(1)　史論　維新の夢』（二〇一一年・ちくま学芸文庫）
『渡辺京二コレクション(2)　民衆論　民衆という幻像』（二〇一一年・ちくま学芸文庫）
『未踏の野を過ぎて』（二〇一一年・弦書房）
『細部にやどる夢　私と西洋文学』（二〇一一年・石風社）
『ドストエフスキイの政治思想』（二〇一二年・洋泉社新書y）
『もうひとつのこの世　石牟礼道子の宇宙』（二〇一三年・弦書房）

『近代の呪い』（二〇一三年・平凡社新書、二〇二三年・平凡社ライブラリー）
『万象の訪れ　わが思索』（二〇一三年・弦書房）
『幻影の明治　名もなき人々の肖像』（二〇一四年・平凡社、二〇一八年・平凡社ライブラリー）
『無名の人生』（二〇一四年・文春新書）
『さらば、政治よ　旅の仲間へ』（二〇一六年・晶文社）
『父母の記　私的昭和の面影』（二〇一六年・平凡社）
『私のロシア文学』（二〇一六年・文藝春秋）
『新編　荒野に立つ虹』（二〇一六年・弦書房）
『日本詩歌思出草』（二〇一七年・平凡社）
『死民と日常　私の水俣病闘争』（二〇一七年・弦書房）
『バテレンの世紀』（二〇一七年・新潮社）＊読売文学賞
『原発とジャングル』（二〇一八年・晶文社）
『預言の哀しみ　石牟礼道子の宇宙Ⅱ』（二〇一八年・弦書房）
『夢ひらく彼方へ　ファンタジーの周辺　上・下』（二〇一九年・亜紀書房）
※『夢ひらく彼方へ　ファンタジーの周辺』（二〇二四年・平凡社ライブラリー）
『幻のえにし　渡辺京二発言集』（二〇二〇年・弦書房）
『あなたにとって文学とは何か』（二〇二一年・忘羊社）
『肩書のない人生　渡辺京二発言集2』（二〇二一年・弦書房）

『小さきものの近代　1』全二巻（二〇二二年・弦書房）
『夢と一生』（二〇二三年・河合文化教育研究所）
『小さきものの近代　2』全二巻（絶筆・未完、二〇二四年・弦書房）

〈共著〉

『近代をどう超えるか　渡辺京二対談集』（二〇〇三年・弦書房）
『女子学生、渡辺京二に会いに行く』（二〇一一年・亜紀書房、二〇一四年・文春文庫）
『気になる人』（二〇一五年・晶文社）
『渡辺京二×武田修志／博幸　往復書簡集　1998～2022』（二〇二三年・弦書房）

あとがき

『評伝　渡辺京二』（言視舎）のあとがきにも書いたことだが、私は渡辺京二氏には一度しかお会いしたことがない。二〇一五年七月、編集者の小川哲生氏の紹介で、熊本で二日間ほどお話をさせていただき（取材などというものではなかった）、私家本『御代志野——吾妹子のかたみに』をいただいた。その時、石牟礼道子氏にもほんのわずかな時間だけお会いすることができた。この思い出はいずれも一生の宝だが、それは私個人の心にとどめておけばよいことである。

ただ、その時実感したことを二つ書き留めておきたい。石牟礼道子氏ほど「上品」で「透明」な人に初めて会ったことは『評伝　渡辺京二』のあとがきでも書いた。そして渡辺京二氏から感じたのは、この人が「女性的」な感性を豊かに持っていることである。従来、アジア主義の豪傑とみられてきた宮崎滔天の、女性的で繊細な感性を持つ思想家としての本質を描き出したのは、渡辺氏自身が同じ感性を備えていたからにほかならない。それは短い出会いの中でも確信することができた。

私が渡辺京二氏について、再び一冊を書きおろすことになったのは、前著では触れられなかった『バテレンの世紀』『小さきものの近代』についてもどうしても論じておきたかったことと、何よりも、渡辺京二氏の全体像を紹介する「入門書」のようなものが必要だと思ったからである。

本書はもちろん『評伝　渡辺京二』とは重複する箇所もある。ただし、今回私はあえて、前著では試みた様々な私なりの解釈や、他の思想家・論者との比較検証などはできるだけ控えたつもりだ。そして、渡辺京二氏の生涯についても、どうしても必要な幼少期・青年期と、水俣病闘争とのかかわり以外はほとんど触れず、その著書のエッセンスを伝えることに専念した。

渡辺京二氏の伝記的事実については、これまでも髙山文彦氏や米本浩二氏の優れた著作があり、私などの及ぶところではない。私は、水俣病闘争の闘士、日本右翼思想家と近現代史の研究者、そして戦国時代から幕末・維新にかけての日本精神史の探求者など、様々な顔を持つこの思想史家が、いかに一貫して同じ視点を持ち続け、人類史と「小さきもの」の関係を見据えてきたか、そのことを本書を通じて伝えたかった。この問題は現代において、ますます重要な課題となってきている。たとえば『ドストエフスキイの政治思想』一篇を読むだけで、これがいかに現代的な論考であるか、読む眼のある人にはわかるはずなのだ。

このような機会を与えてくださった弦書房の小野静男さんにはいかに感謝してもしきれない。今はただ、小野さんの好意と、非力でミスの多い私を献身的に助けてくれた努力に、この本が少しでも答えてくれることを祈るばかりである。

令和六（二〇二四）年一〇月

三浦小太郎

主要参考文献

《渡辺京二著作》

『御代志野――吾妹子のかたみに』（私家版　一九八九年）

『熊本県人』（新人物往来社　一九七三年、言視舎　二〇一二年）

『小さきものの死』（葦書房　一九七五年）

『評伝　宮崎滔天』（大和書房　一九七六年、書肆心水　二〇〇六年）

『神風連とその時代』（葦書房　一九七七年、洋泉社新書　二〇〇六年　渡辺京二傑作選②、洋泉社新書y　二〇一一年）

『北一輝』（朝日新聞社　一九七八年、ちくま学芸文庫　二〇〇七年）

『日本コミューン主義の系譜　渡辺京二評論集』（葦書房　一九八〇年）

『地方という鏡』（葦書房　一九八〇年）

『案内　世界の文学』（日本エディタースクール出版部　一九八二年）（『娘への読書案内　世界文学23篇』朝日新聞社　一九八九年、『私の世界文学案内』ちくま学芸文庫　二〇一二年）

『ことばの射程』（葦書房　一九八三年）

『なぜいま人類史か』（葦書房　一九八六年、洋泉社MC新書　二〇〇七年、洋泉社新書y　二〇一一年）

『逝きし世の面影』（葦書房　一九九八年、平凡社ライブラリー　二〇〇五年）

『渡辺京二評論集成Ⅰ　日本近代の逆説』（葦書房　一九九九年）

『渡辺京二評論集成Ⅱ　新編　小さきものの死』（葦書房　二〇〇〇年）

『渡辺京二評論集成Ⅲ　荒野に立つ虹』（葦書房　一九九九年）

『渡辺京二評論集成Ⅳ　隠れた小径』（葦書房　二〇〇〇年）

『維新の夢　渡辺京二コレクション〈1〉史論』（ちくま学芸文庫　二〇一一年）

『民衆という幻像　渡辺京二コレクション〈2〉民衆論』（ちくま学芸文庫　二〇一一年）

『新編　荒野に立つ虹』（弦書房　二〇一六年）

『日本近世の起源　戦国乱世から徳川の平和へ』（弓立社　二〇〇四年、洋泉社MC新書　二〇〇八年、洋泉社新書y　二〇一一年、弦書房　二〇二四年）

『江戸という幻景』（弦書房　二〇〇四年、新装版二〇二三年）

『アーリイモダンの夢』（弦書房　二〇〇八年）

『黒船前夜　ロシア・アイヌ・日本の三国志』（洋泉社　二〇一〇年、洋泉社新書y　二〇一九年、弦書房　二〇二三年）

『未踏の野を過ぎて』（弦書房　二〇一一年）

『ドストエフスキイの政治思想』（洋泉社新書y　二〇一二年）

『もうひとつのこの世　石牟礼道子の宇宙』（弦書房　二〇一三年）

『父母の記　私的昭和の面影』（平凡社　二〇一六年）

『死民と日常　私の水俣病闘争』（弦書房　二〇一七年）
『バテレンの世紀』（新潮社　二〇一七年）
『預言の哀しみ　石牟礼道子の宇宙Ⅱ』（弦書房　二〇一八年）
『幻のえにし　渡辺京二発言集』（弦書房　二〇二〇年）
『肩書のない人生（渡辺京二発言集 2）』（弦書房　二〇二一年）
『小さきものの近代1』（弦書房　二〇二二年）
『夢と一生』（河合ブックレット　二〇二三年）
『小さきものの近代 2』（弦書房　二〇二四年）

《訳書》

イヴァン・イリイチ『コンヴィヴィアリティのための道具』（渡辺梨佐との共訳）（日本エディタースクール　一九八九年）（文庫版　ちくま学芸文庫　二〇一五年）

《雑誌掲載》

『敗戦後日記』（『道標』二〇二二年冬第七九号）
宮嶋繁明「渡辺京二と橋川文三——投稿から始まった意外な関係」（『隣人』第三四号）

《関連書籍・映像》

澤田謙『プリューターク英雄伝』（講談社学芸文庫　二〇一二年）
DVD『橋』ベルンハルト・ヴィッキ監督（発売元　IVC）
DVD『灰とダイアモンド』アンジェイ・ワイダ監督（発売元　KADOKAWA／角川書店）
吉本隆明『敗北の構造』（弓立社　一九七二年）
吉本隆明『知の岸辺へ』（弓立社　一九七六年）
吉本隆明『最後の親鸞』（ちくま学芸文庫　二〇〇二年）
吉本隆明『マス・イメージ論』（講談社学芸文庫　二〇一三年）
谷川雁『原点が存在する　谷川雁詩文集』（松原新一編　講談社学芸文庫　二〇〇九年）
谷川雁『谷川雁セレクション（1）工作者の論理と背離』（日本経済評論社　二〇〇九年）
谷川雁『谷川雁セレクション（2）原点の幻視者』（日本経済評論社　二〇〇九年）
橋川文三『橋川文三セレクション』（岩波現代文庫　二〇一一年）
橋川文三『西郷隆盛紀行』（文春学藝ライブラリー　二〇一四年）
石牟礼道子『苦海浄土』（講談社文庫　一九七二年）
石牟礼道子『苦海浄土　全三部』（藤原書店　二〇一六年）
石牟礼道子編『わが死民——水俣病闘争』（現代評論社　一九七二年　創士社　二〇〇五年）
石牟礼道子『あやとりの記』（世織書房　一九九五年）
石牟礼道子『水はみどろの宮』（福音館文庫　二〇一六年）
石牟礼道子『完本 春の城』（藤原書店　二〇一七年）

石牟礼道子『椿の海の記』（朝日新聞社　一九七六年）
石牟礼道子『十六夜橋』（ちくま文庫　一九九九年）
石牟礼道子『天湖』毎日新聞社（一九九七年）
石牟礼道子『おえん遊行』（筑摩書房　一九八四年）
石牟礼道子『石牟礼道子全集・不知火16　新作 能・狂言・歌謡 ほか』（藤原書店　二〇一三年）
米本浩二『水俣病闘争史』（河出書房新社　二〇二二年）
米本浩二『評伝　石牟礼道子――渚に立つひと』（新潮文庫　二〇二〇年）
米本浩二『魂の邂逅　石牟礼道子と渡辺京二』（新潮社　二〇二〇年）
森鴎外『阿部一族――他二編』（岩波文庫　二〇〇七年）
ドストエフスキー『作家の日記』全六巻（ちくま学芸文庫　一九九八年）
西郷隆盛『大西郷全集（全三巻）』（大西郷全集刊行会　一九二五〜二七年）
昇曙夢『西郷隆盛獄中記　奄美大島と大西郷』（新人物往来社　一九七七年）
山田済斎編『西郷南洲遺訓：付 手抄言志録及遺文』（岩波文庫　一九三九年）
宮崎滔天『三十三年の夢』（岩波文庫　一九九三年）
宮崎滔天『宮崎滔天　アジア革命奇譚集』（書肆心水　二〇〇六年）
宮崎滔天『滔天文選――近代日本の狂と夢』（書肆心水　二〇〇七年）
北一輝『北一輝著作集　第一巻　國體論及び純正社會主義』（みすず書房　一九五九年）
北一輝『北一輝著作集　第二巻　支那革命外史・日本改造法案大綱』（みすず書房　一九五九年）
火野葦平『麦と兵隊・土と兵隊』（角川文庫　二〇二一年）
グルー『滞日十年』（石川欣一訳　ちくま学芸文庫　二〇一一年）
カフカ『変身・断食芸人』（山下肇訳　岩波文庫　二〇〇四年）
ドストエフスキー『罪と罰』（工藤精一郎訳　新潮文庫　一九八七年）
フォークナー『響きと怒り』（平石貴樹・新納卓也訳　岩波文庫　二〇〇七年）
カルペンティエール『失われた足跡』（岩波文庫　二〇一四年）
パステルナーク『ドクトル・ジバゴ』（江川卓訳　時事通信社　一九八〇年）
長田弘『アウシュヴィッツへの旅』（中公新書　一九七三年）
ソルジェニーツィン『マトリョーナの家』（木村浩訳　新潮文庫　一九七三年）
ソルジェニーツィン『収容所群島』1〜6（木村浩訳　新潮文庫　一九七五〜七七年）
ソルジェニーツィン『クレムリンへの手紙』（江川卓訳

新潮社　一九七四年）
ローレンツ『ソロモンの指輪　動物行動学入門』（日高敏隆訳　ハヤカワ文庫　一九九八年）
ローレンツ『攻撃　悪の自然誌』（日高敏隆訳　みすず書房　一九八五年）
ローレンツ『文明化した人間の八つの大罪』（日高敏隆訳　新思索社　一九九五年）
バラクレフ『転換期の歴史』（前川貞次郎訳　社会思想社　一九六九年）
マルクス『資本主義的生産に先行する諸形態』（手島正毅訳　国民文庫　一九六三年）
丸山圭三郎『ソシュールを読む』（岩波書店　一九八三年）
イヴァン・イリイチ『脱病院化社会――医療の限界』（金子嗣郎訳　晶文社　一九七九年）
イヴァン・イリイチ『ジェンダー：女と男の世界』（玉野井芳郎訳　岩波書店　一九八四年）
イヴァン・イリイチ『テクストのぶどう畑で』（岡部佳世訳　法政大学出版局　一九九五年）
イヴァン・イリイチ『生きる意味：「システム」「責任」「生命」への批判』（高島和哉訳　藤原書店　二〇〇五年）
佐藤秀人『寺はよみがえる――真宗寺サンガの記録』（法蔵館　一九八九年）
サイード『オリエンタリズム』（今沢紀子訳　平凡社ライブラリー　一九九三年）
ボーヴォワル『ジャポン1867年』（綾部友治郎訳、有隣堂新書　一九八四年）
ハリス『日本滞在記』（坂田精一訳　岩波文庫　一九五三～五四年）
チェンバレン『日本事物誌』（高梨健吉訳　平凡社東洋文庫　一九六九年）
ギメ『1876ボンジュールかながわ』（青木啓輔訳　有隣新書　一九八六年
ギメ『明治日本散策 東京・日光』（岡村 嘉子訳　角川ソフィア文庫　二〇一九年）
オールコック『大君の都　幕末日本滞在記』（山口光朔訳　岩波文庫　一九六二年）
林語堂『支那のユーモア』（吉村正一郎訳　岩波新書 一九四〇年）
イザベラ・バード『日本奥地紀行』（高梨健吉訳、平凡社ライブラリー　二〇〇〇年）
シッドモア『日本・人力車旅情』（恩地光夫訳　有隣選書　一九八六年）
フレイザー『英国公使夫人の見た明治日本』（横山俊夫訳　淡交社　一九八八年）
カッテンディーケ『長崎海軍伝習所の日々』（水田信利訳　平凡社東洋文庫　一九六四年）
アリス・ベーコン『明治日本の女たち』矢口祐人・砂田恵

理加訳　みすず書房　二〇〇三年）
井関隆子『井関隆子日記』全3巻（勉誠社　一九七八〜八一年）
杉本鉞子『武士の娘』（大岩美代訳　ちくま文庫　一九九四年）
伴蒿蹊『近世畸人伝　続近世畸人伝』（中央公論新社　二〇〇五年）
森銑三『新橋の狸先生』（岩波文庫　一九九九年）
夢野久作『近世快人伝』（文春学藝ライブラリー　二〇一五年）
菅江真澄『菅江真澄遊覧記』（内田武志・宮本常一編訳　平凡社東洋文庫　一九六五〜六八年）
川路聖謨『長崎日記　下田日記』（藤井貞文・川田貞夫校注　平凡社東洋文庫　一九六八年）
川路聖謨『島根のすさみ　佐渡奉行在勤日記』（平凡社東洋文庫　一九七三年）
十返舎一九『東海道中膝栗毛』（講談社　一九七八年）
網野善彦『無縁・公界・楽――日本中世の自由と平和』（平凡社ライブラリー　一九九六年）
下重清『〈身売り〉の日本史　人身売買から年季奉公へ』（吉川弘文館　二〇一二年）
藤木久志『雑兵たちの戦場：中世の傭兵と奴隷狩り』（朝日新聞社　一九九五年）
藤木久志『豊臣平和令と戦国社会』（東京大学出版会　一九八五年）
朝尾直弘『将軍権力の創出』（岩波書店　一九九四年）
井上鋭夫『一向一揆の研究』（吉川弘文館　一九六八年）
『蓮如　一向一揆　日本思想大系17』（岩波書店　一九七二年）
神田千里『一向一揆と真宗信仰』（吉川弘文館　一九九一年）
神田千里『一向一揆と戦国社会』（吉川弘文館　一九九八年）
神田千里『信長と石山合戦』（吉川弘文館　一九九五年）
ベニョフスキー『ベニョフスキー航海記』（水口志計夫・沼田次郎訳　平凡社東洋文庫　一九七〇年）
シチェグロフ『ユーラシア叢書6　シベリア年代史』（吉村柳里訳　原書房　一九七五年）
阿部重雄『コサック』（教育社歴史新書　一九八一年）
バフルーシン『スラヴ民族の東漸』（外務省調査局　一九四三年）
木崎良平『漂流民とロシア』（中公新書　一九九一年）
海保嶺夫『エゾの歴史』（講談社　一九九六年）
海保嶺夫『幕藩制国家と北海道』（三一書房　一九七八年）
中村恵子『江戸幕府の北方防衛』（ハート出版　二〇二一年）
瀬川拓郎『アイヌの歴史・海と宝のノマド』（講談社　二〇〇七年）
島谷良吉『最上徳内』（吉川弘文館　一九七七年）
『クルウゼンシュタイン日本紀行』（羽仁五郎訳　雄松堂書店　一九六六年）
レザーノフ『日本滞在日記』（大島幹雄訳　岩波文庫　二〇〇〇年）

大村治五平『私残記』（中公文庫　一九七七年）
洞富雄『間宮林蔵』（吉川弘文館　一九六〇年）
『新撰北海道史』（全7巻）（「休明光記」他収録　北海道庁　一九九〇年）
柴村羊五『北方の王者高田屋嘉兵衛――北方領土問題のルーツ』（亜紀書房　一九七八年）
ゴローヴニン『日本俘虜実記』（徳力真太郎訳　講談社学術文庫　一九八四年）
藤村久和『アイヌ　神々と生きる人々』（福武書店　一九八五年）
飯塚一郎『大航海時代のイベリア』（中公新書　一九八一年）
『大航海時代叢書　第Ⅰ期　2西アフリカ航海の記録』（アズララ著・カダモスト著　川田順造解説・井沢実解説　岩波書店　二〇二三年）
井沢実『大航海時代夜話』（岩波書店　一九九七年）
ルイス・フロイス『完訳フロイス日本史』（全一二巻）（松田毅一訳　中公文庫　二〇〇〇年）
伊川健二『大航海時代の東南アジア』（吉川弘文館　一九九六年）
ロヨラ『霊操』（門脇佳吉訳　岩波書店　一九九五年）
ヴァリニャーノ『日本巡察記』（松田毅一訳　平凡社東洋文庫　一九七三年）
松田毅一『史譚 天正遣欧使節』（講談社　一九七七年）
玉野井隆史『徳川初期キリシタン史研究』（吉川弘文館　一九九二年）
玉野井隆史『日本キリシタン史の研究』（吉川弘文館　二〇二二年）
高瀬弘一郎『キリシタンの世紀』（岩波書店　一九九三年）
高橋哲史『イエズス会の世界戦略』（講談社　二〇〇六年）
神田千里『島原の乱』（中公新書　二〇〇五年）
神田千里『宗教で読む戦国時代』（講談社　二〇一〇年）
保坂智『百姓一揆とその作法』（吉川弘文館　二〇〇二年）
安丸良夫『日本の近代化と民衆思想』（平凡社ライブラリー　一九九九年）
深谷克己著『八右衛門・兵助・伴助　朝日評伝選』（朝日新聞出版　一九七八年）
木村礎『大原幽学とその周辺』（八木書店　一九八一年）
加藤祐三『幕末外交と開国』講談社学術文庫　二〇一二年）
中浜明『中浜万次郎の生涯』（冨山房　一九七〇年）
ワリナー『新・ジョン万次郎伝』（出版協同社　一九六六年）
ジョゼフ・ヒコ『アメリカ彦蔵自伝』（山口修・中川努訳　平凡社東洋文庫　一九六四年）
犬塚孝明『薩摩藩英国留学生』（中公新書　一九七四年）
高木俊輔『明治維新草莽運動史』（勁草書房　一九七四年）
土屋喬雄『明治初年農民騒擾録』（勁草書房　一九六八年）
長谷川伸『相楽総三とその同志』（講談社学術文庫　二〇一五年）

毛利敏彦『明治六年政変』（中公新書　一九七九年）
黒龍会『西南記伝』（黒龍会　一九一一年）
田中正造『田中正造昔話』（日本図書センター　一九九七年）
小山勝清『或村の近世史（川中出版　二〇二三年）
安藤照『お鯉物語』（大空社　一九九五年）

〔著者略歴〕

三浦小太郎（みうら・こたろう）

昭和三五（一九六〇）年東京生まれ。獨協学園高校卒。アジア自由民主連帯協議会事務局長。北朝鮮やアジア諸民族の問題に取り組んでいる。

雑誌「正論」「Hanada」「月刊日本」などに執筆。

著書に、『ドストエフスキーの戦争論』（萬書房）、『信長　秀吉　家康はグローバリズムとどう戦ったのか』（ハート出版）、『評伝　渡辺京二』（言視舎）、『日本人になったウイグル人たちに中国がやっていること』（産経新聞出版）、『嘘の人権　偽の平和』（高木書房）、編著に、『よそのくに』（晩聲社）など。

渡辺京二論——隠れた小径を行く

二〇二四年十一月三十日発行

著　者　三浦小太郎
発行者　小野静男
発行所　株式会社　弦書房
（〒810・0041）
福岡市中央区大名二―二―四三
ELK大名ビル三〇一
電　話　〇九二・七二六・九八八五
FAX　〇九二・七二六・九八八六

組版・製作　合同会社キヅキブックス
印刷・製本　シナノ書籍印刷株式会社

落丁・乱丁の本はお取り替えします。

ISBN978-4-86329-299-4 C0095

渡辺京二コレクション 1 〜 14

1 【新装版】日本近世の起源　戦国乱世から徳川の平和へ
《日本近代素描1》
共同体の〈自由〉とは、公的権力による一定の統制がなければ簡単に暴走し衝突する。戦国乱世の弱肉強食の〈自由〉を根本的に再考し、徳川期社会がどういう経緯によって形成されたかを問い直す。
〈四六判・336頁〉1900円

2 【新装版】黒船前夜　ロシア・アイヌ・日本の三国志
《日本近代素描2》
ペリー来航以前、ロシアはどのようにして日本の北辺を騒がせるようになったのか。国家を持たない民アイヌ、新しい近代を模索していたロシアと日本。異文化接触から生じた様々なエピソードでたどる人間の歴史。第37回大佛次郎賞。
〈四六判・430頁〉2200円

3 【新装版】江戸という幻景
《日本近代素描3》
江戸期の日本人が残した記録・日記・紀行文から浮かび上がる、近代が滅ぼした江戸文明の幻景がここにある。西洋人の見聞録を基に江戸の日本を再現した『逝きし世の面影』著者の評論集。【解説／三浦小太郎】
〈四六判・272頁〉1800円

4 −1 小さきものの近代 1
《日本近代素描4》
国家次元のストーリーではなく、近代国民国家建設の過程で支配される人びと＝小さき人びとが、維新革命の大変動をどう受けとめ、自身の〈近代〉を創り出すために、どのように心を尽くしたかを描く。
〈A5判・320頁〉3000円

＊表示価格は税込

4 −2

小さきものの近代 2

全二巻（未完・絶筆）

《日本近代素描4》

一人一人が国民的自覚を強制された明治維新から昭和の敗戦まで。その時代に、天皇制国家の中で抵抗し、国家や権力と関係なく自分を実現しようと考えた人達がいた。
◆本書第二十章「激化事件と自由党解党」で絶筆・未完

〈A5判・368頁〉 3000円

5

もうひとつのこの世

石牟礼道子の宇宙

〈石牟礼文学〉の特異な独創性が渡辺京二によって発見されて半世紀。互いに触発される日々の中から生まれた〈石牟礼道子論〉を集成。石牟礼文学の豊かさときわだつ特異性を著者独自の視点から明快に解き明かす。

〈四六判・232頁〉 2200円

6

預言の哀しみ

石牟礼道子の宇宙 2

二〇一八年二月に亡くなった石牟礼道子と互いに支えあった著者が石牟礼作品の世界を解読した充実の一冊。「石牟礼道子闘病記」ほか、新作能「沖宮」、「春の城」「椿の海の記」「十六夜橋」など各作品に込められた深い含意を伝える。

〈四六判・188頁〉 1900円

7

死民と日常

私の水俣病闘争

昭和44年、いかなる支援も受けられず孤立した患者家族らと立ち上がり、〈闘争〉を支援することに徹した著者による初の闘争論集。患者たちはチッソに対して何を求めたのか。市民運動とは一線を画した〈闘争〉の本質を改めて語る。

〈四六判・288頁〉 2300円

＊表示価格は税込

渡辺京二コレクション 1 ～ 14

8 【新編】荒野に立つ虹

この文明の大転換期を乗り越えていくうえで、二つの課題と対峙した思索の書。近代の起源は人類史のどの地点にあるのか。極相に達した現代文明をどう見極めればよいのか。本書の中にその希望の虹がある。

〈四六判・４４０頁〉２７００円

9 万象の訪れ　わが思索

半世紀以上におよぶ思索の軌跡。一〇一の短章が導く、考える悦しみとその意味。その思想は何に共鳴したのか、どのように鍛えられたのか。そこに、静かに耳を傾けるとき、思索のヒントが見えてくる。重要論考「**小さきものの死**」を収録。

〈Ａ５判・３３６頁〉２４００円

10 未踏の野を過ぎて

現代とはなぜこんなにも棲みにくいのか。近現代がかかえる歪みを鋭く分析、変貌する世相の本質をつかみ生き方の支柱を示す。東日本大震災にふれた「無常こそわが友」、「社会という幻想」他30編。

〈四六判・２３２頁〉２０００円

11 近代をどう超えるか　渡辺京二対談集

江戸文明からグローバリズムまで、知の最前線の7人と現代が直面する課題を徹底討論。近代を超える様々な可能性を模索する。【対談者】榊原英資、中野三敏、大嶋仁、有馬学、岩岡中正、武田修志、森崎茂

〈四六判・２０８頁〉１８００円

＊表示価格は税込

12 **幻のえにし** 渡辺京二発言集

「自分が自分の主人公として独立する」とはどういうことなのか。さらに、谷川雁、吉本隆明、石牟礼道子らとの深い絆についても語られており、その言葉にふれながら読者は今どうすべきなのかを考えさせてくれる、慈愛に満ちた一冊。

〈四六判・272頁〉2200円

13 **肩書のない人生** 渡辺京二発言集2

終わりなき思索の旅から紡ぎ出される言葉をくり返し、聞いてみたい。◆**一九七〇年十月〜十二月の日記**も初収録。三島由紀夫事件、最初期の水俣病闘争、日々の読書録等、渡辺史学の源を初めて開示。

〈四六判・232頁〉2000円

14 **渡辺京二×武田修志 博幸往復書簡集** 1998〜2022

『逝きし世の面影』を世に問うてから二〇二二年一二月に逝去する直前まで、二五年間続いた書簡の往来をまとめた一冊。武田修志（ドイツ文学者）・武田博幸（ギリシア哲学、日本古典研究者）兄弟と、晩年、どのような道を生きようとしたのか。

〈四六判・430頁〉2200円

【新装版】**ヤポネシアの海辺から**

島尾ミホ＋石牟礼道子 ユニークな作品を生み出す海辺育ちの二人が、消えてしまった島や海浜の習俗の豊かさ、南島歌謡の息づく島々と海辺の世界を縦横に語りあい、島尾敏雄の代表作『死の棘』の創作の秘密をも明かす。

〈四六判・220頁〉2000円

＊表示価格は税込